# 两宋之变

覃仕勇 著

北方联合出版传媒(集团)股份有限公司
万卷出版有限责任公司

© 覃仕勇　2023

**图书在版编目（CIP）数据**

两宋之变 / 覃仕勇著. -- 沈阳：万卷出版有限责任公司，2023.4
ISBN 978-7-5470-6170-1

Ⅰ.①两… Ⅱ.①覃… Ⅲ.①中国历史－宋代 Ⅳ.①K244.09

中国国家版本馆CIP数据核字(2023)第010891号

出版发行：北方联合出版传媒（集团）股份有限公司
　　　　　万卷出版有限责任公司
　　　　　（地址：沈阳市和平区十一纬路29号　邮编：110003）
印 刷 者：天宇万达印刷有限公司
经 销 者：全国新华书店
幅面尺寸：145mm×210mm
字　　数：280千字
印　　张：9
出版时间：2023年4月第1版
印刷时间：2023年4月第1次印刷
责任编辑：齐丽丽
责任校对：刘 洋
监　　制：村 上
策　　划：杜素萍
封面设计：YOORIGH STUDIO
ISBN 978-7-5470-6170-1
定　　价：56.00元
联系电话：024-23284090
传　　真：024-23284448

北宋徽宗赵佶坐像

北宋徽宗皇后坐像

宋徽宗绘《瑞鹤图》
左侧落款处有宋徽宗自创的"天下一人"花押。

臣伏觀
御製雪江歸棹水遠
無波天長一色群山皎
潔行客蕭條鼓棹中
流片帆天際雪江歸棹
之意盡矣天地四時之氣
不同萬物生天地間隨
氣而運炎涼晦明生息
榮枯飛走蠢動變化
莫方莫之能窮
皇帝陛下以丹青妙筆
備四時之景色兄万物
之情態於四圖之内盖
神智與造化等也大觀
庚寅季春朔太師楚國
公致仕臣京謹記

蔡京为宋徽宗《雪江归棹图》题跋

传北宋王诜绘《秋林鹤逸图》

北宋钦宗赵桓半身像

北宋钦宗皇后半身像

南宋高宗赵构坐像

北宋哲宗元祐皇后孟氏半身像　　　　南宋高宗皇后半身像

卿盛秋之際提兵按邊風
霜已寒征馭良苦如是別
有事宜可密奏來朝廷以
淮西軍叛之後每加過慮全
長江上流一帶緩急之際全
藉卿軍照管可更戒飭所
留軍馬凱練整齊常為冠所
藉卿軍照管可更戒飭所
留軍馬凱練整齊常為冠
留軍馬照管可更戒飭所
登蘄陽江州兩處水軍之
宜遣發以防意外如卿體
國盤待多云

付岳飛

赵构赐岳飞手敕

绍兴七年（1137年）秋季，赵构命岳飞巡视边界，
对长江上游一带严加防守，防止金军进攻。

南宋"中兴四将"。从左往右依次为韩世忠、刘光世、岳飞、张俊。

岳鄂王飛

張循王俊

會稽秘趣逸小
康德志横石
心事中熟高
里長城佳月
傷三天聖亀
堂愁揭戈戟
很固西莫拂鼻
千戟牢洋皆
羹豊臂丘采
前能當事金
軽深餘康郷
里戌百年題

南宋佚名绘《迎銮图》（局部）

绍兴十一年（1141年），宋金第二次绍兴和议后，金放回赵构生母韦太后，归还宋徽宗及其皇后郑氏棺椁。此图被认为是当时迎接的场景。

传南宋李嵩绘《西湖清趣图》（局部）
反映了南宋时期临安府的城市景象。
南宋与金和议后，南北对峙，南宋偏安，迎来了一段时期的和平。

# 目录

# 两宋年表

## 北宋

| 皇帝 | 年号（时长） | 开始年份 | 皇帝 | 年号（时长） | 开始年份 |
|---|---|---|---|---|---|
| 太祖赵匡胤 | 建隆（4） | 960 | | 庆历（8） | 1041 |
| | 乾德（6） | 963 | | 皇祐（6） | 1049 |
| | 开宝（9） | 968 | | 至和（3） | 1054 |
| 太宗赵光义 | 太平兴国（9） | 976 | | 嘉祐（8） | 1056 |
| | 雍熙（4） | 984 | 英宗赵曙 | 治平（4） | 1064 |
| | 端拱（2） | 988 | 神宗赵顼 | 熙宁（10） | 1068 |
| | 淳化（5） | 990 | | 元丰（8） | 1078 |
| | 至道（3） | 995 | | 元祐（9） | 1086 |
| 真宗赵恒 | 咸平（6） | 998 | 哲宗赵煦 | 绍圣（5） | 1094 |
| | 景德（4） | 1004 | | 元符（3） | 1098 |
| | 大中祥符（9） | 1008 | | 建中靖国（1） | 1101 |
| | 天禧（5） | 1017 | | 崇宁（5） | 1102 |
| | 乾兴（1） | 1022 | | 大观（4） | 1107 |
| 仁宗赵祯 | 天圣（10） | 1023 | 徽宗赵佶 | 政和（8） | 1111 |
| | 明道（2） | 1032 | | 重和（2） | 1118 |
| | 景祐（5） | 1034 | | 宣和（7） | 1119 |
| | 宝元（3） | 1038 | 钦宗赵桓 | 靖康（2） | 1126 |
| | 康定（2） | 1040 | | | |

# 南宋

| 皇帝 | 年号（时长） | 开始年份 | 皇帝 | 年号（时长） | 开始年份 |
|---|---|---|---|---|---|
| 高宗赵构 | 建炎（4） | 1127 | 理宗赵昀 | 宝庆（3） | 1225 |
| | | | | 绍定（6） | 1228 |
| | 绍兴（32） | 1131 | | 端平（3） | 1234 |
| 孝宗赵昚 | 隆兴（2） | 1163 | | 嘉熙（4） | 1237 |
| | 乾道（9） | 1165 | | 淳祐（12） | 1241 |
| | 淳熙（16） | 1174 | | 宝祐（6） | 1253 |
| 光宗赵惇 | 绍熙（5） | 1190 | | 开庆（1） | 1259 |
| 宁宗赵扩 | 庆元（6） | 1195 | | 景定（5） | 1260 |
| | 嘉泰（4） | 1201 | 度宗赵禥 | 咸淳（10） | 1265 |
| | 开禧（3） | 1205 | 恭帝赵㬎 | 德祐（2） | 1275 |
| | 嘉定（17） | 1208 | 端宗赵昰 | 景炎（3） | 1276 |
| | | | 帝昺赵昺 | 祥兴（2） | 1278 |

# 第一章　季世肇始

1100
1141

# 端王继位

后周显德七年（960年）正月，一代枭雄赵匡胤在陈桥驿（在今河南省开封市东北四十里处）发动兵变，取代后周政权，定都汴京（今河南开封），建国号宋。赵匡胤自南到北，先后攻灭了南平、后蜀、南汉、南唐等割据政权，兵威赫赫，迅速结束了五代兵火乱世，有望一统华夏南北疆土。但是北方的十六州却成了他的一块心病。

北方的幽州（治今北京市城区）、顺州（治今北京顺义）、儒州（治今北京延庆）、檀州（治今北京密云）、蓟州（治今天津蓟州）、涿州（治今河北涿州）、瀛州（治今河北河间）、莫州（治今河北任丘）、新州（治今河北涿鹿）、妫州（治今河北怀来）、武州（治今河北宣化）、蔚州（治今河北蔚县）、应州（治今山西应县）、寰州（治今山西朔州）、朔州（治今山西朔州）、云州（治今山西云州）共十六州，号称"燕云十六州"，被后晋"儿皇帝"石敬瑭在公元936年打包孝敬给了契丹，从此牢牢掌握在契丹人的手上。

缺少了北方的万里长城做屏障，从辽宋边界到宋朝首都汴京的八百公里一马平川，无险可守，北宋王朝随时会遭受来自北方游牧民族的打击，正所谓"卧榻之侧，难以安寝"。为了收复这十六州，赵匡胤煞费苦心，做了大量工作。开宝九年（976年），赵匡胤北伐契丹，志在必得。可惜天妒雄才，在备受争议的"烛影斧声"疑案中，赵匡胤一夜暴死，壮志未酬，年仅五十岁。

北方屏障一时难以收回，赵匡胤的继任者们只得通过收兵权、削相权、制钱谷等措施加强国力，但最终导致冗官、冗兵、冗费现象严重，朝政萎靡，国家财政入不敷出。

熙宁年间，宋神宗不得已任用王安石实施变法。变法初期的确起了一些效果，然而因为变法涉及面太广，受到的阻力很大，采取的措施也存在很多弊端，所以很快便被废除，没能实际上改变国家危局。

北宋亡国，似乎是早晚的事了。

宋神宗死得早，三十八岁就离开了人世，侥幸没做亡国之君，顶缸的是他的继任者。宋神宗一共有十四个儿子，赵佶是他的第十一子，如果不看历史背景，单看赵佶在兄弟中的排行，实在是很难想象他能在众多皇子中脱颖而出，登上皇位。但考虑到当时的具体情况，就好理解了。

当时的背景是神宗这十四个儿子还未成年就夭折了八个，只剩下老六赵煦、老九赵佖、十一赵佶、十二赵俣、十三赵似、十四赵偲，存活率不到一半。神宗死后，帝位传给了名义上的老六、事实上的老大——赵煦。偏偏，赵煦寿命不长，二十五岁就死了。哲宗赵煦没有留下子嗣。于是，赵佶的机会就来了。

当时的宰相章惇提议立神宗十三子、赵煦的同母弟弟简王赵似。可议立大事最有话语权的人是皇太后向氏。

向太后本人没有儿子，哲宗赵煦和他这五个弟弟都不是她亲生的，貌似立谁对她来说都无关紧要。但章惇的这个提议却遭到了她的强烈反对，她反对的原因是，要立了赵似，赵似的生母就成了两任皇帝的母亲，权势就更大了，以后宫中谁能镇得住她？向太后主张立端王赵佶，她说："皆神宗子，莫难如此分别，于次端王当立。"

章惇听了这话，大吃一惊，脱口而出："端王轻佻，不可以君天下！"

此话犹如重磅炸弹，震骇全场！朝堂一时静悄悄的，全部人的目光都集中到了章惇身上。章惇自觉失言，悻悻地补充道："如果按年龄，应该立申王（神宗第九子赵佖）；如果按礼仪制度，应该立先皇的同母弟简王；无论如何都轮不到端王。"

向太后大为不满地说："你说的按年龄立新君我完全同意，但申王有目疾，只能立端王了，简王年纪太小，不合适。"除此之外，她还强调道：

"先帝尝言，端王有福寿，且仁孝，不同诸王。"

这时候，章惇的政敌们纷纷开腔，表示赞同向太后的意见，并趁机攻击章惇。

于是十九岁的赵佶就登上了帝位，走上了历史大舞台，他就是后来赫赫有名的宋徽宗。

那章惇说赵佶性情轻佻，到底有没有根据呢？——应该说是有的。

元末明初陶宗仪编著的《书史会要》上说："徽宗行草正书，笔势劲逸，初学薛稷，变其法度，自号瘦金书，意度天成，非可以形迹求也。"能自创一派书法字体，应该称得上是书法界的一代宗师了。

更难得的是，在书法之外，琴、棋、诗、词、赋、画，赵佶同样玩得出彩，尤其是画，更是超凡入圣。南宋邓椿所著的《画继》评价赵佶画的《筠庄纵鹤图》："闲暇之格，清迥之姿，寓于缣素之上。各极其妙，而莫有同者焉。"元朝汤垕的《画鉴》也赞："徽宗自画《梦游化城图》，人物如半小指，累数千人，城郭宫室、麾幢鼓乐、仙嫔真宰、云霞霄汉、禽畜龙马，凡天地间所有之物，色色具备，为工甚至，观之令人起神游八极之想，不复知有人间世，奇物也。"现藏于北京故宫博物院的《祥龙石图》《芙蓉锦鸡图》，藏于美国大都会艺术博物馆的《翠竹双雀图》，藏于辽宁省博物馆的《瑞鹤图》和藏于上海博物馆的《柳鸦图》等都表明，在花鸟画上，宋徽宗的作品称得上是炉火纯青的大师级佳作。

有人会说，这只能说明赵佶是一个书画天才，不能说明他轻佻。别急！赵佶是书画天才不假，但这同时也说明他在登基前是一个浑身充满了文艺气质的青年。这样的文艺青年，如果没有人看着、管着，进行教育引导，很容易走入歧途，成为一个高级的文艺流氓。但不幸的是，少年赵佶身边并没有这样一个管教他的人。

俗话说，物以类聚，人以群分。赵佶有一个长辈，名叫王诜，是英宗朝的驸马爷，娶了神宗的妹妹魏蜀国长公主为妻。此人能书画属文，工于琴棋，所作词音调谐美，语言清丽，情致缠绵，是赵佶的偶像。但这个偶像为人放荡，品行不端，经常虐待公主，为此宋神宗气得吃不下饭，曾先后两次将他贬黜。这样一来，更加深了王诜对公主的厌恶，他变本加厉地虐待公主。但就是这样的人，还是被赵佶视为人生导师。他学习他、模仿他，经常向他请教问题。王诜也很喜欢这位小外甥，有问必答，有求必教。除了指点琴棋书画外，也悉心培养他声色犬马方面的技能。除此之外，他还身体力行、言传身教，带赵佶去光顾京城最有名的妓馆——撷芳楼，将自己逛窑子的技能也倾囊相授。王诜比赵佶大了三十多岁，作为长辈，他竟如此引领涉世不深的年轻人，实在令人不齿。

有了热心偶像的循循善诱，赵佶经常在烟花柳巷出没，冶游寻乐，流连忘返。凡是京城中有点儿名气的妓女，他几乎都光顾过。兴起之际，他还喜欢把心爱的妓女乔装打扮一番后带入王府，长期据为己有。

所以章惇说赵佶性情轻佻，并不是无中生有。但现在赵佶当政，章惇也因为这句话要倒霉了。

# 皇帝的狎友们

赵佶登上大位后没多久，章惇先被贬为雷州司户，后又被贬为舒州（治今安徽潜山）团练副使，最后死于任上。死之日群妾分争金帛，停尸数日，无人在侧，还被老鼠咬掉了一个指头。

不但章惇，连司马光、文彦博、苏轼等人也遭到不同程度的处罚。史书载"文臣曾任宰臣、执政官，司马光等二十七人，待制以上官苏轼等四十九人，余官秦观等一百七十六人，武臣张巽等二十五人，内臣梁惟简等二十九人"皆被赵佶定性为"元祐奸党"，下诏刻石立碑，名"党人碑"，置于文德殿门东壁，昭告他们的罪行，以示警诫。①所有元祐党人中，已辞世者一律削官，存世者一概贬职，其亲属子弟，不管有官无官，全部勒令离京。另外，凡元祐、元符年间曾发表过支持元祐党人言论的，无一例外被斥为"邪等"，同为奸党之列，大力打压。

赵佶大行退贤进不肖之举，起用了一大批类似蔡京、王黼、童贯、朱勔、李彦、梁师成、高俅、杨戬、蔡攸之流的奸邪小人。

在《水浒传》中，高俅被写成了一个浮浪破落户子弟，街头小混混，帮闲小泼皮。不过，在正史中有关高俅的记载很少，《宋史》根本没有为他立传，对他的历史评价也含糊其词。南宋王明清的《挥麈录》记载他"逾月，王登宝位。上优宠之，眷渥甚厚""数年间建节，循至使相，遍历三衙者二十年，领殿前司职事，自俅始也"。

建节即封节度使，也就是现在的军区司令，是武将一生追求的最高荣誉。使相，按照宋朝制度，只有亲王、枢密使、留守、节度使而兼门下侍

① ［清］毕沅：《续资治通鉴·卷八十九》。

中、中书令、同中书门下平章事者才称为使相。"三衙"则是宋朝掌管禁卫军的机构，为殿前司、侍卫马军司、侍卫步军司。由建节到使相，高俅可谓位高爵显！

正所谓一人得道，鸡犬升天。高俅的快速升迁，还不仅仅是他个人的升迁，他的家人亲信也一个个跟着进了国家的重要机构。其中，他的哥哥高伸买了个假文凭——进士及第，官至延康殿学士，为侍从官，正三品；哥哥高杰为左金吾大将军，正四品；他的长子高尧卿为岳阳军承宣使，正四品；他的次子高尧辅为安国军承宣使，正四品；他的幼子高尧康为桂州观察使，正五品。

在《水浒传》中，高俅被塑造成了大宋的头号奸臣，事实上，他在三衙摸爬滚打二十年，终至太尉，也的确留下了斑斑劣迹。据《靖康要录》记载，他招募的士兵，以技艺工匠为主，不是为了保家卫国、上阵杀敌，而只是为他个人打工。而替他修建房屋苑囿的士兵，是没有工钱发放的，建房所用的砖瓦泥土工料，都出自军营。对于军队的整训，他宣布凡是出得起价钱贴助军匠的士兵，可以不参加军事训练，交钱即可。至于交上来的钱，也并非用于军队建设，而是流入了他的私囊。他拒绝发军饷给士兵，士兵要维持生计，可以去经营其他行业，只要保留军籍就可以了。

在高俅的任意妄为下，大宋王朝的百万大军，从中央禁军到地方部队，再到预备役和民兵组织，武备废弛，毫无战斗力，所谓人不知兵，无一可用，为北宋政权的灭亡伏下了沉痛的一笔。

《水浒传》写高俅的干儿子高衙内看中了林冲的老婆，就连施奸计，逼得林冲家破人亡，落草梁山，非常悲惨。现实版的高衙内姓王，名黼，字将明，开封祥符人，是徽宗朝的宰相。他生活奢侈，作风腐败，据说他的卧室里设有一个超级大床，用金玉为屏，翠绮为帐，四周再围数十个小榻，择美姬坐在上面，美其名曰拥帐。

王黼听说徽猷阁待制邓之纲有一个小妾生得容颜美丽，便起了欲念，于是设计陷害，将邓之纲发配到岭南，霸占了那个小妾。瞧，这不是一个活脱脱的高衙内吗？

除了这件事，发生在王黼身上的荒唐事多不胜数，让人觉得不可思议。而且他的发迹史也跟高俅差不多。史书上说他风姿美丽，目睛如金，是个花样美男。蔡京的儿子蔡绦在《铁围山丛谈》中对他描画得很详细："王黼美风姿，极便辟①，面如傅粉。然须发与目中睛色尽金黄，张口能自纳其拳。"这样一副标致样貌，难怪外貌协会的赵佶会一见倾心。

不过，王黼也并非只是生得漂亮。他虽然没什么才学，但有一副伶俐可爱的好口才，善于谄媚，很会讨主子喜欢。比如，尚书右丞何执中只跟王黼接触了几次，就被他的花言巧语搞得晕晕乎乎了，竭力提拔王黼，将他升为校书郎，后又迁为符宝郎、左司谏。

但是何执中哪里知道，王黼本质上就是一头白眼狼，吃人不眨眼。进入官场的王黼很快发现，朝堂之上有一个人的大腿特别粗，只要抱住了这条大腿，自己就能平步青云，风光无限。于是他义无反顾地蹬开了何执中，一往情深地向那条大腿——蔡京扑去。在蔡京的帮助下，王黼升为左谏议大夫、给事中、御史中丞，赫然成了朝中一名举足轻重的大人物。而这前后的时间不过短短两年！

蔡京和何执中当时并为左右相，王黼一心想帮蔡京独掌大权，就罗织了何执中的二十条罪状交到了蔡京手中，准备将何执中整倒整垮。蒙在鼓里的何执中并不知情，还对这个小伙子赞不绝口。

一日，在办公室里何执中又开始称赞起王黼来，坐在对面的蔡京实在烦了，问他："少师何誉王黼如是！"何执中愣了一下，又滔滔不绝地吹嘘起来，说王黼如何识大体、知恩图报。蔡京听得心头火起，一拍案桌，从案头抽出一卷书扔给何执中，说："你好好看看吧。"何执中一看，竟是王黼弹劾自己的奏章，不由大愕变色，憋了半晌，破口骂道："畜生乃尔！"

蔡京之外，王黼还投靠了大宦官梁师成。

梁师成原本在书艺局当差役，其本性慧黠，在书艺局混的时间长了，也略习文法、诗书，成为太监队伍里的高级知识分子，得领睿思殿文字外库，负责出外传导御旨。这可是个不得了的差使，因为皇帝的所有御书号

---

① 便辟：巧于逢迎谄媚。

令都得经他手传出来，颁命天下。梁师成深知赵佶懒管政事，就豢养了一帮文人苦练赵佶的"瘦金体"，按照自己的意愿拟圣旨下传。外廷人不知底细，也就不辨真伪，全部遵照执行，梁师成由此权势熏天，京师百姓称他为"隐相"。

对于这位天王级的实权人物，王黼毕恭毕敬，以父礼侍奉，称之为恩府先生。梁师成也很喜欢他，于是王黼更加官运亨通，扶摇直上，从通议大夫到少宰，连跳八级，"宋朝命相未有前比也"[1]。梁、王两家的墙连在一起，他们在墙中开门，相互来往，外人不得而知。

王黼还曾倚仗梁师成的声焰，霸占门下侍郎许将家的住宅，将许氏一家包括家眷奴仆全部强行赶走，路人为之叹愤不已。

除了和权臣打成一片，王黼还尽心尽力地讨好赵佶，可谓千般阿谀，百般逢迎，很快就和赵佶打得火热。说起来，王黼的名字还是赵佶帮他改的。他的原名叫王甫，既俗套又老土，没有一点儿内涵，而且还和东汉的一个宦官重名了。赵佶就费了一番心思帮他换了个名，把"甫"改成了"黼"，故意让很多人读不懂，显得文雅又深邃。

得赐佳名，王黼投桃报李，他深知赵佶喜欢收藏书画古玩，就绞尽脑汁从各地搜刮青铜器皿来讨赵佶的欢心。王黼几乎牺牲了全部的上班时间来帮赵佶描摹古器的形状、金文和图案，考证各种文物的出处、年代和典故，最后甚至还编撰了洋洋数十卷的《宣和博古图》。赵佶大为嘉赞，称他为"博雅君子"，把他当成了自己的好哥们儿。王黼也因此权倾一时，富贵荣华。

除了王黼，在赵佶的狎友群里，还有一个很有名的"浪子宰相"——李邦彦。"浪子宰相"虽是人们给他起的外号，但他是真的当朝宰相，经常和"金毛宰相"王黼等人在一起。

李邦彦，字士美，怀州（治今河南沁阳）人，外表俊爽，美风姿，为文敏而工，行为放荡，好作淫词艳曲，是个文艺青年，自号李浪子。李邦彦的父亲是怀州出了名的银匠，喜欢和科考进士结交。受父亲的影响，李邦彦从小好文，也很喜欢与那些有学问的寒士，特别是进士交游，对待这

① ［元］脱脱等：《宋史·卷四百七十·列传第二百二十九》。

些寒士，他仗义疏财，扶危救困，很有几分江湖豪杰的义气。

不过李邦彦的江湖是国家的统治中枢——朝廷。但凡有河东举人进京赶考，必定要在李邦彦那里盘桓几日。每当这些人到来，李邦彦总是盛情款待，他的父亲也会停止买卖，出席文士们的宴会，与他们称兄道弟，谈笑风生。这些文士离开时，李氏父子不忘奉上丰厚的银两，以壮行色。于是李邦彦在儒林里赢得了巨大声誉。得过他救济的举人一旦及第升官，也会对他涌泉相报。后来这些人一合计，竟齐心协力地将他荐举入了当时的最高学府——太学。这就为李邦彦日后的晋升之路打开了一扇门。

李邦彦虽然不学无术，却颇有歪才，除了会用街市俚语作词曲外，还善讴谐，会蹴鞠，单凭这几点，已经足以"劫获"赵佶。初次见面，他就深得赵佶的喜爱。他们迅速成了无话不谈的密友，他也因之坐上了直升机，一下子升为当朝宰相。

《大宋宣和遗事》载，宫中每次宴饮，李邦彦都会客串倡优伶人，在宴会上说市井俚语，讲滑稽笑话，插科打诨，本色表演，纵情取乐。有一次，他事先将周身上下印满了类似文身一样的锦绣花纹图案，等宴乐进行到高潮，他就扭着腰肢，杂以甩臀、提胯、勾小指头的挑逗动作，一件一件地脱掉衣服，等衣服脱完，他全方面地展现出了身上的文身，还说着不上台面的话。赵佶见状，笑得肚子疼。

考虑到现场还有很多妃嫔，赵佶要他赶快穿上衣服，并拿出一根木棍追着他打。李邦彦不穿，绕着满场宾客四下奔走。一时间，叫骂声、嬉笑声、打闹声、尖叫声此起彼伏。

闹得差不多了，他便逃到廊下，攀着梁柱，像猴子一样嗖嗖地爬了上去，娇滴滴地向赵佶求饶。赵佶命宦官传其圣旨："可以下来了！"李邦彦还说："黄莺偷眼觑，不敢下枝来。"

在李邦彦身体力行的引领下，皇宫禁苑中兴起了一种新的潮流，闾巷猥亵之谈在宫内流行，知识分子、士大夫们也都被浸染，渐渐习以为常，不觉得有什么不对。李邦彦本人也不以为忤，反以为荣，放出话来说要赏尽天下花，踢尽天下球，做尽天下官。

# 投机客蔡京

球技王者高俅、金毛宰相王黼、浪子宰相李邦彦，他们在权奸蔡京面前不过都是些小虾米。下面说一说蔡京其人。

《伊索寓言》里有这样一则故事，说兽类和鸟类打仗，蝙蝠看到兽类要打赢了，就跑去跟兽王说："我是兽，咱们一起打鸟类吧。"但转眼间，鸟类扭转局势，要赢了，它又飞过来对鸟王说："我是鸟，和你们是同类，我们一起消灭兽类吧。"

蔡京就是蝙蝠一类的非禽非兽之人。神宗朝时，他看到王安石得势，就大力鼓吹新法，是变法的狂热分子；转眼看到拥护旧法的势力起来了，又立即改变立场，不遗余力地破坏新法。他曾创造了五日之内将开封府所属各县的免役法全部恢复为差役法的高效纪录，得到了司马光的高度赞扬。

然而出来混，终究是要还的。蔡京没料到变法派居然还会东山再起，绍圣元年（1094年），即宋哲宗亲政第二年，宰相章惇宣布重行新法，蔡京叫苦不迭。

不过，他还有机会。他赶紧以变法派的身份自居，极力上书要求恢复神宗年间制度，并提鞭执镫，跟着章惇鞍前马后，大搞冤假错案，陷害元祐党人，以挤进执政队伍中去。

但好景不长，哲宗病死，赵佶继位，反对变法的向太后垂帘听政，守旧派势力又有所抬头。这次，蔡京还来不及变换门庭就被赶出了朝廷，任提举杭州洞霄宫的闲职。

很多人已经看透了他卑污无耻的投机品性。其实人们不应该这时才看出来。早在熙宁三年（1070年），他刚考中进士，就到处吹嘘，说自己是蔡襄的族弟。

蔡襄是仁宗、英宗两朝的大臣，为人忠厚正直，讲究信义，学识渊博，书艺高深，是宋朝著名的政治家、文学家和书法家。他最大的成就是书法，世人称"苏黄米蔡"中的蔡，指的就是蔡襄。

蔡京吹嘘自己是蔡襄的族弟，明显是在借名人来自抬身价。尽管他们都是福建仙游人，但两家素无瓜葛，并不同宗。可惜蔡襄已经死了，没法跟他分辩，他爱怎么吹就怎么吹吧。但知道底细的人，都鄙视他。

不过让很多人想不到的是，这位千方百计借助蔡襄名气来自抬身价的"小蔡"，居然有一手真功夫——他的书法造诣也很高！本来排名在蔡襄之上的米芾见了他的字也自叹不如。可以说，蔡京的出现，完全淹没了蔡襄在书法上的成就，人们再称"苏黄米蔡"时，"蔡"已经是指他而不是指蔡襄了，世称"天下号能书无出其右者"。

绍圣年间，蔡京任代理户部尚书，有两个下级官吏小心恭谨地侍奉他。一天，见天气炎热，就找来两柄白团纸扇为蔡京扇风。蔡京虽说也是一名朝廷要员，但和宰执级的干部比起来，级别还是差很远；而且出身低微，在宦海里翻滚了这么多年，尝尽了酸甜苦辣。难得这两个小兄弟有这份心，蔡京感慨了半晌，要过了他们的扇子，唰唰唰，分别在上面题上了几句诗。过了几天，他惊奇地发现这两个家伙浑身上下都是"名牌"，神气活现。一问才知他们把题上字的扇子卖了，卖给了一位亲王，价格是两万钱。两万钱！这可是普通人家一年的花销啊。

蔡京尽管有些吃惊，但也没往深处想。他觉得花两万钱买几个字，说明这个亲王是败家子，钱多了烧手！要说他真会鉴赏书画，鬼才信。而事实上，买下了这两把扇子的亲王，却是个货真价实的书画鉴赏专家——赵佶。不过赵佶当时还只是亲王，他们并没能在这次买卖中相知相识。

时间推到赵佶登上帝位，而向太后又离开了人世，赵佶再无顾忌。为了表现自己对艺术的无止境追求，他派人在全国各地大肆搜刮奇花异石、珍玩古董、名家字画。而此时正在杭州任提举洞霄宫闲职的蔡京，已经闹清楚当年买他扇子的小粉丝就是当今皇帝，预感到飞黄腾达的机会来了。

被派到杭州来负责专项搜刮珍玩工作的人是大宦官童贯。此人是个非常神奇的人物，他出身低贱，却逢人就说自己是韩琦的私生遗腹子，自幼阉割，在大宦官李宪门下混。令人称奇的是，他虽是宦官，却身材高大，长着胡须，浑身肌肉，刚劲有力，单纯看外观不类阉人。其人性格巧媚，善于揣测人心，很会巴结逢迎。蔡京就使出浑身解数，逢迎巴结这个太监，他拿出几幅自己的大作，求他转呈皇上。童贯和蔡京臭味相投，回京郑重其事地向赵佶献宝，并极力称赞作品的创作者是百年难得一见的奇才。

赵佶看着蔡京的真迹激动不已，对童贯的话完全同意，有道是人如其字，字如其人嘛。蔡京的字写得这么漂亮，人品还能差得了？而且字写得这么漂亮，不是人才又是什么？

崇宁元年（1102年）五月，左相韩忠彦被罢相出京，同月，蔡京被正式任命为尚书左丞（副相）。赵佶和蔡京相见，君臣不胜唏嘘，忆起当年买扇的事，赵佶说："昔二扇者，今尚藏诸御府也。"①

这次有超级大粉丝赵佶的支持，蔡京看谁都不对眼，培植了一群自己的党羽在朝廷大行打压之能事，驱逐右相曾布，很快升任左相。

蔡京得势后，死力打击当朝异己分子，对那些已离任、已故去的大臣也不放过，把司马光、吕公著、苏轼等一百二十人打成"元祐奸党"。对这些元祐党人的亲属子弟，也进行了不遗余力的清算，朝中正直之士登时为之一空，剩下的绝大多数都是些阿谀奉承之徒。

为了报答童贯的荐举之恩，蔡京得势后力助童贯做上了西北监军。在宋辽停战的一百多年时间里，宋夏战争一直不断。崇宁元年，身任监军的童贯随将领王厚出征西北，成功收复了湟、鄯、廓、银四州失地。这是宋对西夏的成功用兵，童贯也因此升为观察使、经略安抚制置使、节度使，进而又接连升为检校太尉、开府仪同三司，领枢密院事，封太傅、泾

---

① ［北宋］蔡绦：《铁围山丛谈·卷四》。

国公。蔡京和童贯二人由此权倾朝野，当时蔡京有"公相"之称，童贯有"媪相"之称。

蔡京秉政，奢侈腐化，视财物为粪土。他曲意逢迎宋徽宗好大喜功的脾性，对《易经》上的话断章取义，提出所谓"丰亨豫大"。他对赵佶说，现在天下承平日久，府库充实。和，足以广乐；富，足以备礼。百姓丰衣足食，百年难有这样的盛况，这就是所谓的丰亨。既然丰亨，就要豫大，应该兴建明堂、延福宫，造艮岳，甚至铸九鼎，彰显盛德皇恩。①

在蔡京大力支持下，赵佶大兴土木，铸了九鼎，建了九殿，修了明堂，筑了方泽，造了延福宫，建了阳华宫——即历史上著名的"艮岳"，国库财富耗费得如滚汤流水。

---

① ［元］脱脱等：《宋史·卷四百七十二·列传第二百三十一》。

# 联金抗辽

从开国皇帝赵匡胤到真宗赵恒，一直为收复燕云十六州而与北方辽国战事不断；直到景德元年（1004年），双方在澶州（治今河南濮阳）签下了停战协议，即史称的"澶渊之盟"，战争才停歇下来。但是宋徽宗登位以后，收复燕云十六州的念头又起，崇宁初年对西夏战事的胜利也极大地燃起了他的自信心。主持对夏战事的童贯，"既得志于夏，遂谓辽亦可图，因请使辽以觇之"①，也在一旁撺掇怂恿，请求出使辽国，寻找战机。

好大喜功的赵佶同意了。

这一年，公元1111年，宋历的政和元年，借向辽帝耶律延禧贺寿之机，赵佶派端明殿学士郑允中担任贺生辰使，童贯为副使，出使辽国，趁机打探辽国虚实。

童贯身为一介宦官，奉命出使，当时就有人表示了不满："由宦官做使臣，岂不是让番辽笑我国中无人？"

赵佶正色道："辽人素闻童贯破羌威名，指定了要见他。而且让他出使，也想让他代朕沿途考察辽国国情，你们不要想得太多了。"

童贯到了辽国。不出宋廷朝臣所料，辽人听说来了个长着胡子的刑余之人，都拥来看稀奇，像看猴戏一样，指着童公公颔下稀稀疏疏的十几茎胡须笑道："南朝人才如此！"童贯又气又恼，怨苦无比。

这次的出使，正值辽国末代昏主辽天祚帝主政之时，童贯除了看到了辽国的腐败，其他没有什么可注意的。但童贯在启程归国、路经辽国重镇

---

① ［清］毕沅：《续资治通鉴·卷九十一》。

卢沟桥时，遇到的一个不速之客却足以改变历史的走向。

此人便是马植。他本是燕地霍阴一带的汉人，辽国侵占了燕云十六州，他的祖上就加入了辽国国籍。他本人在辽国政府担任光禄卿的官职。

燕云十六州是公元936年被石敬瑭割让给辽国的，到这一年，已经过去了整整一百七十五年。马植的骨子里却依然以中原人自居，他希望自己所在的家乡能重回祖国的怀抱，祖国能实现统一。他来见童贯的目的只有一个：进献收复燕云十六州的大计。

马植对童贯说："在辽国的东北有一个叫女真的部落，他们性情凶悍，勇猛善战；最妙的是，他们与辽人有仇。如果能和他们结好联盟，夹击辽国，有望收复燕云十六州。"

女真的历史可以追溯到虞舜时代，先秦时期称肃慎，两汉时称挹娄，魏晋南北朝时称勿吉，隋唐时则称靺鞨，生活在黑龙江、松花江、乌苏里江流域及长白山山麓一带，和中原民族有着割不断、理不清的联系。契丹人建国，女真随之纳入了辽国版图，被辽人按教化程度的高低分为了熟女真、生女真。无论是熟女真还是生女真，他们在带有严重民族歧视的辽人统治下受尽了压迫和剥削。

听到马植如此说，童贯当即被震傻了。无疑，这是一个极具震撼力的计划，如果能顺利实现，将立不世的功勋！清醒过来后，童贯如获至宝，立刻将马植奉为上宾。

第二天，童贯帮马植改名为李良嗣，带他回国面见赵佶。

来到朝廷，一见到赵佶，童贯就神秘兮兮地说："辽主长了一副亡国之相。"然后手脚麻利地进献了一幅辽主的画像，说："辽主一望而知不似人君，现在特偷画了他的一幅真容呈上。按照相书的解释，长了这种相貌的人，亡在旦夕。请皇上赶快下令发兵攻打，兼并弱国，讨伐昏聩糊涂的君主，这是最好时机。"

其实，这幅画像是金毛宰相王黼有意安排的。他见蔡京官运亨通，扶摇直上，就想超过他。但是要超越蔡京、问鼎太师之职，就得建立不世的功勋，而在和平的年代，是没有这样的功勋出现的，于是就有了"身任伐燕之责"的念头。听说童贯使辽，而民间传言"天祚貌有亡国相"，王黼就推荐了一个名叫陈尧臣的人跟随出使，这个陈尧臣"善丹青，精人伦"①，任务就是偷画辽主的肖像。

现在看见画像已经呈上，王黼上前添油加醋地说："宋辽两国虽然通好百年，但他们近年来一直轻慢我们，现在该收拾他们了。如若我们不攻取，辽国版图将被女真人所得，中原故地就不复为我所有。"同时对童贯说："太师如要北伐，王黼愿效死以助！"

马植则在一旁加热升温，侃侃而谈。他说："辽国必亡。陛下念旧民遭涂炭之苦，复中国往昔之疆，代天谴责，以治伐乱，王师一出，必壶浆来迎。万一女真得志，先发制人，后发制于人，事不侔矣。"②

赵佶龙心大悦，采纳了联金灭辽的计划，起用马植为使臣，赐他姓赵，名赵良嗣，官拜秘书丞，以买马为名，从山东半岛的登州（治今山东蓬莱）渡海，前去与女真结盟。

重和元年（1118年），马植带领使者团从海路赴金，商议联合灭辽事宜。结盟工作进行得极其顺利，经过一番频繁接触，宣和二年（1120年），宋廷与女真人首领完颜阿骨打达成了如下协议：宋金结盟南北夹攻辽国，女真人负责攻取辽国的中京大定府（治今内蒙古宁城），宋人负责攻取辽国的燕京析津府（治今北京西南），双方在长城古北口（治今北京密云东北）会晤；战争胜利，燕云十六州归宋朝管辖；宋将原先进贡给辽国的岁币如数转贡给金国；双方以古北口关隘为界，互不超越。

这个协议称"海上之盟"。

这样一份合约，并不是每一个人都赞同。大宋群臣议论纷纷，一个名叫赵隆的大臣说："这份合约彻底毁坏宋辽百年之好，他日开战，签约的人万死不足谢责。"

另一个叫郑居中的大臣当面诘问蔡京说："你是首台元老，你应该知道的！不守两国盟约，轻造事端，绝不是在为江山社稷着想。"

---

① ［清］毕沅：《续资治通鉴·卷九十三》。
② ［元］脱脱等：《宋史·卷四百七十二·列传第二百三十一》。

蔡京争辩说："这是皇上不再愿意每年进贡几十万岁币给辽人的缘故。"

郑居中立刻抢白说："要说岁币，汉朝前后几代和戎的费用比我们少吗？他日要出现百万生灵肝脑涂地的恶果，就是你们这些人造成的！"

朝散郎宋昭也极言辽不可攻，金不可邻，他在朝堂之上向群臣作了一番清醒、中肯的分析：近几年来，辽帝国在女真人的持续攻击下，势已穷蹙。如果我们和女真人结盟，腹背攻讨，可谓是扑灭之易，易如反掌。但我们扶强灭弱，灭掉了弱虏，和强虏为邻，不但不能为我国带来任何好处，反倒让女真人得益。如果说辽国是夷狄之邦，他们和我们相邻已经一百多年了，久沾圣化，也多少懂点儿礼义，澶渊结盟以来，谨守盟誓，不敢妄动。现在的女真人生猛野蛮，茹毛饮血，凶悍无比。辽人也是个长在马背上的民族，和他们对攻，还不能胜。女真以后做了我们的邻居，我们又不能对其进行有效的制约，那就大祸将至了！进而愤言道：两国之誓，败盟者祸及九族。皇上以孝治天下，怎么能忘掉了列圣之灵呢？皇上以仁爱治理天下，又怎么忍心河北民众肝脑涂地啊！[1]

文臣安尧臣上书说："宦寺专命，倡为北伐。燕云役兴，边衅遂开；宦寺之权重，则皇纲不振。今童贯深结蔡京，纳马植以为谋主，故建平燕之议。我实在是担心他日唇亡齿寒，边境有可乘之衅，强敌蓄锐伺隙以逞其欲，这正是我所日夜寒心的地方。伏望思祖宗积累之艰难，鉴历代君臣之得失，杜塞边隙，务守旧好，无使新起之敌乘间以窥中国，上以安宗庙，下以慰生灵。"[2]

此外，其他如孙尧臣、蔡元长等人都纷纷上书劝谏，劝赵佶不要轻言开战。

但患上了"大头症"的赵佶哪里听得进？他说："与女真结盟灭辽，是天赐良机，朕念旧民遭涂炭之苦，久怀复中国旧疆之志，此正是代天谴责，以治伐乱也。"

宣和四年（1122年），宋朝集结了十五万大军，称四十万，由童贯任

---

① ［南宋］徐梦莘：《三朝北盟会编·卷八》。

② ［元］脱脱等：《宋史·卷三百五十一·列传第一百一十》。

北伐总指挥，蔡京之子蔡攸为河北、河东两路[①]宣抚副使，浩浩荡荡，兵锋向北。

童贯这次出征，趾高气扬，志在必得。

蔡京的儿子蔡攸也同样踌躇满志，望着旌旗招展、刀枪如林的军队，他兴奋得忘乎所以，称功业唾手可得。入辞之日，他神秘兮兮地向赵佶提出了一个请求，说："臣成功归，乞以是赏。"赵佶笑而不答。改日，赵佶笑着对蔡京说："令郎蔡攸辞行之日，曾向我请奏，说大功告成后要向我索赏念四、五都，知其英气如此。"念四、五都是赵佶当时最为宠爱的妃嫔。蔡京面色大变，赶紧向赵佶请罪，求"谢以小子无状"。[②]

大军开到高阳关，"降黄榜及旗，述吊民伐罪之意"，童贯让士兵放出话来："若有豪杰能以燕京来献者，即授节度使之职。"兵分两路，从东面的白沟和西面的范村向前猛插。[③]

这一年，辽国中京大定府已被金军攻破，辽天祚帝耶律延禧被金兵追杀入了夹山（在今呼和浩特西北），生死未卜。三月，退守燕京的皇叔耶律淳在一片慌乱惊呼声中登上帝位，建立北辽，顽强抵抗金兵的进攻。听说宋朝要趁火打劫，他派人来劝童贯："女真叛本朝，理论上也应该是你们国家所厌恶的。现在你们竟然为了一时之利，弃百年之好，交结新起之邻，为日后大祸垒基础，至危险而不觉，还自以为得计，怎么会这样啊？救灾恤邻，古今通义，请你们重新慎重考虑！"

童贯置若罔闻，继续挥军前进。耶律淳只好整军在卢沟桥迎战，竟然将宋朝两路军打得溃不成军！童贯夹在乱军之中抱头鼠窜。

就在童贯惊恐惶惑不知如何是好的时候，好消息突然传来，耶律淳患

---

① 宋在今河北、山东西北、河南北部和山西设置河北东路、河北西路与河东路。河北西路、河北东路合称河北路。河北东路治大名府（治今河北大名），包括三府、十一州、五军。河北西路治真定府（治今河北正定），包括四府、九州、六军。河东路治太原府（治今山西太原），包括三府、十四州、八军。

② ［清］潘永因：《宋稗类钞·卷一》。

③ ［清］毕沅：《续资治通鉴·卷九十四》。

病，不治身亡，辽国政务由他的妻子萧妃执掌，军务则由北枢密使萧干、耶律大石主持。

童贯高兴得几乎不敢相信自己的耳朵。然而好事还不止于此，又有一件令宋朝君臣欢欣鼓舞的事情发生了……

# 收复燕京

辽国驻扎在涿州、易州（治今河北易县）的常胜军留守郭药师与萧妃有隙，举军向童贯投降，并献上两州之地。

郭药师，渤海铁州（治今辽宁盖州东）人，是辽国常胜军的指挥使。辽天祚帝天庆六年（1116年），渤海人高永昌和女真勾结，杀害了辽朝东京留守萧保先，称大渤海国皇帝，接着连陷辽东五十余州。天祚帝授燕王耶律淳为都元帅，招募辽东饥民，取报怨之意，称为"怨军"，后改名为"常胜军"，分前宜营、后宜营、前锦营、后锦营、乾营、显营、乾显营、岩州营，共八营二万八千人。到了现在，可以说常胜军是辽国现存的唯一一支精锐部队了。而此时守卫燕京的全是耶律淳称帝后新募的民兵，全由燕京附近的饥民组成，一个个面黄肌瘦，人称"瘦军"。

赵佶振奋不已，催促童贯趁此良机赶快发兵。于是童贯重新集结了军队，号称二百万，再次向燕京进发。

萧妃得知，大惊失色，派出萧容、韩昉，奉表称臣，乞念前好。韩昉见了童贯，陈言："女真蚕食诸国，若大辽不存，必为南朝忧。唇亡齿寒，不可不虑。"

去去去，一张乌鸦嘴，胡说什么呢？童贯阴着脸，将他们叱出帐外。

韩昉在帐外挥泪号呼道："辽宋结好百年，誓书具在，汝能欺国，独能欺天邪！"

不日，童贯命大将刘延庆统兵十万出雄州（治今河北雄县），以郭药师为前导先锋，再袭燕京。

大军浩浩荡荡地向北开进。新降的郭药师发现宋军的军纪极差，军容不整，士兵拖拖拉拉，极其散漫，就提醒前军指挥官刘延庆说："现在大军拔队而行，不设守备，如果敌人置伏邀击，首尾不相应，则望尘决溃矣。"刘延庆看着郭药师，哼了一声，不予理会。大军刚到良乡，就中了萧干的伏击，刘延庆果然大败，被迫后退十里，结营自保。郭药师献计说："萧干兵不过万人，今悉力拒我，燕山必虚，愿得奇兵五千，倍道袭之，城可得也。"并请求以刘延庆的儿子刘光世领兵作为自己的后备军。这次刘延庆同意了，分兵六千，让郭药师夜渡卢沟桥，全速前往偷袭燕京。

郭药师领着六千精兵，人含枚，马摘铃，绕过萧干的营寨，在天色破晓前顺利到达燕京城下，然后一击得手，攻破了迎春门，大军一拥而入，在悯忠寺前列下战阵，派人劝谕萧妃速降。萧妃吓得面如土色，赶紧派人密报萧干。

萧干得讯，也惊出一身冷汗，赶紧率三千精甲返回，和郭药师展开了激烈的巷战。郭药师腹背受敌，形势凶险无比，只能指望作为后备军的刘光世军队能及时赶到。无奈"犬父无虎子"，城外的刘光世看见形势不好，溜了。郭药师苦战到午后，实在支撑不住，弃马缒城而出，手下死伤过半。

所谓兵败如山倒，扎营于卢沟桥南面的刘延庆看见萧干跟在郭药师的后面掩杀而来，心胆俱寒，也烧营逃跑，被践踏而死的士卒的尸体绵延百余里。

萧干纵兵一直追杀到了涿水才罢手。

辽军在绝对劣势的情况下把宋军打得溃不成军，出乎意料，萧干知道宋是烂泥扶不上墙，痛恨宋毁约挑战，于是作诗赋嘲讽。可惜，其诗歌粗鄙，不登史册，后人无缘目睹矣。

经此一战，宋军的伤亡惨重，自熙宁、元丰以来所储军用物资遗失殆尽，元气大伤，再也没有什么作为了。

拿不下燕京，怎么向赵佶交差呢？童贯为此大伤脑筋。思前想后，童贯想出一条妙计：请女真金国来打燕京。

这时的女真人早已按照盟约打下了辽国的中京、西京，军队在松亭关（在今河北宽城县西南）、古北口沿线驻扎，隔岸观火，坐等宋军履行协议约定攻取燕京。

接到了童贯的求助信，完颜阿骨打在鄙视宋朝军队之余于该年（1122年）十二月组织起部队，直逼居庸关。辽萧妃五次向金兵上表求和，无一例外遭拒，只好以劲兵守关。金兵抵关，崖石自崩，戍卒多压死，辽兵不战而溃。金兵度关而南，一路如摧枯拉朽般，穿越居庸关，直逼燕京。辽统军为求自保，献城投降。不日，金主驾临燕京，遂自南门入，于是辽五京①皆为金有。

至此宋金合约灭辽的计划算是大功告成了。双方又回到谈判桌上，着手分钱。

谈判时，出现了问题。金人一会儿指责宋军没能按时出兵，一会儿又指责宋军没能打下燕京，不肯履行合约上的权利分配。

还有一件特别让北宋君臣抬不起头的事被金人咬住不放，那就是前一年金国派专使入宋商讨攻辽的相关事项，但当时辽金战争的走向尚未明朗，宋朝已经被辽人打怕了，宋朝生怕辽国胜利后会过来报复，所以觉得和金人的结盟过于草率了，便心生悔意，扣押了金使。这件事，金人在谈判桌上一提再提，宋朝君臣情何以堪？

负责代表宋朝谈判的人是马植，摆在他面前的是一场艰苦卓绝的口舌之战。金国明确告诉宋使，说平、营、滦三州②绝对不能给予，否则连燕京也不给；金国所能归还的只限于燕京及其所属六州二十四县；因为宋朝违约，而燕京又是金国打下来的，因此燕京一路的赋税应该由金国征收；关于合同上岁币的约定，则一分也不能少。

---

① 指上京临潢府，治今内蒙古赤峰市巴林左旗；中京大定府，治今内蒙古宁城县；东京辽阳府，治今辽宁省辽阳市；南京析津府，治今北京市；西京大同府，治今山西省大同市。

② 平州治今河北秦皇岛市卢龙县，营州治今河北秦皇岛市昌黎县，滦州治今河北唐山滦州市。

几个月的软磨硬泡下来，金国最后给出了一个新的分配方案：平、滦、营三州不属于当初石敬瑭的割让之地，不在归还之列，西京也不能归还，只能将太行山以东的燕、蓟、檀、景[①]、顺、涿、易七州交还宋朝，但还土不还税，还土不还人，金国不但要把燕地人口全部带走，宋朝每年还得向金国上交一百万缗的土地使用税，另外还要按合约规定每年向金国交纳岁币银二十万两、绸缎二十万匹；而金人帮宋朝打下燕京的"劳务费"，折合成粮食二十万石，也要由宋朝一次性支付。

　　没想到赵佶眉头都没皱一下，就满口应承下来。

　　金国答应归还的七州其实只有五州，因为涿州和易州之前就已经由辽国的常胜军献出。五州交割之日，金军把燕地的金银财宝、图书典籍，以及居民全部掳走，给宋朝留下了一座空城。北宋王朝迎来的只是一场病态的"胜利"，但是北宋王朝却浑然不觉。宣和五年（1123年）八月，赵佶命人在万岁山刻《复燕云碑》，表彰自己不朽的功勋。次年，宣诏大赦全国，举国狂欢，大封功臣，其中马植被封为延康殿学士。

---

① 景州，治今河北遵化。

# 第二章

## 第一次汴京之围

1100/1141

# 平州之争

宋金联合攻辽，分割辽地，将太行山以东的燕、蓟、檀、景、顺、涿、易七州交还于宋朝，而平、滦、营三州则属金国。

平州路在辽朝南京道中，虽然资源缺乏、物产贫瘠，但战略地位却极其重要，其境内的榆关是金朝统治下的辽东通往中原的咽喉要道。隋唐时期，榆关作为中原汉王朝防御辽东高丽入侵的重要军事重地，设关扎营，屯集大批兵马，"临渝关""渝关"之名屡见诸史册。金朝怎么可以同意丢失这样一条要道？宋朝被迫同意了这个谈判结果。

金主阿骨打的头脑很冷静，没有冒失地派人去接管平州。他非常清楚，尽管宋朝已经答应放弃平、滦、营三州，但还有一个叫张觉的人将平州紧紧地攥在手中不放。

张觉，平州义丰人。参加辽国科举考试中进士第，担任辽朝兴军节度副使。在金人暴风骤雨式的打击下，辽朝行将就木，国内大乱，平州路也爆发民变，节度使萧谛里在混乱中被杀。危难关头，张觉组织起军队抚定了叛乱。朝廷里正乱得不可开交，也没有人来过问此事，州民于是推举张觉为权领州事，即代理平州事务。张觉料知辽朝必亡，便暗中招兵买马，积蓄实力，整训有军队五万余人，马千匹，意图在乱世中割据，把蛋糕做大。萧妃曾派大臣来出任平州知州，被张觉用大棍子打走了。这种行为表明张觉已经执意与自己的国家为敌了。

为了做到知己知彼，阿骨打亲自找来辽国降臣康公弼了解情况。康公弼曾经做过张觉的上级，他给张觉的评语是："彼何能为。"建议阿骨打先稳住张觉，授其为临海军节度使，知平州，使其失了警惕，再从容收拾。

金国左监军完颜宗翰却不以为然，他说："现在正准备押解辽相左企弓等人归东，在途经平州时，就可以突然发起攻击，一举袭取平州。"

康公弼作为一个刚刚投降过来的降臣，很想立些功劳报效新主子，他说："这样做，只会把张觉推到我们的反面，不如我先到平州摸摸底，再根据实际情况做决定。"金主阿骨打同意了。于是康公弼携天子金牌、持临海军节度使的使节，前往平州招降张觉。

张觉极其诚恳地说："契丹八路失陷，只剩下平州独存，我哪敢有异志？之所以没放下武器，全是为了防备萧干。"同意接受招降，并"厚赂公弼使还"①。金主阿骨打这才放下心来。为了展示出对平州的重视，阿骨打宣布升平州为大金国的南京，任命张觉为南京留守。

然而，到了大宋宣和五年（1123年）四月，金军按照宋金双方的协定从燕京撤走，宋军进了燕京，张觉的心思发生了转变。

五月份，康公弼、左企弓、曹勇义、虞仲文等四名降金的辽臣押解着燕京的原籍居民迁往辽东。被迫东迁的燕京居民对燕地怀有眷恋，对康公弼等降臣痛恨不已，经过平州时，他们知道张觉原系辽将，而且张觉的军队又没有被金兵改编，平州境内又没有金军驻扎，于是就纷纷找张觉哭诉，说："康公弼、左企弓等人不守燕京，致使我们背井离乡，无处安身。你临巨镇，握强兵，如能尽忠于辽，必然能使我们复归乡土。"张觉于是召僚商议。众人都说："听说天祚帝兵势复振，出没于漠南之间，张公你若能仗义勤王，奉迎天祚帝，以图恢复旧邦，可先将左企弓这些国家敌人捉起来，一个个杀死，释放燕地居民，让他们回家安居乐业，再以平州归宋，宋必定接纳，到时平州便成了宋朝藩镇，就算金人加兵，咱们内用营、平之兵，外借助宋朝的力量，也没有什么可怕的！"

张觉又去征询辽朝的翰林学士李石的意见。李石的看法和这些人一模一样。于是张觉就劫杀了康公弼等四人，恢复辽朝年号，称保大三年。燕人敬仰张觉的忠义，都听从他的话，陆陆续续搬回了燕京。

---

① ［元］脱脱等：《宋史·卷四百七十二·列传第二百三十一》。

张觉虽口称忠于辽国，暗地里却寻找机会归宋。他让李石化名为李安弼，三司使高履化名为高党，带着平州的地图赴燕山府（治今北京市西南），以献土为名，求助于宋朝。

镇守燕京的是大宋河北河东燕山府路宣抚使、知燕山府王安中。这些日子来，他看见一大群一大群的燕京居民返回，一问才知道是平州张觉的功劳，不由得既惊又惧，既喜又忧。

李安弼、高党二人来到燕京，见到王安中，对他说："平州自古形胜之地，地方数百里，带甲十余万，张觉文武全才，足以御金人、安燕境，幸速招致，不要让他西迎天祚，北合萧干。"王安中深以为然，将他们的话具奏于朝，并极力赞成招降张觉。

赵佶一听，征求大臣的意见。金毛宰相王黼认为这是千载难逢的机会，力劝赵佶赶紧同意张觉的请降。其他大臣也一致附和。只有马植，这些年来，他已清楚地看到了宋朝军事上的无能，深知接纳张觉会带来的恶果，毅然入谏道："国家新与金国结盟，如此必失其欢，后不可悔。"

赵佶这时候财迷心窍，哪里听得进他的话？将他连降了五级，以示自己不愿意听到不和谐的声音。

张觉得到了宋朝方面明确的招降态度，意志更坚定了，"遂决策纳款焉"[1]。六月，张觉遣书到王安中的抚司正式宣布："金虏恃虎狼之强，驱徙燕京富家巨室，止留空城以塞盟誓，缅想大朝，亦非得已。遗民假道当管，冤痛之声，盈于衢路。州人不忍，金谓宜抗贼命，以存生灵，使复父母之邦，且为大朝守御之备，已尽遣其人过界，谨令掌书记张钧、参谋军事张敦固诣安抚司听命。"[2]

八月，金主完颜阿骨打暴病身亡，其弟吴乞买继位。金国上下正沉浸在哀痛中，没想到堂堂天朝竟在背后搞这样的小动作，张觉的公开信一发表，金兵无不激愤，纷纷拎刀子要找赵佶、张觉算账。

吴乞买是阿骨打的四弟，长得威武雄壮，既有擒虎捉熊之勇，也有安

----

① ［清］毕沅：《续资治通鉴·卷九十五》。

② ［元］脱脱等：《宋史·卷四百七十二·列传第二百三十一》。

邦谋国之志，是个比阿骨打更为可怕的敌人。不过，他鉴于自己新即位，地位还不是很稳固，同时残辽的势力还没有全面扫除，就没有大动干戈，只是派三千骑兵前来平州问罪。

张觉早已料到了金人的反应，率兵数万列开了阵势。金人见张觉势大，不敢交锋，只在城门上留下"夏热且去，秋凉复来"八个大字，收兵而去。望着金人的背影，张觉哈哈大笑，以"大捷"呈报于宋朝。

赵佶没想到张觉打仗这么厉害，又惊又喜，决定将平州路改为泰宁军，任命张觉为泰宁军节度使，李安弼、高党等人皆升为徽猷阁待制，宣抚司犒赏银绢数万。张觉乐不可支，大开城门，出城远迎。

金朝谍知，发兵杀来。

这下惨了！张觉猝不及防，全军覆没，屁滚尿流地逃往燕京。而宋朝送给张觉的敕书，有赵佶用"瘦金体"所写的诏书，内有"吾当与汝灭女真"之句，落到金人的手中了。

金人得到了这些铁证，再也无法冷静了，誓将此事追究到底，派人到燕京索要叛臣张觉。王安中杀了一个貌似张觉的人交给金人，被金人识破。金人索求更急。王安中没辙了，只好向赵佶请示。赵佶毫无王安中那种瞻前顾后的惺惺作态，密令王安中将张觉抓了起来，数其过，将他处斩，用木匣盛了他的首级，恭恭敬敬地进呈给了金人。

张觉十一月被杀，距离他五月叛金，前后时间只有短短六个月。

张觉被杀严重伤害到了归宋汉人的感情！原先宋朝在金人"还土不还人"的燕京政策上签字，燕地百姓大失所望，觉得政府要的只是燕京这个地方，而不是他们这些人，已经有了一种被遗弃感，伤心极了。现在张觉之死，让燕地的汉人对宋朝完全绝望，有的甚至怨恨起来。

赵佶虽然杀了张觉，却完全不能弥合与金国的矛盾，北宋在金国这里背弃盟约、首鼠两端的印象算是种下了。

但是胆大心粗的赵佶却完全看不懂形势，竟然还想收留苟延残喘的辽天祚帝！赵佶用他的"瘦金体"给天祚帝写了一封信，信上说："若来中国，当以皇兄之礼相待，位燕、越二王之上，赐第千间，女乐三百人，极所以奉养。"（燕王和越王是赵佶的两个兄弟）辽天祚帝得到书信大喜，有归宋的意愿。但是这封书信也被金国发现了。

前后两封信，彻底激怒了金国。宣和七年（辽保大五年，金天会三年，1125年）十月，吴乞买以兄长阿骨打"中外一统"的诏令为遗训，兵分两路大举伐宋。

# 赵桓称帝

1125年十月，金国以完颜宗望和完颜宗翰为东、西两路元帅，同时从平州、辽国西京大同出发，齐头并进，大举伐宋，分别攻取燕京和太原。可笑的是金人部署已定，而赵宋还"举朝不知，遣使往来，泄泄如平时"[①]。

东路军完颜宗望进军神速，十二月初一、初二，两日之内连下檀州、蓟州，随后又挟胜利的余威大败郭药师所部的四万五千人。对宋朝已心灰意冷的郭药师把大宋燕山府路宣抚使蔡靖、转运使吕颐浩捆起来，打开城门向完颜宗望投降。

燕京陷落使自北而南的整个河北大地豁然开朗，完颜宗望的骑兵驰骋纵横，如入无人之境，旋风般杀奔黄河北岸。

金人继续西进中山府（治今河北定州），战情紧急，赵佶魂飞魄散，一面下罪己诏，一面散发诏书催促四方起兵勤王，然后令群臣各抒己见，有力出力，有计出计。

太常少卿李纲当仁不让，立即献上刺臂血所书《御戎五策》，并直言请将皇位内禅太子赵桓，以号令天下豪杰。

李纲，字伯纪，福建邵武人。政和二年（1112年）进士及第，累官至监察御史兼权殿中侍御史。为人刚正不阿，深沉有大略，铁骨铮铮，内能谋国，外能谋敌。曾因为言事忤逆权贵，被谪为监南剑州沙县税务。后被召回朝，任太常少卿。

---

① ［清］毕沅：《续资治通鉴·卷九十五》。

其间有人反对李纲的主张。李纲则严肃地回答说："皇太子监国本是典礼之常。如今大敌入攻，安危存亡就在呼吸间，怎么可以守常礼不变？名分不正而当大权，何以号召天下？京师要地，又岂能寄其安危于万一侥幸之中？若传皇太子以位号，使为陛下守宗社，收将士心，以死捍敌，天下可保。况且从唐肃宗在灵武之事不难推知，不建号不足以复邦，肃宗建号之议不出于明皇，后世为之遗憾。"

正是这番掷地有声的话，让赵佶坚定了内禅的决心。十二月十三日，皇太子赵桓在火线中仓促登基，是为宋钦宗，他宣布第二年改元靖康。

赵桓即位，李纲有拥立之功。赵桓即位后，在延和殿召见李纲，对他不无敬重地说："朕以前在东宫曾读过你的《论水灾疏》，现在尚能熟诵，卿家实在是国之良臣啊。"授其兵部侍郎之职。

赵桓初登帝位所做的第一件大事就是清算"六贼"。这"六贼"便是蔡京、童贯、朱勔、李彦、王黼、梁师成。太学生陈东等人上书直斥"六贼异名同罪"，请求将他们尽数诛杀，并传首四方，以谢天下。但赵桓却犯了难。赵匡胤曾强调继位者不得杀士大夫及上书言事人。赵桓不敢轻动杀戒，只是将他们或贬，或罢，或流放。但实在是民愤难平，最终"六贼"在流放途中分别被地方府吏处死。

靖康元年（1126年）正月，完颜宗望率领大军来到了黄河边上。

黄河是拱卫大宋都城汴京的最后一道天险，有两万多守军，可惜这两万多宋军全是高俅训练出来的，听说金人来了，闻风丧胆，一哄而散。完颜宗望跃马扬鞭，仰天狂笑道："南朝可谓无人，若以一二千人守河，我岂得渡哉？"

完颜宗望提兵渡过黄河，直取汴京。卸下了重担的赵佶开东门直接跑路了。宰执大臣建议赵桓也跟着巡幸东南，暂避敌锋。李纲阻止说："太上皇将江山社稷授予陛下，陛下怎么可以弃之而去？"赵桓默然不能对。

太宰白时中辩称强敌压境，都城已不可守。李纲森然答道："天下城池，哪一座比得上京城高大雄伟？况且京城有百官万民，又有宗庙社稷，圣上的辇舆一动，人心震骇，京城必定不保。而且陛下仓促离京，肯定走不了多远，金人如果大发飞骑驰追，陛下后悔都来不及！"

李纲一席话，不仅义正词严，而且也是实情。众人听在耳中，均心头一震。于是，赵桓暂时打消了逃跑的念头，顾视宰执大臣，小心地问了一句："策将安出？"

李纲答道："今日之计，只有整饬军马，固结民心，据城坚守，等待四方勤王之师。"

可是谁担任守城大将呢？赵桓提出了疑问。

李纲又答："朝廷以高爵厚禄崇养大臣，就是用之于有事之日。太宰白时中、少宰李邦彦等都是国家重臣，虽未必知兵，然藉其位号，抚将士以抗敌锋，是其职责所在。"

被李纲点名的人闻言愤愤不平。这不明摆着是让我们去送死吗！白时中愤然说道："别光说我们，你李纲的职位也不低，难道就不能带兵出战吗？"

耿南仲也说："李纲要举兵，只遣李纲去。"

赵桓有些担心，说："恐李纲不知兵。"

唐恪奏道："火到身上自然拨，只要责以重任，李纲一定能完成任务，陛下不可听他推辞。"

推辞？我李纲会推辞？李纲笑了。

李纲故意用话来挤对白时中、李邦彦这些逃跑派，目的就是让他们推举自己为将。这些人不知是计，纷纷把责任推给李纲。李纲暗爽，拍着胸脯向赵桓请缨，说："陛下不以臣书生庸懦，傥使治兵，愿以死报。但我人微官卑，恐不足以镇服士卒。"

赵桓小小振奋了一下，当即加封李纲为尚书右丞，并赐李纲绯袍笏带，准备留守都城抗战到底。他说："我听了你的话留在京城，你就得用心治兵御敌，不得有任何疏虞。"

李纲谢恩道："方时艰难，臣不敢辞。"

也就是从这一刻开始，李纲走上了抗金第一线。

但是随后赵桓经不过几个宰执的劝说又改变了主意，下旨任李纲为东京留守，自己跑路。他面有惭色地对李纲说："朕不能留矣。"

李纲没法，只有苦口婆心地劝他说："唐明皇闻潼关失守，立刻幸蜀，宗庙朝廷转瞬毁于贼手，后世有识之士都一致认为他最大的失策就在于不能坚守以待援。现在陛下初即大位，中外欣戴，四方之兵不日云集，陛下为何轻率离京而蹈唐明皇的覆辙呢？"

赵桓心中一凛，想起了唐明皇的爱妃杨玉环被逼死，皇位被儿子夺去的下场，不寒而栗，又重新下定了坚守京城的决心。不过这个决心也没维持多久，就又变卦了。他实在承受不了兵临城下的压力，连夜指挥内侍准备车驾，准备天色一明就起驾离京。

李纲也早料赵桓意志不坚，当夜宿于尚书省，天没亮就早早上朝，疾行到宫门，看到眼前的一幕，当时就傻眼了。宫前车驾齐备，禁军忙碌不停地往外搬运包裹。皇帝出行在即！李纲不由得跺脚对禁卫军叫道："你们愿意死守社稷，还是愿意跟皇帝离京巡幸？"

这些禁卫兵的父母妻小都在京城，谁愿意撇下亲人外逃？听了李纲的喝问，一齐高声答道："愿意死守！"

好！李纲松了口气，吩咐这些禁卫军先不要急着搬运，自己入宫劝赵桓。

赵桓远远见了李纲，就抢先说道："你就不要劝阻我了，我准备亲往陕西起兵收复都城，绝不可留下！"

李纲泣拜俯伏，以死相劝，说："陛下已经同意我带领军队守城，为什么又要离京？陛下的辇舆一动，如龙脱渊，车驾早上离京，晚上京师就乱，即使我留下镇守，又于事何补！宗庙朝廷，将化为丘墟。现在六军父母男女皆在都城，无不愿以死相守，你带着他们离京，他们万一挂记城中的家人，散离回城，到时由谁来护卫您？敌兵眼看就要到了，知道你还没走远，必乘坐健马疾追，到时又该如何抵御？愿陛下三思啊。"

赵桓如梦初醒，一身冷汗涔涔而出，传令停止出巡。

李纲传旨左右说："再有以离京之说扰乱军心者，格杀勿论！"禁卫军听了，一起拜伏，高呼万岁，六军将士也无不感泣流涕。

就在这踌躇反复之间，金国大军越来越近了。

赵桓在李纲的鼓励下，亲自到宣德门慰问守城将士，安排百官将士班楼前吃食起居，赐诸军班直缗钱有差；回头又建亲征行营司，任李纲为亲征行营使，由他总揽守城事宜，置司于大晟府，辟置官属，赐银钱各百万，朝议、武功大夫以下及将校官诰宣贴三千道，许便宜从事。

李纲毅然负起重托，每日亲临城头，治守战之具，以百步法分兵备御，每面城墙配置一万二千人的禁卫正规军，修建炮楼，上覆毡幕，内安投石机、弩床，运砖石，施燎炬，集檑木，备火油，防守的器械无不毕备。此外又将京城内的守军重新整编，分设前、后、左、右、中五军，中军八千人，前、后、左、右四军各一万人。前军驻守在通津门外，守护积蓄有四十多万石豆粟的延丰仓，用以供应四方前来的勤王之师；后军驻守在朝阳门外，高据樊家冈，占领城外的制高点，让金骑不敢迫近；左、右、中三军在城内以备缓急。每军设置统制、统领、将领、队将等，每日强化训练；又在每面城墙上设提举官，由宗亲皇室、机要大臣担任，各个城门置专使把守，实行问责制。

从正月初五至初八，经过几天的整顿，汴京城内防务齐备，军民摩拳擦掌，众志成城，誓与金军血战到底。

# 第一次汴京保卫战

靖康元年（1126年）正月初七，完颜宗望大军昂然而至，先以迅雷不及掩耳之势袭击了汴京西北牟驼冈上的天驷监，缴获战马两万余匹，粮草不计其数。紧接着，不容宋朝有喘息之机，发兵乘数十艘火船顺汴水而下，强攻汴京宣泽门（西水门）。

李纲接到战报，亲率两千敢死队员，布列于城下水道两侧。等金军的火船开到，便抛以长钩，掷以巨石；一时间木屑飞溅，惨叫声声。

冲过了防线的火船驰进内城，却发现前有杈木阻拦，无从再进，待要退出，李纲已命人将蔡京家里的假山亭台拆毁，堵死了城门的通道。金军叫苦不迭。

宋军斩首白余人，成功击退了金军的这次进攻。

初八，赵桓听说金军已到，便任驾部员外郎郑望之为军前计议使去与金人接触，看看有没有议和的可能。在金营里，金方开出的撤军条件是宋朝与金国以黄河为界，并以金帛犒劳远道而来的金军。

这个条件虽然吓死人，但毕竟有望停止战争，赵桓就想派出一名宰执级别的人再到金营找完颜宗望谈谈。赵桓环顾宰执，竟无一人应答。李纲请行，赵桓说道："你性情刚烈，万不能去。"而以同知枢密院事李棁为正使，以郑望之、亲卫大夫高世为副使。议和的底线是在"海上之盟"的基础上增加岁币三五百万两，割地免谈；至于犒军，可许银三五百万两。

李纲鉴于敌军气势太锐，宋军勤王兵马还没集结，议和也未尝不可，道："议和过程中万不可示弱。他们觉得中国势不可欺，则和平还有希望；若是处处示弱，则祸患不止，宗社安危，在此一举。"他认为李棁柔懦，恐怕会耽误国家大事。

不出李纲所料，柔弱的李棁到了金营就被完颜宗望的一番大话唬住了。完颜宗望提出的条件是："议和所需的犒师金五百万两，银五千万两，牛马万匹，绸缎百万匹；尊我国主为伯父；凡是燕云的流民必须悉数遣归金国，并割太原、中山、河间三镇之地，且以亲王、宰相为人质。"

李棁不敢争议，耷拉着脑袋回来了。赵桓傻了眼，议和就此搁置。

正月初九清早，金军不耐烦，开始从京城北面的通天门（北城中门）、景阳门（北城东门）猛烈攻城。李纲闻讯，提禁军班直中的一千名神臂弓射手赶赴北城。

金军蜂拥蚁攒，密密麻麻地渡过护城河，四下架设云梯攻城，形势危急。李纲毫无惧色，迅速组织将士登城御敌。将士无不贾勇，近者用手炮、檑木猛击，远者用神臂弓劲射，更远的则用神臂弓的加强版床子弩和巨型投石机狂轰滥炸。一时间，金人有乘筏渡壕而溺者，有登梯而坠者，有中矢石而踣者，鬼哭狼嚎，响彻天际。

趁敌人攻势沮滞，李纲又招募了几百壮士缒城而下，到处纵火，烧毁金军云梯数十座，斩获首级数百。

完颜宗望远远观阵，看见伤亡太大，于是转攻安肃门（北城西门）、永泰门（北城次东门）。

这次他学乖了，先不急着渡壕登城，而是朝城上放箭，企图用火力压制城上守军。天空箭如飞蝗，城上矢集如猬毛，声势骇人。李纲左肩中箭，但坚持轻伤不下火线的原则，仍旧登城督战。

赵桓在后宫听得杀声震天，惊吓得坐立不安，屡次派遣中使到阵前犒劳慰问，传手札褒谕，颁赠内库酒、银碗、彩绢等物激励将士，六军士气大振，齐声欢呼。

自卯时苦战到未、申时之间，宋军杀敌数千，城下尸如山积。

完颜宗望初次受此大挫，大光其火，却又无可奈何，眼看军心已沮，只好灰溜溜地收军退去。

然而，赵桓也吓破了胆。这一天下来，他在后宫，耳听得厮杀声连绵不绝，响彻京城，他的神经一直紧绷，惊恐万分地祈祷着战争快点儿结束。精神承受力到达了极限，他决定答应完颜宗望提出的全部条件。初十，他下诏括借民间财产，规定凡有瞒报、转移、藏产者，按军法处置，妓娼、杂技艺人等的财产则全部充公，搜刮得金二十万两，银四百万两，民间金银为之一空。同时传旨："中山、太原、河间府并属县及以北州军，已于誓书议定交割，如有不肯听从之处，即将所毗州府令归金国。"①最后按照完颜宗望的要求，命康王赵构、少宰张邦昌为军前计议正副使，充当人质出使金营。对金人的要求全部遵照不虞。

李纲知道此事，简直急疯了，跑进宫里据理力争道："金人要的钱财简直就是一个天文数字，即便是竭天下之财尚且不能凑足，何况只是一座京城？太原、中山、河间三镇，是国家的屏蔽，号为三镇，实际上其所包括的十余个郡地都是国家的险阻所在，属河北、河东的重要防区，乃本朝立国之本，翼护皇家祖宗陵寝所在，子孙怎么连祖坟都不要了？而宋金两国以黄河为界，汴京距黄河不过几百里路程，恐怕大宋此后难以立国！一旦被割让出去，大宋将何以立国保塞？！翼祖、顺祖、僖祖陵寝所在，子孙奈何与人！至于派遣人质，宰相当往，亲王却不当往。今日之计，就在一个拖字，可以先派使臣与金军假意议和，拖住他们，迟则几日，各路勤王大军就能赶到。敌人孤军深入重地，其势不能久留，必求速归，那时再和他们议和，条件也不至于这么不济，他们也不敢轻视中国，和平则可长久啊。"

李纲说得头头是道，对敌我形势的分析也全是真知灼见。但已被金人吓破胆的赵桓现在只一门心思要议和，对李纲的话置之不理。

李纲又气又急，请求辞职。和议还不知能不能成功，赵桓不敢让他轻退，慰谕他说："爱卿只管用心治兵，加固城防，辞职之事以后再说。"

金军退去后，不再轻易攻城，只是游骑四出，烧杀劫掠，汴京附近的州县大多惨遭荼毒。其间，宋朝的各路勤王兵马也陆续赶到。正月十六

---

① ［清］毕沅:《续资治通鉴·卷九十六》。

日，统制官马忠率京西募集的新军前来报到，在顺天门（西城南门）小胜金军一场。同日，统制官范琼又率京东①兵一万人赶了过来，于城外安营扎寨。正月二十一日，河北、河东两路制置使种师道、武安军承宣使姚平仲两路大军赶到汴京，于汴水之南扎下营寨，与金军大营隔水相峙。

勤王之师接踵而来，旬日间已聚集了数万人，四壁各置统制官，军队纠集，给刍粮，授器甲，立营寨，团队伍，声威大振。

完颜宗望所率金军虽然一路所向披靡，但已犯了孤军深入的兵家大忌，全军不过六七万人，而且粮运不继。之前与之遥相呼应的完颜宗翰西路军被阻于太原，原定会师于汴京的战略目标无法实现。眼见宋军不断云集，完颜宗望不免气馁，为避宋军锋锐，不得不拔起营盘向北略作迁移。

种师道，字彝叔，洛阳人，后迁居京兆府长安县豹林谷，原名建中，因避讳赵佶建中靖国的年号而改名师极，后又被赵佶赐名为师道。为人善察形势，沉毅有谋。种师道的家世显赫，祖父种世衡是仁宗朝的西北名将，威名震慑西夏。到种师道这一代，种家子弟已是三代从军，数十人战死沙场，功勋盖世无双。种师道本人历任忠州（治今重庆忠县）刺史、泾原（治今甘肃平凉）都钤辖、统领怀德军（治今宁夏固原北），抵御西夏屡立战功，为时人传颂。

靖康元年，种师道七十六岁，春秋已高，天下人已改称他为"老种"，退休赋闲在家，却接到了朝廷的勤王诏书。得到诏书，这位古稀老人二话不说，马上点兵东来。

种师道所带兵马只有一千多人，他着人促令尚在统兵的弟弟种师中带

---

① 宋在今山东及江苏北部、河南东北部设置京东东路、京东西路，合称京东路。京东东路包括：济南一府；潍州（治今山东潍坊）、淄州（治今山东淄博市西南）、青州（治今山东青州）、密州（治今山东诸城）、沂州（治今山东临沂）、莱州（治今山东莱州）、登州（治今山东蓬莱）七州；淮阳军（治今江苏邳州市西南）一军。京东西路包括：应天府（治今河南商丘）、袭庆府（治今山东兖州）、兴仁府（治今山东定陶西南）、东平府（治今山东东平）四府；济州（治今山东巨野）、单州（治今山东单县）、濮州（治今山东鄄城北）、拱州（治今河南睢县）、徐州（治今江苏徐州）五州；广济军（治今山东定陶）一军。

兵火速跟上，路过时任武安军承宣使的姚平仲的防区，又招呼上姚平仲带上其七千兵马，合兵赶往京师。两人一路疾行，到了汴京，径往城西，在汴水之南扎下营寨，剑指汴水之北的敌营。种师道此举不但谋略过人，而且胆识过人。平生嚣张的完颜宗望被镇住了，"徙砦稍北，敛游骑，但守牟驼冈，增垒自卫"①，不敢轻举妄动。

赵桓听说种师道来了，像是吃了一颗定心丸，赶紧命人接他入城。不过，这时赵构和张邦昌已经去议和了，见到这位名震西北的老将军，赵桓开始责怪自己之前没看清形势。

改日，李纲、李邦彦、吴敏、种师道、姚平仲、折彦质等人来福宁殿见驾。李纲提出扼守关津，断绝粮道，禁止抄掠，分兵收复京城周围的郡邑，猎杀金兵的游骑，用重兵迫近他们的大营，坚壁不战的战略；等金兵粮尽力疲，就檄取誓书，收复三镇，纵金兵北归，中渡而后击，必定大胜。赵桓听了连连点头。李纲接着又提出，兵家忌分，勤王之师渐集，请将种师道和姚平仲两将兵由他节制。

从李纲的角度来说，这个请求不算过分，他现在的职位是尚书右丞兼亲征行营使。所谓"亲征行营使"就相当于皇帝在战争中的替身，并且赵桓早就明言由他总揽守城事宜，便宜从事。而在同一场战役中，不同的军队要纳入统一的管理体系之内，这个最高指挥者由李纲担任最为合适。

但是赵桓不答应，现在明知对金人的战略拥有了绝对优势，一旦战争胜利了，李纲不得功高震主？太祖皇帝创建了枢密院制度，就是为了不让宰相掌兵。李纲已经是副宰相，让他任亲征行营使已经有违了祖制，还掌握全部军队，那还得了！他推托说："种师道年纪比你大得多，而且既熟读兵书，又有实战经验，职位与你相同，由你来节制他恐怕不合适吧？"于是在行营司之外另建了一个宣抚司，任命种师道为宣抚使，以姚平仲为都统制。这还不够，他还升种师道为检校少傅、同知枢密院、京畿两河宣抚使，由他统领四方勤王之师。

---

① ［元］脱脱等：《宋史·卷三百三十五·列传第九十四》。

第二日，赵桓觉得勤王的军队还不够多，这么做种师道的军权还是没有李纲高，于是又把行营司的前后军拨给宣抚司。这样一来，李纲行营司原本的前后左右中五军已去其二，李纲的指挥权大大削弱了。赵桓还屡屡重申"两司不得侵紊"。从此节制既分，不相统一，宣抚司要干什么，往往托以机密之名，互不通气。

# 偷袭金营

宣抚司的成立分散了原先行营司的一部分兵力。而宣抚司作为一个新成立的部门，由各路勤王兵马组成，内部更是派系丛生，无法团结。甚至有些人并不甘心受种师道的节制，跟随种师道一起东来的姚平仲就是其中之一。

姚平仲，字希晏，世代为西陲大将。父亲早死，由叔父姚古抚养成人，年十八，与西夏人激战臧底河，斩获甚众，战功第一，关中豪杰对他推崇备至，称他为"小太尉"。作为西北的武将世家，种家和姚家在西北战场上一直明争暗斗，互争名望高低。以前朝廷安排出征，总是尽量避免将这两个家族的人安排在一起，以免因为矛盾而产生内耗。这次种师道来得急，没等到种师中的军队，手下并没有多少军马，一路上的声势都是姚平仲的七千姚家军撑起来的。可进京后，种师道的官职一升再升，姚平仲心里不平衡了。他憋了一口气，想在这场勤王战争中将种师道的风头压下去。他提出了一个大胆的计划，这个计划把种师道之前的战略构想彻底打乱了。

他的计划就是《三国演义》中最常见的劫营。他请求提本部兵马"夜叩金营，生擒宗望，奉康王以归[1]"！他说："其实金军并不足畏，种师道年老多虑，战略上未免保守。现在王师新集，士气正盛，急着和敌人决一胜负。要像种师道那样，等那么长时间，士气一鼓而作，再而衰，

---

[1] ［清］毕沅：《续资治通鉴·卷九十六》。

三而竭！现在只要趁着敌人惶恐不安进行深夜偷袭，就能将他们一次性搞定。"

连续几天里，主战的呼声越来越高，赵桓就越来越鄙视自己之前的议和之举，恨不能痛击金军一番，一舒之前的窝囊气。他同意了姚平仲的请求，说这个计划一旦成功就授给他节度使的官职。但是赵桓根本不知道，正是他之前的主动和议，将金币、牛羊、粮草等物资源源不断地送入金营劳军，金军士气复振，不但没有半点儿他想象中的惶恐不安，反而对宋军愈加轻视，每日对宋"需求不已，日肆屠掠"①。

姚平仲的劫营提议也得到了李纲的赞成，他下令城中士兵都听从姚平仲的调遣。

种师道却不同意，理由是这种做法太冒险，现在两国大军对峙，稍有差池，直接影响到成败的走向，他力争至少也要等到自己的弟弟秦凤经略使种师中的西北精兵到了才可开战，而种师中有望在春分时到达。

现在离春分还有八九天的时间，赵桓觉得太慢，表示等不了了。

赵桓对这次袭营行动高度重视，他亲自策划了每一个细节。但赵桓根本就是一个军事盲，由他策划军事行动就显得很可笑了。

为了保证万无一失，行动前，他找来一个叫楚天觉的术士，让他观天象、占卜、推算，选择去劫营的黄道吉日。天文学家楚天觉念念有词，推算出二月初一是该年最适合劫营的日子。

赵桓大喜，命人在开宝寺前竖起三杆大旗，上书"御前报捷"四个大字，又在封邱门上张御幄、备车驾，准备亲临受俘。这么一来，全地球人都知道二月初一这天在汴京附近将有大型"动作片"上演。

姚平仲叫苦不迭，但大导演赵桓已经入戏了，他是没有罢演权的。为了那诱人的票房，现在他只能豁出去了。

---

① ［元］脱脱等：《宋史·卷三百五十八·列传第一百一十七》。

靖康元年（1126年）二月初一这天晚上，月黑风高。正所谓"月黑杀人夜，风高放火天"，果然是劫营的好日子。姚平仲领着本部人马七千多人，马摘铃、人含枚，趁着夜色，冒着寒气，蹑手蹑脚地出发了。行动还算顺利。所谓的顺利，是指沿路没有遇到任何金兵，没有遇到任何抵抗，也没有任何阻碍。

不过越是这样，姚平仲心里就越没底。还是老天保佑吧，保佑金兵不会料到我军今夜会来劫营。姚平仲摸近了金营，发出了攻击的号令，可是连闯两寨都空无一人！姚平仲不由得寒毛倒竖。所有的将士也都跟着一凉。

天文学家楚天觉推算得没错，这一天夜里的确适合劫营，但也适合埋伏和隐藏。当姚平仲他们到达第三座营寨时，伏兵四起。漆黑中，宋军乱作一团，被杀得全军覆没。姚平仲拼死力战，仅以身免。

姚平仲异常清楚，此战关系重大，直接影响到宋金两国战与和的走向，现在既已落败，罪责深重，于是不敢回营，一昼夜急驰七百五十里，抵邓州，入武关，至长安，亡命天涯，不知所踪。

劫营失败的消息传回宫中，满怀希冀的赵桓犹如五雷轰顶，当场呆若木鸡，久久说不出话来。

但是这时，种师道镇定自若地说："劫寨失败诚为可惜，但兵家贵在出奇制胜。今晚再遣兵分道劫寨，必在金人意料之外。就算是仍不能取胜也不要紧，只要以后每晚都派数千骑兵去劫营，不出十日，敌军必定遁去。"

精彩！真精彩！什么叫名将？这就叫名将！什么叫兵家之奇？这就叫兵家之奇！

如果这个建议能实施，根本就不会发生后来的一连串人间惨剧。

太宰李邦彦却顿足反驳道："劫一次营就损失了几千兵马，有再多兵马也经不起这么折腾！"他极陈姚平仲的败状，危言耸听地说整个宣抚司的兵马已经覆灭，金军乘势攻城，李纲的亲征行营司也将被打散，那样一来，京城的防务就算完蛋；当下之计，只有向金人认错，追究这次行动的责任人。

出使过金营的郑望之也附和道："陛下之前要与金人议和，本意并没有错误，就像家里突然来了强盗，而家里壮丁都不在，不议和怎么应付得了？大臣们筹措用兵也没有错误，可他们只看到金军有可击之理，却不知朝廷现在并无可用之人啊！"言下之意，就是要把这次失败的责任推给主战的李纲和种师道。

也只有如此了，从震惊中缓过来的赵桓下令：停止一切军事行动和军事准备，罢免李纲的尚书右丞职，解除种师道的兵权，派人向金人谢罪道歉，废除行营使司，坚决执行议和政策。

赵桓不会想到，他这个诏令一颁布，竟然在京城内引起了轩然大波。这场风波涉及面之广、之烈，堪称空前。

二月初五这天早上，太学生陈东带领几百名太学生，拿着写好的请愿书，浩浩荡荡，径向皇宫前的宣德门行来，反对罢免李纲。

陈东，字少阳，镇江丹阳人，政和三年（1113年）以贡士身份入太学。当时蔡京、王黼当权，没有人敢公开指责，陈东却无所顾忌，抨击时政。赵桓即位后，陈东向赵桓上书，指斥蔡京、王黼等人为"六贼"，也就是在他的声讨下，蔡京、王黼等人被流放的流放、诛杀的诛杀，终于给人民一个交代。

请愿事态不断升级。赵桓不敢怠慢，最终只得将李纲官复原职。

李纲重新部署东京的防务，整顿军心，下令对能杀敌的士兵会有厚赏，以激励士气。经过整肃，军队又重新焕发出了高昂的斗志。

相较之下，金军的情况却日见窘困。从种师道率援兵到来之日起，金军就不敢再分兵出去劫掠了，士兵的粮，马匹的草，越来越接济不上，本来约定在汴京会师的西路军又迟迟没到，反而是宋朝的勤王兵马源源不断地赶来。因此完颜宗望对这次姚平仲的破坏活动并没做太多的指责，只是催促赵桓早一点儿签约，甚至都不太坚持以前的赔款数额。

若是此时宋军对金军加以进攻，不能说不会取得胜利。但是赵桓根本把握不住形势的变化，对于金人，他已经没了抵抗的心思，一心一意想求和，成了彻头彻尾的投降主义者。

二月初九，完颜宗望终于得到了梦寐以求的割让三镇的诏书，命宋廷调换人质，不等犒赏金银凑足，匆匆引军北去，汴京之围遂解。

# 太原之围

宣和七年（1125年）十月，金军兵分两路，大举入侵，在完颜宗望的东路军一路势如破竹的同时，完颜宗翰领导的西路军自云中（治今山西大同）出发。十二月，先下朔州、武州。朔州西据黄河，北邻广漠，是云中到太原的咽喉要道，朔州一失，金军已洞开太原北门户，占据了战争的主动。此后，完颜宗翰亲率主力连克代州、忻州。朔、武、代、忻四州丢失，太原震动。

这时太原城内最高的指挥官是河北燕山路宣抚使童贯。这位爷是按《海上之盟》条约前来接收应、蔚两州以及灵丘、飞狐两县地盘的，哪里会料到这番风云变幻？据说他还一脸迷茫地询问金国使者："出兵攻打我们，这么大的事情，怎么事先不跟我说？"金国使者答道："两国交战，贵在出其不意，告诉你做甚？赶快回去跟你们皇帝说，把河东、河北的土地割让出来，以黄河为界，或许还能保得住你家宋朝宗庙社稷。"童贯当即傻了。

现在听说金军就要到了，童贯马上逃跑。太原知府张孝纯劝阻："金人撕毁盟约，大人应当大会诸路将士奋力抗敌，怎么可以就此离去？大人这一走，人心骇散，无异于把河东拱手让人。河东一旦失守，河北岂能保全！大人务请留下来与我们共竭死力，率众报国。如今太原府路地险城坚，将士谙战，金人未必就能攻破。"

张孝纯，字永锡，滕阳（今山东滕州）人，这时他的身份除了太原知府外，还是河东宣抚使。

童贯大发脾气，说："我只是受命宣抚，并非守土之臣，如果一定要我留下，还要你们做什么？守城是你的职责，且须勉力！我到京城禀奏，很快就会发动诸路军马来策应，我留下来，则两无所益。"

张孝纯愤然而起，回到家里，抵掌大呼："平时童太师作多少威重，大事临头，却畏懦如此，身为大臣，不能以死报国，只欲奉头鼠窜，将以何面目见天下士！"

童贯带着他的二万胜捷军仓皇宵遁，河东各军便失去了统一节制，互不统属，成了一盘散沙。而太原以北的最后一道天然屏障石岭关又被丢失，太原城岌岌可危。

十二月十八日，完颜宗翰率军大摇大摆到了太原城下安营扎寨。太原城的人民在张孝纯的带领下，面临着一场生死考验。金军既兵临城下，张孝纯便遍檄山西诸郡前来解围。

名将朔宁府（治今山西朔州）知府孙翊来了，但手下兵不满二千，刚到城下就被完颜宗翰的六万人集体绞杀，孙翊本人也以身殉国。

孙翊死前，张孝纯正在城头观战，爱莫能助，垂泪高呼："贼已在近，不敢开门，观察可尽忠报国。"

孙翊仰天大叹："但恨兵少耳！"随来将士无一骑肯降。

山西名将折从阮的后人折可求也来了，他是和刘光世合兵前来的，折可求的麟府兵和刘光世的鄜延兵加起来有四万多人。两军从府州涉大河，原本打算由岢岚和宪州出天门关赶赴太原的，但天门关已经被金人所占，只得翻山越岭取道松子岭出来，和金军决战于交城。

俗话说，不怕狼一样的敌人，就怕猪一样的队友。也不知折可求上辈子做了什么孽，上天安排刘光世——一个擅作逃兵的将领——来做他的队友。大战未开，刘光世望风而逃，折可求的阵脚马上乱了。金军以逸待劳，发动快攻，宋军很快崩溃。可怜的"折家军"的英名尽付流水。

张孝纯得知各路援军相继受挫，并没有灰心丧气，鼓励军民说："金人虽然已经到了城下，却无所作为。太原自古雄藩，城坚粮足，兼之兵勇，我们且静观其变，等金人粮尽气失，将骄兵惰，而我们援兵一到，便可以内外相应，使胡骑匹马不归，上报效国家，下保汝等血属！"众人同仇敌忾，士气高涨。史因此赞："若数十万坐守危城无有异心，孝纯之力也。"①

此时的太原城周长不过十一里，只有四座城门，远没有当年规模——宋之前的太原城周长四十二里，共开二十四道城门。为了加强城防，张孝纯带领军民在太原土城之内，又筑重城，土城之外，挖掘战壕。百姓十五岁以上六十岁以下，皆发给武器，分派地段，昼夜守城。城中存粮实行军事管制，不分贫富，均按人头每日供应。

完颜宗翰轮番攻城，动用了攻城必备的云梯、偏桥、抛石车等大型武器，均被太原军民击退。

强攻不能奏效，完颜宗翰眼珠一转，想出了一个办法。他看到太原城小，便采取了围困之法，在城外构筑工事，用鹿角连营，称"锁城法"，将太原城团团围住，断绝了与城外的所有联系。完颜宗翰想，用不着几天，城内之人就会集体崩溃，主动开城投降了。

然而他错了，他将太原围起来整整攻打了两个多月，太原城依然屹立不倒。按照原先的战略部署，他的西路军不仅要与完颜宗望的东路军会师合攻汴京，还要彻底击溃堪与金军抗衡的宋朝西北劲旅，攻取洛阳，以防宋朝政府从西路入蜀。

不能因为一座小小的太原城影响到整个战局。靖康元年（1126年）二月中旬，完颜宗翰只得留下部将银术可继续围困太原，自己则率军绕道疾驰南下。此时他还不知道，完颜宗望已经和赵桓议和，引军北返了。他挥军南行，沿路平定和招降了各县以及威胜军，攻下隆德府，即潞州。军队到了山西泽州，才知道完颜宗望和宋廷割三镇讲和的事。他认为太原已经不必再攻了，率军返回大同，同时派人押着赵桓派来的使臣路允迪前往太原，让他去向太原军民传达割让太原的诏书。

不过，就算宋廷答应了将太原割让给金国，太原百姓也不答应。路允迪入城中，看到的是一张张写满悲愤的脸。太原军民断然拒绝了这份屈

---

① ［南宋］徐梦莘：《三朝北盟会编·卷五十三》。

辱的圣旨，一个个手握兵器，怒视路允迪。河东宣抚使张孝纯等人大义凛然地说："国君应保国爱民，臣民应忠君守义，现太原军民以大宋国为重，宁死不做金鬼，朝廷竟如此弃子民于不顾，何颜见天下臣民！太原军民坚不受命，以死固守。"路允迪羞愧满面，缒城而下。

负责围城的银术可虽恼羞成怒，却也无计可施，只得把满腔怒气发泄在太原外围的州县上，先后攻取了文水、西都谷、祁县、太谷、盂县等太原附近的一些城市，并接连击败了救援太原的北宋地方部队。

在宋朝同意割让三镇、与金议和后，赵桓得到了短暂的平静，他对太原被围完全不在意了，而是将精力放在了处置无关紧要的琐事上，比如解除李纲、种师道的兵权，严惩那个带头闹事的太学生陈东，甚至还打算立儿子赵谌为太子，以巩固自己的帝位，免得那个逃亡在外的老爹又回来跟自己争权。但他没料到割让三镇的行为导致了整个大宋国内沸反盈天，人们对朝政的抨击越来越猛烈，大有翻天的势头。所谓"凡君天下者，得河北则得天下矣，失河北则失天下矣。凡有国者，得河北则其国兴，失河北则其国弱"[1]。

在强大的舆论压力下，赵桓幡然醒悟，重新认识了太原三镇作为国之屏蔽的重要性。而太原军民在太原保卫战中所显示出的抗击能力也让他认为金兵也不过如此。他决定撕毁和议书，用武力确保三镇不失，并加封三镇官员职位，褒奖他们的守城之功。

二月二十五日，也就是距离赵桓同金和议、同意割让三镇仅仅半个月后，赵桓就起用已经被他贬为中太乙宫使的老将种师道为河东、河北宣抚使，命他率兵屯驻于滑州（治今河南滑县）；任姚平仲的叔父姚古为河东制置使，率兵六万驰援太原；命种师道之弟种师中为河东制置副使，率兵九万追击完颜宗望的军队，增援中山、河间等地。罢免了李邦彦、李梲、郑望之等主和派大臣的职位，任命主张抗战的徐处仁为太宰、许翰为同知枢密院事。下诏曰："朕唯祖宗之地，尺寸不可与人，且保塞陵寝所在，誓

---

① ［南宋］徐梦莘：《三朝北盟会编·卷三十八》。

当固守，不忍陷三镇二十州之民，以偷顷刻之安。"①慷慨陈词，矢志要和金人死磕到底。

时近五月，天气渐热，金人耐寒不耐热，不但完颜宗翰已回西京云中避暑，完颜宗望也领着队伍赶到燕京度假了。姚古旗开得胜，首先收复了隆德府。种师中也在河北收复了许多失地，驻军于真定府。

赵桓大为兴奋，勒令种师中火速从太行八个山口的第五个——河北井陉关，穿越太行山西进；姚古和张孝纯的儿子张灏分别从隆德府和汾州北上；三军互为掎角，共解太原之围。

种师中遂由井陉进入平定军，沿途收复了寿阳、榆次等地，但姚古、张灏两军未能跟上策应，只好半途而返，回师真定府。

督战的是刚刚上任的同知枢密院事许翰，他是个强硬的主战派，却"昧于兵机"，不懂用兵之道。他认为种师中撤军是惧敌的表现，连发数道公文逼迫种师中出兵，并在最后一封中责以"逗挠"字样，指责种师中是在故意贻误战机。

种师中这年六十八岁了，一生在刀枪丛林中打拼，身经百战，历任环州（治今甘肃环县）、秦州（治今甘肃秦州）、邠州（治今陕西彬州）等州知州，庆阳府（治今甘肃庆阳）知府，侍卫步军马军副都指挥使，房州（治今湖北房县）观察使，奉宁军承宣使。他根据战场上瞬息万变的情况制订出了一套完整的援救计划，单等钱粮备足，便可鼓而西行。看了许翰这封信，种师中长叹道："逗挠，兵家大戮也。吾结发从军，今老矣，岂能忍受这种指责！"派人飞马报知姚古、张灏，约会合兵日期，自己再次带兵穿越井陉关，进入河东境内。

种师中这次出兵走得急，辎重、赏赐军士的物品等，都来不及带。他很快就到达了寿阳境内，在一个叫石坑的地方和金军相遇。两军展开大战，血战五番，宋军获胜三场，终于强行突破进去，到达了太原一百里外的榆次，驻军于杀熊岭，成功开到约定地点。

---

① ［清］毕沅：《续资治通鉴·卷九十六》。

与种师中相同，姚古也受到谏议大夫杨时的弹劾，被指责贻误战机，不敢出战。这些士大夫既不懂军事，又不了解战场形势，却偏偏喜欢指手画脚。杨时甚至建议赵桓以军法处死姚古，以儆效尤。这种情况下，姚古只能匆匆整军出发。

种师中到了杀熊岭，姚古也到了威胜军，二者相距二百里路程，再走上一两天，有望完成既定的战略目标。然而悲剧发生了。姚古得到一个误报，说完颜宗翰已经率大军赶回河东。姚古犹豫不决，逡巡不前。

种师中久等姚古、张灏两人不来，部队开始断粮，士兵三天没有粮食吃，每天只有一勺豆子，大家都面显饥色。银术可探听到这一情况，集结了重兵前来攻击。种师中部军士饥饿，右军一战而溃，前军不久又跟着逃散。种师中只好带着残余部队以神臂弓御敌，且战且走，苦苦支撑。

从卯时血战到巳时，种师中体被四创，血染战袍，官军溃散，胡骑四集，身边只剩下一百余亲兵小校，形势越来越危急。有部将换名马给他，请他赶快逃命。种师中却惨然一笑，谢说："吾是大将，事至于此，不应该只为求生。你们赶紧走，不要和贼人对抗。"言毕提刀杀入敌阵，力战而死。将士们大为感奋，无一人逃走，全部壮烈殉国。

种师中老成持重，为时名将，兵败殉国，诸军自是气夺，情绪低落。之后姚古部遭到金军的猛烈进攻，全军一战而溃，仓皇退守隆德府。

河北宣抚使种师道得知弟弟阵亡，伤心欲绝，以年老多病难堪重任为由告退。姚古随后被降为节度副使，贬往广州。

负责救援太原的三大军事统帅死的死，退的退，贬的贬，全部离开，战局急转直下。朝中的主战派人士也因此大受打击，如同知枢密院事许翰就受到了"怯懦寡谋，而好谈兵"[1]的弹劾，被迫引退。主和派的势力又开始抬头，新晋的门下侍郎耿南仲就是其中的代表人物，他们幸灾乐祸，建议由没有出征经验的文臣李纲代替种师道担任河东河北宣抚使，用意就是想将这个主战派的领袖人物赶出朝廷。

---

① ［南宋］徐梦莘：《三朝北盟会编·卷五十六》。

细算起来，从前一年折可求和刘光世合兵救援失败，再到种师中这次的失败，已经是两次救援失败了。对于第三次救援太原的任务，李纲一点儿底也没有，但最后还是以国事为重，毅然将重任担了起来。

经过太学生陈东本年二月的请愿风波，李纲在赵桓心中的地位已一落千丈。这次，还未发兵，就受到了诸多掣肘。他担任的是河东河北宣抚使，但归他直接指挥的士卒却只有一万二千人；申请拨付的银、钱、绢各一百万的军需仅得到二十万；本拟在京城征调战马又被制止，甚至征召的地方部队也被遣散；战前必要的休整训练又被强令取消。

在赵桓的催促下，李纲大军于八月初匆匆开拔。临走前，赵桓不忘忽悠他一把，说："卿为朕巡边，便可还朝。"①

李纲非常清楚，自己这一走就永远脱离朝廷了，叹道："臣此次之行，无复还之理。臣以愚直不容于朝廷，此番出征，定当以死报国。"

这次调动救援太原的军队比上一次多得多，除李纲的直属部队之外，还有屯兵于隆德府的解潜、折彦质部；屯兵于辽州的刘韐、王渊部；屯兵于汾州路的张思正、折可求部；屯兵于南、北关（在今山西灵石境内）的范琼部。其中仅驻军汾州的宋军就有十七万，总兵力已经接近三十万了，数量远大于金军。可是这三十万人李纲根本指挥不动，他们只听命于远在汴京的赵桓。

与宋军"将从中御"的做法完全不同，银术可以全权自主调度军队，他的作战方法很简单，"任他诸路来，我只一路去"，先是集中主力击败从辽州发来的刘韐部，接着转头在南关打溃了解潜部，又在文水击溃张思正部。

宋军犹如一盘散沙，缓急不相救援，被金军各个击破，十几万大军狼奔豕突，溃不成军，相互践踏而死者也有几万人，败兵的尸体把周边的坑谷都填满了。

这场大战从八月初一开始，八月初二便告结束。

---

① ［元］脱脱等：《宋史·卷三百五十八·列传第一百一十七》。

败讯传来，整个河东为之震恐，威胜军、隆德府、汾、晋、泽、绛等地军民都连夜逃往中原，州县皆空。这次救援太原的军事行动也宣告失败。八月初三，朝廷以"专主战议，丧师费财"①的罪名将李纲贬往扬州，朝内从此再也听不到主战的声音了。

---

① ［元］脱脱等：《宋史·卷三百五十八·列传第一百一十七》。

# 第三章 靖康之变

1100
———
1141

# 太原失陷

第一次南下攻宋使金廷内部在对待宋金两国关系的态度上发生了重大变化。金国之前对宋朝认识还不足，在夹攻辽国中，他们对宋军表现出来的作战能力非常不屑，但他们还没意识到他们有能力灭亡宋朝。经过这次入侵行动，他们惊奇地发现，到头来他们还是高估了宋军。另外，宋答应割让三镇给金，却又撕毁和约，也让金国大为不满，认为赵宋是阳奉阴违。不过，反悔就反悔吧，可偏偏你又实力不允！从宣和七年（1125年）十二月至靖康元年（1126年）八月，宋军几次救援太原，动用的兵力一次比一次大，却一次比一次败得惨。尤其是第三次救援行动，宋军在华北、西北的军事力量大量被歼，元气大伤。这又让金国更加鄙视宋朝。而宋答应给金的和议赔款也一直没有足额支付。种种情况罗织到一起，让金国对宋忍无可忍了。

靖康元年八月十四日，金主吴乞买再度发出南征令，兵力部署和进军路线较上一次基本不变，以完颜宗望为东路军主帅，以完颜宗翰为西路军主帅，兵分两路，大举南征。这是金国发起的第二次南征，距离上一次南征撤军，前后只有半年。

金军的这一次南征，吸取了上一次未能相互呼应、协调作战的教训，把攻取太原的军事行动作为整个军事战略的重头戏。只有拿下太原，才能打通西路军的行军路线，从而使东西两路顺利会师，合围汴京。

从上一年的十二月开始，太原就一直被层层围困，但全城军民毫不气馁，他们同仇敌忾，多次打退金军的猛烈进攻。客观地说，一个孤城能够坚守到现在，实在是个奇迹。

但对完颜宗翰来说，这次他是有备而来。女真人原本长于野战而短于攻坚，但在和辽国的生死搏杀中，他们学习和总结出了一套极其完善的攻坚方案，其中就有之前实施的"锁城法"。此外，他们还制作出了许多用于攻城的大型器械。为了啃下太原这根硬骨头，这次完颜宗翰带来了数千具炮石、洞子、鹅车、偏桥、云梯、火梯。

王禀，字正臣，开封人，行伍出身，在军队中摔打多年，终于混到了一个步军都虞候的职位。宣和三年（1121年），他参加了镇压方腊的行动，也就是从那时起，他成了童贯手下的一名统制官。童贯从太原遁逃回京城，他毅然留了下来，在太原任副都总管，统领宣抚司兵守城。太原战争中，他和张孝纯分工明确、团结合作，他负责对外防御，张孝纯负责居中调度。因为防御有功，靖康元年六月，他被赵桓加封为建武军节度使。

太原从被围之日算起到现在，已经二百多天没有得到过外界的任何补充。面临金兵新一轮的大规模进攻，王禀毫无惧色，在城内发起了全民总动员，号召全民皆兵，全城皆战。百姓的抗金热情高涨，为了支持战争，他们甚至把相连的屋舍全部打通，用以输送兵械、粮食和转移守城兵力。为了弥补粮草不足，官兵则时不时缒城而下，劫番贼寨，掠取柴薪。城内粮尽，三军就先宰杀牛马骡驴为食，接着是烹弓弩、煮筋甲；百姓则煮浮萍、草、树皮、糠秕、草荄果腹，再到后来就吃死人的肉。

吃人肉现象一出现，就意味着城里的支撑已经到了极限。建武军节度使王禀带领着太原军民勉强坚持了近二十天，终于陷进了绝境。时间推至九月，城中乏薪，军民毁屋取木，燃骨充腹，存活的只有十之一二，大多病不能起。作战的士兵，因为饥饿，根本拖不动军器，只能倚壁瞠目，无法行走。

九月初三，王禀在城南城墙上巡逻，金兵率先攻破北城，潮水一样冲入城中。信号传来，王禀赶紧率兵前往救援，但中途得知知府张孝纯被俘，王禀又掉头向知府衙门奔去，与已冲入城中的金兵展开激烈的巷战。在冷兵器时代，城池是抵御敌军的最后一道防线，城池失陷，守军的斗志便随之崩溃，再激烈的巷战也不可能改变战斗的结局了。王禀身受十余创，自知大势已去，便带着身边的几十个士兵且战且退，从城南的开远门杀出，到了城外的太原庙里。

庙里供奉着宋太宗赵光义的画像，看着画像，王禀放声痛哭。庙外的杀声越来越近，王禀拭干了眼泪，背负着画像投了汾水，慷慨殉国。其后赴难的还有王禀的儿子王荀、通判王逸、转运判官王毖等三十余名官员，死得极其壮烈。

值得一提的是张孝纯，他被带到完颜宗翰面前，却昂首挺胸，不肯下跪。完颜宗翰大怒，指着他喝道："尔以一城辄敢拒守！且大辽为我灭，今城既为我得，有何能乎？"

张孝纯当即反斥道："使我有粮，尔岂能逞其志也！"

完颜宗翰敬佩他的忠勇，没有杀他，将他押回了云中。后来，完颜宗翰扶植刘豫建立伪齐政权，张孝纯还出任了伪齐尚书右丞相，但他人在曹营心在汉，多次投书给南宋皇帝赵构，表明自己对大宋的忠心。伪齐灭亡，张孝纯南返，最终病死在徐州老家。当然这些是后话了。

太原，汴京的藩屏。太原陷，则王室孤矣，内外无援矣！

金国西路军拔掉太原这颗硬钉子后，便迅速挥师南下。而完颜宗望率领的东路军已从保州（治今河北保定）绕中山，大破种师道的堂弟种师闵部，攻占了坚守四十多天的河北重镇真定府。

两军因而遥相呼应，大举南下，十月十四日会师于平定军。完颜宗翰见了完颜宗望，显得格外兴奋，他说："东京，天下之根本，我谓不得东京，两河虽得莫守；昨东京不能得者，以我不在彼也。"又舒右手作取物之状，说："如运臂取物，回首得之矣。"[1]

---

① ［清］黄以周：《续资治通鉴长编拾补·卷五十六》。

# 第二次汴京之围

太原和真定相继失守的消息将文恬武嬉的宋朝君臣震醒。赵桓接受了群臣的建议，于靖康元年（1126年）十月起用躺在病榻上的种师道为两河宣抚使，命他赶紧回朝，商议国事。

种师道二话不说，强支病体，赶赴京城。路上他发现形势已经不妙，便发急件给赵桓，请求皇上暂且巡幸长安，以避金国的兵锋。

应该说这个建议在当时来说是最为合理的，因为就算现在下诏勤王，各地的勤王兵马也不能在短时间内赶到，京城附近又没有多少军队，汴京已不能像上次一样组织有效的防御，山不转水转，最好的做法就是迁都。可几个执宰大臣却一致指责种师道是个逃跑主义者，越老越糊涂，怯懦畏战。赵桓听信了旁人的唆使，竟也下令将种师道免职，改命宁武节度使范讷宣抚两河。惨遭解职，十月二十九日，种师道在忧愤中病重去世。

大军压境，当走不走。可是，赵桓不走并不表示他有抵御的决心和信心。他还在幻想着和金人议和，为此他已连续派了好几拨使者赶赴金营，劝金人退兵。金人对大宋使者大加指责，说要议和，必须尽快交割之前的三镇，取消宋朝的年号，交出天子所用的车辂仪物。

这显然是在故意麻痹宋朝君臣的神经。赵桓却当真了，召集群臣就要不要割让三镇展开了新一轮的激烈争论。

金军手脚不停，攻略自如，向着汴京席卷而来。很多州府的守将以为两国还处于议和状态，并不会开战，却不料金军突然打来，被打个措手不及，城池很快沦陷。

可怜又可笑的宋朝君臣为了向金人表示自己议和的决心，不但不敢向各地征发勤王兵马，还将种师道以前招来的勤王军队就地解散。少宰兼中书侍郎唐恪说："现在百姓粮食困匮，把数十万军兵招来，拿什么来养他们？而且要与人家议和，就不能召集军队来惹毛人家。"下令让所有的勤王兵马火速照原路返回。

十月二十四日，完颜宗翰率领的西路军再次攻破威胜、隆德、泽州，东线的完颜宗望也已到达庆源府。赵桓总算下定决心同意割让三镇求和，他派康王赵构前往金军大营传达自己的心思。然而这次，赵构奉命出去议和，却暗中作潜身之计，并没有往金营中去，反向相州溜之大吉。没办法，赵桓只好重新派遣心腹大臣耿南仲和聂昌去金营议和，为了表明议和的决心，又让他们当着金人的面劝降那些抵抗金兵入侵的军民。这等于为金军顺利抵达汴京铺平了道路。而金人此次伐宋乃是志在必得，当然也不会接受议和。

十一月初，金军逼近了黄河北岸，赵桓才意识到问题的严重性，急命河北、河东宣抚副使折彦质率领十二万士兵沿着黄河布防，命李回也带领一万骑兵协助防守。可是没有用了，完颜宗翰只在北岸擂了一夜牛皮大鼓，就把这十三万人马惊散。

京师危矣！

要知道，此时京师能依仗的兵力只有城中的七万卫士及弓箭手了！

议和派的新领袖唐恪最先慌了手脚，他想起老将种师道的话，撺掇赵桓说："唐朝从安史之乱开始，屡失社稷却又能复兴，皆因为天子在外，可以号令四方。如今不如留太子监国而陛下巡幸西京洛阳，连据秦雍领天下兵亲征，以图兴复。"

赵桓的逃跑心思也活动开了，但是开封尹何栗听说了这事，急忙入宫觐见，吓唬赵桓说："苏轼曾说过，周朝最大的失策就是东迁，陛下最好不要轻动。"这句话明显捅到了赵桓的要害，现在太上皇赵佶还在汴京，而且还有众多的宗室亲王在，你说你要是逃离了都城，万一他们在都城另立一个新皇帝怎么办？性格怯懦、缺乏主见的赵桓于是改变了主意，顿足道："今当以死守社稷！"下诏令各路勤王兵马火速救驾，传旨将躲在相州的康王赵构拜为河北兵马大元帅，命他召集各路兵马入援京师。

但显然已为时过晚了。时间太紧迫，能赶过来的只有南道①都总管张叔夜的三万兵马。

张叔夜，字嵇仲，永丰（今江西广丰）人，是真宗、仁宗两朝名臣张耆的曾孙，以门荫调兰州录事参军，有边功，相继担任舒州、海州、泰州三地的知州，后加直学士、龙图阁直学士，调任济南府知府和青州知州。

张叔夜收到指令，火速入援。他自己居中军，长子张伯奋领前军，次子张仲熊领后军，仓促集合起三万余人，自颍昌（治今河南许昌）至汴京与金人辗转打了十八仗，终于胜利抵达汴京城下。

赵桓大为感动，亲自到南薰门开城接见。赵桓看见张叔夜军容甚整，龙心大慰，赐他延康殿学士、资政殿学士之衔，授予签书枢密院之职，委以指挥军事全局之重任。但张叔夜对即将在汴京展开的战争的前景并不看好，他劝赵桓说："贼锋方锐，希望圣上能像唐明皇避开安禄山那样，暂时前往襄阳以图后事。"观点和种师道大抵相同。赵桓这时倒有心逃跑，可是来不及了。

十一月二十四日，完颜宗翰率领的西路军已到汴京城下，驻军刘家寺。此情此景，张叔夜无计可施，他所能做的只是将军队开入城中，凭城坚守。闰十一月初二，完颜宗望也率东路军抵达汴京，两支大军完成会师，北宋王朝距离灭顶之灾只有一步之遥。

---

① 北宋靖康元年（1126年）九月，为抵抗金兵进攻、拱卫汴京，在汴京四面成立都总管府，分统四道兵马。北道驻北京大名府，南道驻邓州，东道驻南京应天府，西道驻西京河南府（治今河南洛阳）。

# 汴京攻防战

金兵压境，朝中大臣苦无经画，还在幻想着议和。著作郎胡处晦针对这种情况写了一首诗，可谓切中时弊，诗云：

> 天边客子未归来，玉关九门何窄塞。
> 大臣裂地过沙场，铁骑凭河又驰突。
> 官呼点兵催上门，居民衮衮间巷奔。
> 请和讳战坐受缚，乌用仓卒徒纷纷。
> 黄河一千八百里，沙寒树长险难恃；
> 官军观望敌如烟，筏上胡儿履平地。
> 大臣持禄坐庙堂，小臣血奏交明光；
> 胡儿笑呼一弹指，公卿状如鹿与獐。
> 明明大汉亦有臣，谁谓举国空无人。
> 贾生绝口休长恸，用者不才才不用。

虽说朝中已没了李纲、种师道这类重量级的人物，但京师藏龙卧虎，只要用心，还是可以挖掘出很多有用之才的。比如说京都统制姚友仲就是这样一位不可多得的奇才，赵桓赶紧召见了他并委以重任。

赵桓眼见形势危急，下令保甲、军人、百姓、僧道全部上城守御，而他自己执政直宿聚议，亲视诸城。为了强化防御指挥，朝廷设置四壁弹压提举官各一员，都统制官各一员：提举东壁王时雍，南壁舍人李擢，西壁侍郎邵溥，北壁给事安扶；统制东壁辛康宗，南壁高侍，西壁张捴，北壁刘衍。其余各门，也都安排有弹压统制官。又命刘延庆提举四壁，刘鞈副之。

对于这种被动的防御安排，姚友仲不认同，他向赵桓提出："敌人远道而来，身心俱疲，甚至还没调整过来，如果选出五万精兵趁其立足未稳，出城予以迎头痛击，一定可以打他个措手不及。守而不打，敌人就得以从容休整，气势就会一日盛过一日；而我军被动防守，一旦援兵不至，士气就很容易沮丧；所谓彼长我消，到时后悔也来不及了。"

的确，在周长五十里的汴京城下，金军最多不过封锁了几个城门，现在宋朝已无援军，只龟缩在城内不出，不过是坐以待毙。

然而这个建议不但遭到和议派代表唐恪的抵制，更是遭到赵桓的坚决反对。姚平仲劫营失败的教训太深刻了！这样一来，姚友仲只好放弃攻击金人的最佳时机，领左中右三军积极备御。

金军两路大军会师，高筑营垒，在城下炫耀兵威，并驱掳役使汉人在汴京城下运石伐木，大造攻城器械，以此震慑城中军民。

东道总管胡直孺率万人入援，中了金兵的埋伏，兵败被俘。金人将胡直孺押至城下，扬扬自得地笑称："援兵不可来矣，来则必败，如胡直孺者是也。"京师军民为之色变，内心慄慄，不可终日。

情形在向姚友仲的预言一步步地发展……

有人说，京城状如卧牛，善利门为牛头，宣化门为牛项，通津门在这二门之间，金人一旦到了，必先击头坝。也就是说这二门是受攻之地。然而"大臣预知而不之问"[1]。

闰十一月初三，金人果然率先从城东的善利门、通津门、东水门和城南的宣化门进攻，攻势很猛，"箭发如雨，中城壁如猬毛。又以磨石为炮，间至城上，楼橹摧破"[2]。其中通津门很快陷入危急，姚友仲带领军将、副部、队将、子弟校勇一千余人，前往通津门救护。面对蜂拥蚁聚的金兵，姚友仲率军缒城接战，杀伤甚众，将金军打了回去。金军的气焰暂时被打

---

[1] ［北宋］丁特起：《靖康纪闻》。

[2] ［北宋］丁特起：《靖康纪闻》。

下去了，之后接连四天没有任何军事动作。

姚友仲目睹了金军的攻城战略，利用这四天的宝贵时间，对城防设施进行了有力整改。姚友仲认为宣化门的城楼上筑面太阔，活动的空间太大，一旦敌军爬上城墙，就会很快聚积，建议在城墙上增设虚棚、女墙，女墙旁边置两小门，如同城门法，这样既可为宋军屏障，又可以限制登城金军的活动。

朝廷对要不要在城楼上增设建筑的做法拿不定主意，迁延不断。事实上，初四、初五、初六，"大臣亲往督视，犹未有用兵意"[①]。过了几天，终于批准通过，却没有时间完成了。

初七晚上，金军从通津门南、北拐子城进攻，受姚友仲初三日出城得胜的鼓舞，殿帅王宗楚带领衙兵一千余人下城与金军接战。这次金军有所防备，从两边发出伏兵，统制官高师旦战死。姚友仲正在策应南拐子城，听说北拐子危急，亲率将校赶来，施放弓弩，监督炮石。这一战，虽不少负，亦不大胜，贼势稍退。

初九早上，金人继续将进攻的主方向放在宣化门，姚友仲又带一行人往宣化门守御。宣化门外的护城河上，金军已经叠桥过半，但没有石炮，犹可捍御。

金军的叠桥之法，是先用木筏浮于水面，以后铺一层干柴、一层苇席、一层厚土，依次循环，层层加高，"增渡如初，矢石火皆不能入"[②]，桥的尽头，直通敌寨，远远望去，灯火如昼，每五百步即有一瞭望台，斧凿之声不断，闻于远近。

姚友仲选神臂弓手进行火力压制，又运来床子弩、九牛弩，设置大小炮座，又在金军好几次试图接近的地方绞缚起一座"致胜棚"，一日而成，众皆指为鬼工。

金军又动用了火梯、云梯、编桥、鹅车、洞子、撞竿、兜竿等攻城器具。这些攻城器具与攻打太原时所用大致相同，但却明显进行了加

---

① ［北宋］丁特起：《靖康纪闻》。

② ［北宋］石茂良：《避戎夜话》。

大、加粗、加高。其撞竿用数丈高的巨树制成，中间又用数十条横木穿下，由士兵手抬肩扛，竿顶裹以生铁，或干脆装上大铁枪头，或装上托叉钩头等。

为了对付敌人的撞竿，姚友仲命人以桑木作屋，桶索相连，等其撞竿来了，士兵躲在屋里，用铁钩钩住撞竿的竿头，与之对拉，等双方拉得难解难分之时乘势猛放，于是竿与人俱倒。

金军的火梯、云梯、编桥比汴京城的城墙还要高，可以直接燃烧楼橹，云梯、编桥可以倚城而上，三者下面均用车轴推行。

一物降一物。对付这三样东西，姚友仲也找来了撞竿，在每个城楼上都设置了三两条，等金军火梯、云梯、编桥到了城下，便挥动撞竿，"既撞定梯桥，则众手用铁钩钩定，进不得前，退不得后，则火自焚，桥亦坏，人亦坠矣"①。万一撞竿不中，就用狼牙枪手、炮架枪手加以补充。

金军这次出动的洞子长达数丈，上面用牛皮生铁裹定，里面用湿毡，中间填充石棉，弓弩炮火皆不能入。姚友仲命人取来径长一尺二寸的熟铁，铸成条纵横布的蒺藜形，复以生铁烧熔，灌充其中，重约五十斤，上面安有链鼻以铁锁相连，绕过滑轮，悬挂在城头，来回敲打洞子。

最难制御的是金军的炮架。金军火炮的炮型有七梢、五梢、三梢、两梢、独梢、旋风、虎蹲等，七梢炮射程最远，一次性可放六块大石。姚友仲带领士兵在城楼上容易受到攻击的地方绞缚木棚，上面张罗索网，下面摆满布袋和湿马粪。又在城头悬穿湿榆枝木芘篱格毡。

十一、十二、十三日，连续下大雪，守城将士丝毫不敢大意，日夜暴露在城头上，饥寒交加。赵桓行动起来了，下诏称："朕不自安，再幸四壁，犒劳将士。"②每日亲临城墙，视察战事。

大雪苦寒，赵桓驰马戎服，行泥淖中，看见守城的士兵冻饿得执不起兵器，就露手揎腕，赐御膳给他们，自己吃他们的冻饭，人皆感激流涕。赵桓又大发犒赏，鼓励将士们披城接战，间有得级者，又赐以酒食。

---

① ［北宋］石茂良：《避戎夜话》。

② ［北宋］丁特起：《靖康纪闻》。

十四日，将士们在通津门发炮，击中了一名金将，据说是完颜宗翰手下的大将王芮，后来又有人更正说是完颜宗望的部将刘安。

王芮也罢，刘安也罢，都值得庆贺。赵桓命人将监炮使臣找来，授武功大夫之职，并赐金带一条。又以武功大夫的空名诰和金带出示在待漏院，悬赏杀敌立功的将士。

为了彻底赶走侵略者，赵桓又下诏砸碎太上皇艮岳里面的假山亭台，取石头为炮石。看到有士兵被冻死，赵桓就在宫中散发赤足，祈求上天放晴。皇后则亲用内府币帛，和宫女一起缝制围脖、手套和衣被等物，分赐将士。

皇上、皇后有这样的情怀，有这样的斗志，城内的军民无不表示愿以身报国，与敌军血战到底。这种情况如果能坚持不懈，最终的胜利一定会属于宋朝。

然而，怪事来了。

就在军民共同抗敌最激烈的时候，兵部尚书孙傅闲来无事，在家里看书，突然读到丘浚《感事诗》有一句写："郭京、杨适、刘无忌，尽在东南卧白云。"也不知他是怎么想的，灵机一动，硬说这是句谶语，说只要找来郭京、杨适、刘无忌三个人，一定能大败金兵。

还别说，还真有叫这名字的人。这三个人中，杨适和刘无忌就算了，郭京以前是个无赖，现在正在龙卫营做一个军头，一看有这种好事找来，便精神抖擞，大吹大擂，称自己是李药师（即李靖）传人，能施六甲法，只要招募来七千七百七十七人，就能生擒金二帅，扫荡金兵无余。孙傅一听，对自己佩服得不得了，马上将他荐举给了赵桓。

赵桓在深宫长大，从没见过这种靠坑蒙拐骗混饭吃的江湖骗子，听郭京信口胡吹了几句，就信了，封他为成忠郎，随后又升为武翼大夫，赐给金帛数万，命他抓紧招募神兵。同来的刘无忌，是一个卖药道人，常常要倒立向人乞钱，也被升为统制官。于是郭京便在天清寺竖起大旗，招募六甲神兵，募兵无问技艺能否，但择年命合六甲者。其所招募者皆市井游惰，色色有之。七千七百七十七个人招足，郭京谈笑自若，声称择日出师，只需三日即可至太平，直抵阴山而止。

金兵攻围越来越急，郭京却说："非朝廷危急，吾师不出。"命人在城头高竖绘有天王像的大旗，说："此可令敌胆落矣。"众人被糊弄得一愣一愣的，都觉得郭京道行高深，鬼神莫测。郭京因此更是大吹大擂，说金人唾手可取，宫中的内侍特别尊信，倾心待之。孙傅与何栗更是深信不疑。

朝廷高层既然这么迷信神兵能退敌，城中立刻涌现出各种各样的神兵，比如刘孝竭的六丁力士，又比如刘宗杰的北斗神兵，傅临政的天关大将，等等，全是跟风之作，套路跟郭京差不多。

在国家生死存亡的紧要关头，把全部希望都寄托到郭京之流身上，而对前线舍生忘死浴血奋战的十多万将士视而不见，看来太上老君也改变不了宋朝灭亡的命运了。

闰十一月十五、十六、十七、十八、十九日，金人对各座城门的攻击越来越猛烈，但朝廷派出和议的使者来来往往，"士庶莫测其故"[①]。

当初朝廷为了防备辽国，曾在封丘门外架设有大量石炮，因为金人来得太快，全都没来得及搬运入城，这会儿都遗落在金人手里，城内遭殃了。十九日晚上，金军一夜安装了炮台五千余座，同时放炮，炮石铺天盖地，落满了城内的每个角落，城上虽然有网棚，但仍有许多人被砸成肉酱，当晚死于炮石的有二三十人之多。这一夜，矢石不可尽，金人通宵达旦地加紧作业。

二十一日，金军的叠桥搭好，有三名敢死队员率先过桥。都统王燮、姚友仲指挥数十敢死队员下城血战，杀死数名金兵，其余从叠桥退回，遁入洞子之中。这时宰相何栗巡城。"黑旗子"又从洞子中冲出，汹汹登岸。城上发出的弓弩矢石繁密如雨，金军视死如归，狞笑着疯狂前进。

城脚西面有六七百名披城下寨的宋兵，看见金军这种不要命的打法，大惊，没有勇气交战，回头就跑。

---

① ［北宋］丁特起：《靖康纪闻》。

看着宋军狼奔豕突，争相逃命，金军也不追，望风轻笑。城上众人一齐厉声大叫："后面无贼！"但兵众溃散，势不可回，隔岸矢石如雨，中伤者数百人，慌乱之际摔入自己人挖下的陷马坑者有一百多人。金人鼓噪大笑。

尽管如此，二十二、二十三日，各个城门的宋军将士都有披城下战的，也杀掉不少金军，双方伤亡大抵相当。

姚友仲所率的敢死军近千人，多备有湿麻刀、旧毡衲袄，专防金军的火箭、火炮，血战于城下，斩获最多，又用纯斧队砍坏金军洞子七所。士气甚锐，迫使金人几欲弃寨而北。士卒贪功，乘势渡河。意外的是，几天前金人还在上面如履平地的护城河冰面突然崩塌，数十名宋军溺水身亡，余者被金军掉头掩击，宋军士气大受挫折。

二十四日，天刚蒙蒙亮，金军气势益锐，火梯、编桥到城下如鳞次，烧宣化门敌楼三，间发大炮如雨，箭尤不计其数，其攻甚力。直抵城门后，力攻二城，其势甚锐。

金军推来四乘大梯猛攻城楼，其中的三乘被宋军的撞竿撞坏，剩下一乘的金军靠近城楼后，浇上油，放火焚烧。冬天风大，风助火势，火势蔓延，烧着了三个城楼，人不可近，金军趁机蜂拥登城，手舞黑旗，哇哇怪叫。岂料火焰虽然逼退了守城的宋兵，而登城的金兵也没法逾越，双方都在看火。姚友仲反应快，仗剑指挥皇帝的宿卫亲军、守御官军等救火，透过火焰大发矢箭，又隔空用炼金汁泼敌。

这一招够狠！金军惨叫连天，纷纷堕城。等金军退去，三座城楼已经化为灰烬了。夜里，姚友仲组织人进行抢修，重建了这三座城楼，却又被金人用石炮打碎。这天夜晚，雪更大了，下了足足有二尺多深，又有大风狂号。

二十五日，风雪愈甚，天气更加寒冷。城南有雾气耸立如青山，城头有红光横亘，其色如血，至晓不消。金军看见宣化门上的三座城楼被毁，城上又没有备撞竿，便加紧进攻，动用了无数的火梯、云梯、鹅车、洞子。天空中矢石如雨，杀声震天，射在城墙上的箭像刺猬的刺一样密集。

赵桓紧急下诏书，命所有将士登城抵御金兵。而就在这紧要关头，宰相何栗和孙傅却想起了郭京！他们赶紧派人去找郭京，催促他赶快祭起他的神兵退敌。郭京无法推脱，只好硬着头皮率七千七百七十七个六甲神兵出宣化门迎敌。

城中居民听说神兵终于发威了，一个个眉开眼笑，几千人伸长了脖子挤在宣化门，等候着好消息。人头攒动中，突然从前面传回捷报，说："郭京前军已得大寨，立旗于贼营矣。"一会儿又报："前军又夺贼马千匹矣。"姚友仲感到不可思议，和同僚石茂良登城楼观望，城外风雪迷漫，金军正在调兵遣将，蜂拥而来。

实际上，这伙神兵全是乌合之众，刚刚出城，就遭遇了敌军二百余骑突击，四下奔走，结果是"皆没河中，蹂践殆尽，哀号之声，所不忍闻"[①]。郭京强作镇定，对众人说："天甲法能使人隐形，若楼上人多，恐敌军觉察，城楼上除我和南道总管张叔夜外，其余人等一律下去。"众人照办之后，他又对张叔夜说："总管放心，让我亲自下城作法，一定让金兵金将灰飞烟灭。"但这不过是他的遁逃之策，出了城门，他就一溜烟跑得无影无踪了。

郭京的话刚撂下，金军已经鼓噪着迅猛攻来，顿时把那些所谓的神兵一扫而空。料理完全部的神兵神将，金军又分四翼鼓噪而进。护城河的吊桥上面尸体堆得像一个小山，城上守军力不可支。

金军接近了城墙，但城门紧闭不能入，为首的金将大怒，鸣鼓振旅，一时间铁衣满野，多若蝼蚁，架起云梯，蜂拥而上。城上没有防务，很快就站满了金兵。此时正有民夫往城上搬运石头，一见此景即魂飞魄散，纷纷望风而下。顿时守御之人与百姓、军兵精神崩溃，理智尽丧，互相杀戮，无一用命向前者。金兵大部队随即滚滚而入。

城内宋军瞠目结舌，心理防线也宣告沦陷，四处奔逃。城中乱成一锅

① ［清］黄以周：《续资治通鉴长编拾补·卷五十八》。

粥，局面已不可收拾。姚友仲在南城被军民殴打至死，肝脑涂地，委填沟壑，骨肉星散，不知所在，家资劫掠扫地，痛哉！内侍监军黄金国赴火自尽。京城四壁守御使刘延庆夺门而出，为追骑所杀。

大势去矣！赵桓哀痛捶胸道："不用种师道言，以至于此！"[①]

---

① ［元］脱脱等：《宋史·卷三百三十五·列传第九十四》。

# 金兵入城

金兵进入汴京城，汴京城顿时成了人间炼狱。

靖康元年（1126年）闰十一月二十六日，有三十多万京师百姓自发奔赴宣德门，请求政府发放刀枪兵甲，誓要守卫京师，和金人血战到底。赵桓仓皇凭栏，慰谕军民，高扬手臂，大呼道："事情已经到了这个地步，军民有什么抵御的办法请尽快献上来，我一定听从。失守之罪，一切不问。"传令发放军库中的刀甲，让百姓保护家人。

赵桓和百姓一问一答，顾不上君臣礼仪，全以"你""我"相称，足知情形之紧迫。

百姓担心皇上丢下大家一走了之，纷纷跪下涕泣挽留，说："陛下一出，则生民尽遭涂炭。"赵桓肝肠寸断，大哭道："寡人在此！"士庶跟着大哭，哭声一片。

实际上，赵桓如果选择逃跑，还是有机会的。他手下还有四军及班直将近四万多人，马数千匹，这些人马均已集结，随时准备出奔。等赵桓刚从宣德门回到祥曦殿，指挥使蒋宣就率数百精兵尾随而至，说道："皇上，现在形势紧急，宫中已非久留之地，赶快随我一起出逃吧。"

赵桓内心一片凌乱，掩泣道："逃？我还能往哪儿逃？"

众将一齐大叫："天下之大，哪儿不是容身之处？只要先离开这儿就行。"

是啊，普天之下，莫非王土；率土之滨，莫非王臣。赵桓一激灵，清醒过来：我怎么就不能逃呢？他擦了擦眼泪，抓着蒋宣的手道："难得你等忠义，但路上花销用度，不可不准备钱银粮食。"诏殿前指挥使左言宣谕诸军，让他们在走廊上、楼道里饱吃酒食。又下令打开内库房门，一任士兵搬运。于是亲从、亲军、左右侍卫、十班内宿、上直卫士，争相夺取珍宝。

饭饱茶足，腰缠金银，可以动身了。然而生性优柔寡断的赵桓又动摇了，他从祥曦殿往东门司小殿投去一瞥，看见那里只有孤零零的十几个内侍，想着年幼的太子就在里面，他迟疑了。

尚书梅执礼劝谏说："陛下不可轻弃社稷，可暂时向金人乞和，然后再找其他法子。"

这是一条馊得不能再馊的馊主意，赵桓又接受了。

他让左言传旨给蒋宣："日已晚矣，大兵在外，未可轻动，俟来早图之。"

当初李纲也曾劝赵桓不要轻易弃京城出走，那时京城有十几万大军，并且四方的勤王军马不断云集，自然不应该轻走；而现在坚城已破，军心已散，不走就只能任敌人宰割了。

下午时分，赵桓让宰相何栗到金营求和。

这个何栗是政和年间赵佶钦点的状元，年少有风貌，一向很得赵佶宠爱，这会儿却吓得魂不附体，一个劲儿拒绝。吏部侍郎李若水实在看不过眼了，骂道："致使国家落到现在这个地步，全是你们这些宰执误事！你就是死上一万遍也抵塞不了罪责。圣上不过让你走一趟金营，你就推三阻四，不如直接死了算了！"何栗满脸通红，硬着头皮领命，可是两腿发抖，跨不上马，卫士只好将他抱到马鞍上，还没出朱雀门，手里的马鞭子又掉在地上三次。

为了稳住局势，完颜宗翰答应了赵桓请和的请求，他糊弄何栗说："自古有南即有北，哪能南吞北、北吞南呢？"说大金所来，不过为割地而已，还热情洋溢地邀请太上皇出郊商议割地事宜。

原来如此，天还塌不下来。何栗长舒一口气。

为了表达诚意，完颜宗翰先派人往城里送去一张告示，信誓旦旦地说两国已经讲和，一切照常，百姓可以安居乐业。于是百姓以手加额，私相庆贺。

何栗从金营出来，认为自己折冲有术，口占了一首绝句，其中两句为："细雨共斜风，日月作轻寒。"弄得金营的使者啼笑皆非。

傍晚，赵桓安排使者举着请命黄旗，运了几十车酒食果子到金营劳军。

旧城外的金兵渐渐渗透进了内城，开始在城中大掳大掠。又有凶险小人和地痞流氓做导引，在坊巷放火劫掠，一场更大的灾难来了。内城的居民惊骇万分地躲入皇宫的角门，但汴河冻冰过多，践踏冰陷，溺死及弃置的小孩子不可胜数。很多心生绝望的居民全家全族地集体投井、自缢、投火，惨不忍睹。

二十七日，金人警告赵桓不要逃跑，恫吓说汴京周围五百里全部布满了金兵，刀枪无眼，误伤误杀，概不负责。赵桓果然不敢轻动，因为内库金银已尽，他只好发了一道榜文向百姓集资筹款，并邀请百姓代表去金军大营犒赏三军，央求金军手下留情。

这一日，百姓相顾感泣，纷纷慷慨解囊，献金帛酒食者络绎于道，各用长竿挑着大旗，上面特别注明是某坊某人献物于国相太子元帅，答谢活老小之恩。一时间，旗帜满城，节次进献。

城内的溃兵、地痞、流氓趁火打劫。蔡河、汴河浮尸累累，许多尸体身上几乎没有多少肉，因军民乏食，有些人干脆将尸体上的肉割下来拿到市场上叫卖。

# 靖康之变

靖康元年（1126年）闰十一月二十八日，赵桓派宰相及亲王出城向完颜宗翰、完颜宗望道歉谢罪。完颜宗翰再次强调太上皇赵佶必须出使金营。赵桓一时热血上涌，说："太上皇惊忧已病，不能出门，金人既然坚持要出使金营，朕就亲自去。"

三十日黎明，赵桓发了一张公告："大金和议已定，朕以宗庙社稷生灵之故，躬往致谢，咨尔众庶，无得疑惑。"①三十一日早上，赵桓拥数骑前往金营谈判，随行的有何㮚、陈过庭、孙觌等。曹辅、张叔夜负责留守弹压。

听说圣驾上使，京城的百姓父老争相持金银、酒食、彩帛前来捐献。从皇宫到南薰门人山人海，摩肩接踵。不久风雪大作，盈三尺不止，天地晦暝。

赵桓出了南薰门，看到外城的城头上全是形形色色的金兵金将，其中有一个自称是统军的军官，厉声喝道："皇帝若亲自出来议事，这是好事，请放心。"赵桓自小生长于深宫，平生没听过这样粗野的吆喝，心里一惊，准备下马。那人又叫道："这里不是下马的地方，但乘坐在马上无妨。"然后派人飞报完颜宗翰、完颜宗望去了。

不一会儿，城门打开，走出一百来个铁甲骑兵将赵桓一行夹道拥卫，直往青城。快到金营，迎面来了一个金国使者，和颜悦色地对赵桓说："徐徐行马，我们元帅在安排皇帝的行宫。"

---

① ［北宋］丁特起：《靖康纪闻》。

到了斋宫外，赵桓想下马，金使阻止说："皇帝请里面下马。"于是赵桓策马缓步而入。

实际上金军已遣使回国征询处理宋朝皇帝的意见，这时还没等到回复，完颜宗翰与完颜宗望不敢自作主张，就回避和赵桓相见，完颜宗翰只是派人推说："二太子在刘家寺，今天天色已晚，容来日拜见。"二太子就是完颜宗望。不久又派人来问："不知曾带被褥来否？欲从军中供进，又恐寝不安。"当夜，赵桓君臣宿于完颜宗翰营中。

赵桓不能回宫，汴京城内人情汹惧，很多人都在暗暗担忧，不断焚香祈祷，希望上天保佑，皇上能平安归来。傍晚时分，有黄榜从金营传入南薰门，上面只有四个字："驾报平安。"百姓稍稍心安。不久又有诏书传来，说："大金已经同意和议，具体细节尚未商定。朕留宿，只等大事办妥，便动身回宫。望军民安业，无致疑虑。"士子庶民读了诏书纷纷回家，却通宵不寐，甚至有人燃顶炼臂，求神保佑。这一夜，彻夜不眠的百姓站满了城里的每一条巷子，如同队伍巡逻，以致贼盗无所施其巧。

第二日早上，赵桓仍未能一睹完颜宗翰的庐山真面目，只是和金使议事。但金使却传达了完颜宗翰的意见，坚持要赵佶来金营。赵桓只好好言劝阻，一遍又一遍地解释。

午后，终于见到了完颜宗翰和完颜宗望。完颜宗翰已命人将青城斋宫全面整理了一番，屋脊两端的鸱尾用青毡裹住，所有的雕龙也用帷幕遮蔽，面向北设香案，北望致谢。

当日，汴京城中无雪，但青城却风雪交加，情形十分诡异。完颜宗翰和完颜宗望都是相貌不凡之人，不过完颜宗望明显要比完颜宗翰瘦长。主宾坐定，各怀心事。完颜宗翰应答琅琅，完颜宗望则唯唯诺诺。话题总是离不开赵佶、赵桓，以及金国出兵的缘由。完颜宗翰说："天生华夷，自有分域，我们怎么可能占据中国呢，何况天意人心，并未抛弃宋室呢。"完颜宗望则说："城中颇有些逃出的人，全是些背弃君亲的人，不忠不孝，死不足惜，我是在帮你们清理门户。"聊了半天，都聊不到点上，因为双方是初次接触，而宗翰宗望还没得到上头的指示，也只能点到为止。见此，赵桓赶紧命人奉上府库金帛，分赠给他们二人。完颜宗翰竟然失声笑道："城已被我们攻陷，城中的一人一物，全都属于我们，皇帝所来是商议大事的，哪用得着送礼？真要送礼，就分赠予将士好了。"

这一日，城中的官吏士庶仍云集在南薰门，虔诚地等候着圣驾归来，焚香夹道，香雾盘空。中午，大家只等回了一道报平安的诏书，称："和议已定，礼数未了，仰百姓安业，无致惊扰。"傍晚，又传回诏书称："大金和议已定，朕只俟礼数了，来日入城，与万民相庆。"不久，又遣人奏云："日已晚，恐城中军民不安，可早回。必欲赐赍将士，但留之左右足矣。"[1]

然而这一夜赵桓还是没能回城。完颜宗翰定下和谈的性质了，要赵桓写一份"请和称藩"的降表，还特别强调必须用四六式文体来写。四六式文体就是骈文，崇尚华丽辞藻，讲究对仗工整，受字句和声律约束，绝非一时一刻可以完成。赵桓只好和孙觌、何栗等人绞尽脑汁共同起草。连交三稿都被完颜宗翰毙了，第四次才算勉强通过。里面有"三里之城，遽失藩篱之守；七世之庙，几为灰烬之余。既烦汗马之劳，敢援牵羊之请"之句，又有"上皇负罪以播迁，微臣捐躯而听命"，还有"社稷不陨，宇宙再安"。[2]完颜宗翰一副满腹经纶的样子，指出了很多不足之处，责令赵桓一一改正，比如"负罪"必须改为"失德"，"宇宙"改为"寰区"，等等。天知道他到底读过几本书！实际上女真人创立文字也不过是近几年的事！

降表好歹弄出来了，完颜宗翰让赵桓在上面签名，派人送回国去。他说："也许我们大金国的皇帝不会同意投降，而另立贤君，可能会从女真人中选一人作为宋国国主。除去你的皇帝号，只称宋王。"

赵桓默然。

十二月初二午后，完颜宗翰才安排人马护送赵桓出营。

这天早上，官吏士庶依然聚集在南薰门瞻望圣驾，人头涌动，比前

---

① ［北宋］丁特起：《靖康纪闻》。

② ［北宋］丁特起：《靖康纪闻》。

两日的人数还多。持香顶盘的百姓络绎于道，从南薰门到宣化门，站得密不透风。因为下雪，官道上堆满了泥污，百姓担心御车颠簸，不断运土填路。

到了下午申时，赵桓的车驾才缓缓驰回。百姓在风雪中遥认黄盖，欢呼喧腾，一城传报，奔走行路，山呼之声撼动天地。现场的人全都哭了，一个个叹惋感泣，涕泗横流。赵桓也连连挥泪，到了州桥，泪水已经浸透了手帕。郑建雄、张叔夜等人冲上前叩马号泣，赵桓也揽辔而泣。到了宣德门，赵桓才从喉头挤出半句话，呜咽着说："朕从此不能与万民相见了……"一句话没说完，又感泣不已。士庶百姓无不失声恸哭！

初三，金营传来命令，说和议细节有待敲定，宋朝政府先负责犒军。接下来，是一连串的敲诈夺取了。

初四，金人派人来检视宋朝府库，拘收文籍，要把财政厅里面的钱粮掠去。

初五，金人发来文告，索良马一万匹。

初六，金人移文开封府，索取军器、甲仗、弓箭。索去了军器、马匹，就等于解除了宋朝武装，接下来的勒索就更加肆无忌惮了。

从这年的腊月初七开始，到第二年（靖康二年，1127年）的正月初三日止，金人更是开出最后的条件，索要黄金一千万锭、白银两千万锭、帛一千万匹。

正月初九，金军以金银成色不足为由，又派人入城追索。正月初十，完颜宗翰派人来催割诸州地界，索金银益急，他说了一个冠冕堂皇的理由：农务方兴，将归，上大金皇帝徽号事，请皇帝到营面议。

人为刀俎，我为鱼肉，赵桓没有权利说不。但此次出宫，明显凶多吉少了，很多官员谏阻说："从天象上看，帝星位置有变，皇上再去金营，就中了他们的奸计了。"

赵桓也自知前路凶险，但迫于金人的淫威，又岂敢不去？他流着泪对太子太傅孙傅说："我可能一去不返了，你可招募死士二三百人，想法带太上皇和太子突围南奔。"

待出了宫，有数万百姓在路上拦道痛哭，道："陛下不可出，既出，事在不测。"一种生离死别的悲怆笼罩了天地，赵桓掩面而泣。

京城巡检使范琼不耐烦地呵斥百姓道："皇帝本为生灵屈己求和，今幸金营，朝去，暮即返。若不使车驾出城，汝等亦无生理！"

百姓大怒，要拿板砖拍他，没找到板砖，就用瓦砾扔。范琼凶相毕露，拔出佩剑，将攀辕百姓的手砍断，还追杀了好几个人，强令车驾起行。

车驾到了郊外，南道总管张叔夜赶来叩马谏阻，请赵桓不要羊投虎口。赵桓流着泪拒绝了，说："朕为保万民计，不得不往。"

张叔夜不由放声痛哭，跪在地上不住叩首。赵桓握了握他的手，呜咽道："爱卿努力！"然后凄然起驾。

赵桓一入金营，就被扣押了起来。完颜宗翰向他摊牌："北朝、皇朝别立异姓为主矣。"当夜，赵桓住在斋宫西庑曲室中三间。是夜衾枕不具，宿戒席，土床而寝。

然而，金军还在继续压榨着汴京百姓的膏脂，他们放出话来，哪一天把金银凑足，赵桓就能回家。城中军民大为震恐，于是各家各户纷纷倾尽家财，贡献财物，挖地三尺。整个汴京城内，上自宗室、王公、大臣，下至贫民、乞丐、僧道、工匠、娼妓，经过这一轮上天入地式的搜刮，总共得了金十六万两、银二百万两、绢一百万匹，京城财物为之一空，但仍不及金人索要的一个零头。

为了吓唬汴京居民，金军还出榜表示，如不把金银全部上交，当遣大军入城搜空。士民相顾失色，全都感到非常害怕。

时间来到正月二十五日，天降大雪，天气寒绝。城陷已近两个月，普通的市民樵苏不爨，饿死在道路者数以千计，很多人取猫鼠甚至人肉充饥，如鼓皮、马甲、皮筒之类，也全被搜刮出来煎烤食用。还有很多人取五岳观、保真宫的花叶、树皮、浮萍、蔓草之类作为食物，就是那些士大夫、富豪之家也拿这些充饥。

二十六日，大风雨，赵桓派人回来，说因为阴雨连天，金人要举行的马球比赛没法开展，还得逗留几日。

赵桓这次再赴青城，京师百姓日日迎驾，从皇宫到南薰门，人头攒动，一眼望不到边，甚至有人炙火于臂，或自烧其指，或望门侧而拜，风寒雨雪人数不减。这一天，大雪从早上下到傍晚，泥淖没膝，民不聊生。太学生徐揆、汪若海等人计无所出，忍不住到南薰门向金军上书，要求完颜宗翰放人。完颜宗翰恼羞成怒，命人将徐揆捉去残忍杀死。徐揆死前，厉声抗议，骂不绝口。

得知城内百姓焦急成这个样子，赵桓写信回来安慰大家，说："朕出城见元帅，议事未了。阴雨连日，薪炭缺乏，家家愁苦，痛在朕心，已令多方措置，减价粜卖柴米，庶几小济。仍不须群聚以俟驾回，若有暴露，朕负百姓，出涕何言。故兹诏示，想宜知悉。"[1]士庶读诏者莫不堕泪。

二十七日，金人索郊天仪物、法服、卤簿、冠冕、乘舆、犀像、宝玉、药石、彩色、帽幞种种宝物，人担车载，径往供纳，急如星火。

二十八日，大雪放晴，有小道消息说赵桓可以回宫了。百官头也不梳、脸也不洗，纷纷赶赴南薰门接驾。士民也奔走相告，凑聚而来，充满道路。在等待的过程中，有人作了一首《忆君王》，词云：

> 依依宫柳出宫墙，殿阁无人春昼长，燕子归来依旧忙。忆君王，月破黄昏人断肠。

词意哀婉，闻者流泪。但这一日从早上等到下午，他们还是失望了。这一日，金人又来索取尚乐、大晟府的乐器，太常寺的礼物戏仪，等等。

二十九日，官吏士庶继续到南薰门等候赵桓。金人则继续索人索物。接连几天，他们大量征召城中的年轻女子，索要八宝、九鼎、车辂、后妃服饰、琉璃卞器等。

到了二月初七，太常、大晟、明堂、司天监等处的巨大礼器和青铜器

---

① ［北宋］丁特起：《靖康纪闻》。

物皆被金人搬空，就是那些又重又大的，也被抬去。这一天，赵佶及其皇后嫔妃也被金兵劫至城外军营。

二月初八，完颜宗翰、完颜宗望召集在押的宋朝君臣于一处，准备有大动作。经过连续几个月的抢掠、搜刮、压榨，吴乞买的诏书终于来了，他的意思是：废除宋朝皇帝。

金人逼迫赵桓脱下龙袍，从臣惊惶不知所措，吏部侍郎李若水从人丛中冲出，一把抱住赵桓喊道："陛下不可易此服！"金兵要将他拉开，他喝道："此乃真皇帝，鼠辈安敢尔！"他还说，"你们猪狗不如，本是边远老少山区的蛮荒之民，怎敢废除中国圣明天子？我当以死相争，如果不听信我的话，必定人神共愤，你们将万劫不复！"金人将他放倒，他爬起来仍骂不绝口，金国监军用铁挝打烂了他的嘴巴，他口吐鲜血骂愈切，直至被利刃裂颈断舌而死，时年三十五岁。

二月初九，金人在汴京城中公布榜文，正式宣布废宋朝皇帝而立异姓为主，说："宋之旧封，颇亦广阔，既为我有，理宜混一。但念出师，止为吊伐，本非贪土，宜别择贤人，立为藩屏，以主兹土，其汴都人民听随主迁居。"①

城内百姓相顾号哭，号恸不已，很多人后悔当初阻拦太上皇东巡、主上迁都。

这道榜文的公布，意味着历史上经济最发达、文化最灿烂、对士大夫最宽容、对百姓最仁厚的朝代——北宋，正式灭亡了。

---

① ［北宋］丁特起：《靖康纪闻》。

# 第四章 南宋建立

## 1100 / 1141

# 伪楚

　　金人灭掉了北宋政权，接下来，他们会怎么治理中原这一大片地域呢？说到底金国只是从一个原始部落进化成的国家，历时不过十余年，要管理这几百万平方公里的疆土自然力不从心。于是建立一个可以代替自己管理中原大地的傀儡政权就势在必行了。那么，选谁来做这个傀儡政府的主人呢？金国君臣经过一番论证，最后定下来了张邦昌。

　　张邦昌，字子能，永静军东光张家湾（今河北东光县大龙湾）人。进士出身，先后担任过大司成、知州、礼部侍郎、尚书右丞、尚书左丞、中书侍郎等职。史书没有记载他在这些职位上留下过什么值得称道的政绩，这位仁兄算得上平凡无奇，毫不引人注目。可从这些职位的变迁上不难看出，其官运还是非常亨通的。靖康元年（1126年），赵桓即位，凭着十几年的摸爬滚打，论职称、论资格、论人脉等杂七杂八的官场潜规则，他终于达到了他人生的一个巅峰——拜少宰。也是从这一年开始，他的人生轨迹开始改变。完颜宗望率东路军第一次兵临汴京城下时，赵桓不听李纲等人的劝阻，决意和议，当时完颜宗望指定由一名亲王和宰臣负责和谈。赵桓不假思索，就把这个任务交给了张邦昌，让他陪同康王赵构出使金营。

　　此旨一下，张邦昌吓得魂飞魄散。张邦昌勉为其难前行，到了金营后，他给完颜宗望的第一印象就是怯懦如鸡，胆小如鼠。姚平仲劫营失败后的第二日，张邦昌全身战栗，匍匐在地，一把鼻涕一把泪地赌咒发誓，说姚平仲劫营纯属个人行为，他的所作所为只能代表他自己，大宋以诚信为本，根本不可能做出那种出尔反尔的事。

　　完颜宗望很满意张邦昌的反应，饶了他一命，让他回去重换亲王人质，并尽快签订割取三镇的协议。姚平仲的失败，将赵桓也吓得心惊肉跳不已。看见张邦昌回来，赵桓惊魂稍定，便加封张邦昌为太宰兼门下侍郎，命他和肃王赵枢以河北路割地使的身份去和金人落实协议的签订。张邦昌已经快被吓死，第二次出使，张邦昌就是以这样一副战战兢兢、魂不附体的样子又回到金营。

张邦昌前后两次出使金营，一副闻风丧胆的样子自然给完颜宗望留下了难以磨灭的印象。

金军要找代理人，无非要满足以下几个要求：首先，他得是宋朝宰执级的人物，要在朝廷有一定影响力，这样才能名正言顺；其次，这个宰执级的人物之前必须是个和议派，不能有强烈的反金情绪；最重要的一点是，这个人还得胆小怕事，奴颜婢膝，对大金百依百顺，这样才容易控制。综上所述，你想还有谁比张邦昌更合适呢？何况，张邦昌还两次出使金营，跟金人打过交道，是大金国的老朋友了。不单金人这样想，当时很多大宋官员也觉得张邦昌比较适合这个帝位。

金人宣布废除宋朝并勒令宋朝的百官讨论并推举异姓为帝的事情，张邦昌本人并不知道，当完颜宗望命使臣王汭将百官的劝进表送到他的面前时，他如遭雷击，大叫道："赵氏无罪，遽蒙废灭，这是邦昌所不忍闻，如强要立邦昌，邦昌唯有一死。"

完颜宗望听了王汭的报告，只是淡淡一笑。他才不管张邦昌到底想不想做这个皇帝。对于这种人，他知道该用什么手段对付他。他命王汭带张邦昌来面谈。

完颜宗望当着张邦昌的面，再说起百官推戴之事，张邦昌体若筛糠，死活不肯接受。推辞了半日，完颜宗望也不直接施压，他说："其实大金皇帝早有诏令，立宋太子为新帝，以你为相，请你妥善辅佐，不要毁败宋金两国的结盟，请赶紧入城。"张邦昌这才停止推让，跪拜在地，一身冷汗泠泠而下。

靖康二年（1127年）三月初七，金人奉册宝立邦昌为帝，百官等会于尚书省。这天，刮风起霾，日色薄而有晕。百官面色惨淡，张邦昌也面有忧色。金人持御衣红伞来了，张邦昌如临大敌，下跪受册。册文说："咨尔张邦昌，宜即皇帝位，国号大楚，都金陵。"①

拜谢完毕，张邦昌放声大哭，如丧考妣。

金人册封完毕，百官按照礼仪引导张邦昌上马出门。张邦昌勉强上马，从宣德门入大庆殿，再到文德殿，张邦昌却不到御座就座，而在西侧另外安置了一张椅子，坐在上面接受官员的入贺。

张邦昌对自己签发的命令不称"诏书"，而是称为"手书"；接见百官不称"朕"，而是称"予"。百官称他"陛下"，他也总是义正词严地"斥之"，严格把自己和"皇帝"的身份区分开来。

三月十五日，张邦昌往青城拜见完颜宗望，呈上《乞免括金银书》，议七事：

一、请求不毁赵氏陵庙；

二、请求免取金帛；

三、请求存留汴京楼橹；

四、请求等江宁府（治今江苏南京）修缮完毕再迁都；

五、请求金军五日内班师；

六、请求以帝为号，称大楚帝，不改朝换代；

七、请求借贷金银犒赏自己的臣民、军队。

经过金军搜刮的汴京城已经一贫如洗，如果不答应这七个请求，新立的傀儡政府也实在没法开张，完颜宗望、完颜宗翰全部通过，免除了钱一百万贯、银二十万两、绢二十万匹。

张邦昌又呈上《请归冯澥等书》，请求归还被绑架在金营中的宋朝大臣。完颜宗望、完颜宗翰也同意了。只扣留了几个他们认为的刺头，比如孙傅、张叔夜、司马朴等。而把冯澥、曹辅、路允迪、孙觌、张澂、谭世勣、汪藻、康执权、元可当、沈晦、黄夏卿、邓肃、郭仲荀等人，以及太学、六局官、秘书省的官员全部释放。

---

① ［清］毕沅：《续资治通鉴·卷九十七》

从张邦昌的所作所为中不难看出，张邦昌根本就没把自己当皇帝，他不但要求金人尽快撤走，而且尽量从维护国家利益的角度出发，争取废除金国对汴京人民的苛政：他只是把自己当成了一个稳定局势的过渡性人物。

三月二十七日，金军挟持赵佶、赵桓、皇太后、皇后、亲王、皇孙、驸马、公主、妃嫔、部分文武官僚，还有宋王朝所用礼器、法物，教坊乐器和八宝、九鼎，以及浑天仪、铜人、刻漏、天下府州县图，皇宫侍女、戏曲演员、技艺工匠、娼妓等，迤逦北去。府库蓄积，为之一空。

张邦昌带着伪楚的文武百官和军民人等往南薰门辞别。宋朝君臣悲伤无限，万人齐哭，有号绝而不能止者，昏倒在地。

金人将宋朝宗室尽数掠走，用意很简单，就是要彻底断绝中原百姓复兴宋室的希望，为新出炉的张邦昌政权奠定统治基础。

金人撤走了，汴京城内暂时安静下来。吕好问问张邦昌："相公是真想当皇帝呢，还是想敷衍金人，看形势另做打算？"张邦昌无言以对，吕好问就建议自废帝号，还政于元祐皇后，再邀康王赵构即位。

元祐皇后，姓孟，洺州人，她的辈分很高，是宋哲宗的第一位皇后，王安石变法时，其无辜涉入新旧两党的争斗中，后位被废，入瑶华宫出家修行。哲宗病故后，赵佶继位，孟氏又回到宫中，光荣复位。两年后发生元祐党人事件，孟氏再度受到牵连，被赶回瑶华宫。靖康初年，瑶华宫失火，孟氏移居延宁宫；延宁宫又失火，孟氏差点儿被烧死，后被赶出了宫，居住在相国寺前的一所民宅里。想不到，正是这两场大火救了她。靖康国难，金人将皇室成员一锅端，独独漏了她。

张邦昌听从吕好问的建议，册封元祐皇后为宋太后，迎入延福宫。又派人送信给赵构，自辩说："我之所以暂时执行了金人的推戴，实在是情非得已，并不敢有什么非分之想。"然后交出刻有篆文"大宋受命之宝"的玉玺。

四月十一日，元祐皇后正式垂帘听政，张邦昌退位。至此僭位闹剧正式结束，由金人炒作的大楚政权仅仅存活了三十三天。

# 赵构称帝

赵构，赵佶第九子，宣和三年（1121年）封康王。赵构虽贵为皇子，但血统却十分卑贱——他的母亲韦氏，曾在哲宗朝宰相苏颂家里做过婢女。后哲宗海选宫女，分赐诸王，韦氏幸运入围，进了端王府，变成了赵佶的侍女，得到赵佶的意外宠幸生下赵构。

赵佶并不缺儿子，综合比较来说，在皇宫中跟其他皇子相比，赵构出身是最低贱的。

在自卑心理的作用下，赵构从小就对自己要求很高，史称其"博学强记，读书日诵千余言"[①]，且长于书法，笔动神飞，有晋人之韵。陆游称其："妙悟八法，留神古雅。"明代陶宗仪则称："高宗善真、行、草书，天纵其能，无不造妙。"更奇的是，他还勤习武艺，能挽弓至一石五斗，每天双臂平举两袋米走几百步，每袋米重一斛（约为一百一十市斤），众人都很惊叹。

看得出，他非常渴望能在众多的兄弟中脱颖而出，引起父皇的关注。金兵第一次围困汴京时，赵桓就提出要派一位亲王前往金营议和，一心搏出位的赵构越级向前，慨然请行。他拍着胸脯向皇帝哥哥说："朝廷若有便宜，无以一亲王为念。"把赵桓感动得热泪盈眶。也正是这次出使，让他赚足了人气，并和张邦昌结下了深厚的友谊。

但是金兵第二次围困汴京，赵桓再派他去金营时，他却不干了，他发誓再干就是傻子！他明知金军渡河南下，却反方向北上，在靖康元年

---

① ［元］脱脱等：《宋史·卷二十四·本纪第二十四》。

（1126年）十一月二十日抵达磁州，因与磁州知州宗泽发生龃龉，又得相州知州汪伯彦派将士刘浩相迎，于是到相州待了一个月。闰十一月底，赵构接到赵桓任命他为河北兵马大元帅的蜡书，遂于十二月初一日在相州开设大元帅府。

赵桓任命赵构为河北兵马大元帅的目的是要他火速救援东京。但赵构却虚张声势，派刘浩领兵南下濬州（治今河南浚县西北）和滑州，自己则与汪伯彦于十二月十四日诡称南下汤阴，往临漳方向进发，一个神龙摆尾，进入了北京大名府。之后，走东平府（治今山东东平），南下济州（治今山东巨野）。

这样，赵构非常聪明地躲过一劫，成了大宋赵佶一脉中的唯一幸存者。

靖康二年（1127年）四月，赵构在济州得到张邦昌的劝进书，权应天府朱胜非也从南京前来进谒，劝赵构到南京应天府登基，说："南京即宋州，是当年太祖兴王之地，四方所向，漕运通便，请即日启行。"赵构一听，觉得这主意不错，于四月二十一日赶赴应天府。应天府原名宋州，朱胜非说它是太祖兴王之地，指的是宋太祖赵匡胤称帝前曾在这儿做后周的归德节度使，宋朝的国号也因宋州而来。

五月初一，赵构命人在应天府天治门左筑坛，作册告天，撰文肆赦，登坛受命，将靖康二年改元为建炎元年，遥尊被俘的赵桓为孝慈渊圣皇帝，遥谢二帝，北向干号，大赦天下。

他以黄潜善为中书侍郎，汪伯彦为同知枢密院事，尚书左仆射兼门下侍郎张邦昌为太保、奉国军节度使、加封同安郡王，河东、河北宣抚使范讷为京城留守，大元帅府五军都提举刘光世为省视陵寝使，应天直龙图阁、权应天府朱胜非为试中书舍人。又设置御营司，总领军政，任黄潜善为御营使，汪伯彦兼副使，王渊为都统制。黄潜善和江伯彦是赵构在逃跑路上结下的"患难之交"，他们和张邦昌一样，均胆小如鼠，难堪大任，但深得赵构喜爱。

除此之外，赵构集团还意外得到了一个重量级人物的加盟，这个人就是一年前被赵桓从朝堂赶到扬州赋闲的名臣李纲。赵构任李纲为尚书右仆射兼中书侍郎，催促他赶紧来应天府报到。李纲于六月间从南方赶到了应天府。正是李纲的加盟，这个草创的小朝廷才算和那些流寇、山大王之类有所区别，有了几分气象。

但李纲一到，张邦昌的生命就进入了倒计时。李纲对赵构说："昔日唐明皇准备起用姚崇为相，姚崇有十事要说，这十事件件针砭时弊。今日我也准备了十事仰干天听，陛下如果觉得可以推行，请批准施行，这样我才敢受命。"他提出了关于议国是、议巡幸、议赦令、议僭逆、议战守等问题的十件大事，指出在黄河沿线的防线既失的情况下，欲战而不足，欲和而不可，只能先自治，以守为策，先守而后战，战胜之后再议和。

应该说这十件大事中大部分都是当务之急，有感而发。但第七条严惩张邦昌一项就有些过了。李纲强调说："张邦昌篡逆已成不争的事实，如果仍留他在朝廷，百姓将认为朝廷有两位天子。臣不愿与贼臣同居。如果一定要用张邦昌，我宁愿罢职！"

不得已，赵构只得通过了李纲的奏议，历数张邦昌的罪状，将之贬为昭化军节度副使，安置在潭州（治今湖南长沙），不久，又遣人送诏书到长沙赐其自尽。其他阿谀金人、鼓动建立伪楚的大臣也被处理。只有吕好问因劝张邦昌归正有功，出知宣州。

# 宗泽镇守汴京

伪楚政权被废，赵构在应天府即位，作为曾经国都的汴京还需要人守护。李纲力荐宗泽任东京留守兼开封知府，负责守卫京城。

宗泽，字汝霖，婺州（治今浙江金华）义乌人，自幼饱读诗书，豪爽有大志，元祐六年（1091年）荣登进士第。宗泽的第一份工作是到大名府馆陶县做县尉。在馆陶做县尉时，天寒地冻，大雪纷飞，但是朝廷依然不断催促黄河堤防施工的进度。宗泽甘冒逆龙鳞的危险上书皇帝，请行停止工程，到次年初春再行开工。这一举动将很多人从寒冷的死亡线上拉了回来。在馆陶县任满，宗泽先后在衢州龙游（今浙江龙游）、晋州赵城（今山西赵城）、莱州掖县（今山东莱州）做县令。在龙游，宗泽兴建学校，设师儒，论经术，使该县学风大变，升学率嗖嗖上升。在晋州，赵城地处边境，城中的武备却十分松弛。宗泽一上任，就军政两手抓，抓生产，练军马，增强了武备。在莱州，当时赵佶大炼丹药，派人在全国范围内搜刮牛黄，宗泽怒斥前来勒索牛黄的使者，因此遭到免职，但一城的百姓免却缴纳牛黄之苦。

到了靖康元年（1126年），宗泽已经六十八岁了，在御史大夫陈过庭的推荐下，被赵桓召入朝中，出任台谏。不久，太原失陷，赵桓任命他为和议使，负责去河北与金军谈判。但是宗泽拒绝屈节金廷，赵桓便将他换了下来，安排他去磁州任知州。

当时两河地区的形势已经非常严峻了，地处河北南部的磁州饱经敌骑蹂躏，人民逃徙，帑廪枵然。宗泽一到，便修缮城墙，疏浚城河，整治兵械，招募义勇，又倾尽府库所有金银，捐出自己的俸银，花高价购买了数万斤军粮作为储备，做出长久固守的态势。靖康元年十一月，奉命第二次出使金营的康王赵构一路拖拖沓沓到了磁州。宗泽预见和议没有好下场，力劝赵构留在磁州大会诸路兵马共同抗击金军。正中赵构下怀，赵构便取消了出使金营的使命。但当时金军已经渡过黄河，围攻汴京，赵构也不敢待在磁州，在相州知州汪伯彦的接应下到了相州。

汴京危急，朝廷诏封赵构为大元帅，大集河北诸路兵勤王，宗泽被封为副元帅。宗泽得令，一路南下向汴京开进，多次出奇制胜，以少胜多。也由此开始，宗泽成了抗金主战场上一面鲜明的旗帜。

到了靖康二年（1127年）三四月份，宗泽得知徽、钦二帝被金军挟走，曾想沿路截回，失败；又听说张邦昌称帝，想领兵讨伐他，被赵构劝阻，赵构命其按兵不动，察看形势。

如今，赵构任命宗泽为东京留守兼开封知府。宗泽自感责任重大，赴任途中，作《雨晴渡关》述怀：

> 燕北静胡尘，河南濯我兵。
> 风云朝会合，天地昼清明。
> 泣涕收横溃，焦枯赖发生。
> 不辞关路远，辛苦向都城。

词句慷慨激昂，意气雄沉刚劲，报国壮志，跃然纸上。

惨遭金军洗劫的汴京城，如今已是满目疮痍，楼橹尽废，兵民杂居，盗贼纵横，人情汹汹。而两河地区的金兵还未退去，金骑留屯的地方，金鼓声阵阵响起，接连不断，闻之让人怵然色变。

宗泽到了汴京，立刻下令修缮城池，整肃社会秩序。为了缉捕盗贼，稳定形势，他下令："为盗者，赃无轻重，皆从军法。"[1]连捕盗贼数人，于是盗贼屏息，民赖以安。

---

① ［清］毕沅：《续资治通鉴·卷九十八》。

为了壮大实力，宗泽又着力招抚各种地方势力，组建义兵。

北宋政府一亡，两河地区失去了统治，各种地方势力如雨后春笋般出现，或占山为王，或割据为盗，或聚众抗金，形形色色，良莠难分。宗泽不管，一律对之晓以祸福，谕以大义，收为己用。

有人觉得这些人成立的都是非法武装，对国家和社会的安定构成威胁，劝宗泽注意提防。宗泽却说："我披心而待，就算是木石犹可感动，何况是人呢！"

拥兵三十万的大盗杨进屯军于城南，另一名大盗王善拥兵七十万屯军于城北，他们的军队都是从山东来的游手好闲之人，都被宗泽招降，纳于麾下。但两人气不相合，一日，两人各率所部千余人在天津桥相拒，汴京城内一片恐慌。宗泽写了两张小字条，命人送去给杨、王二人。两人分别展纸，上面写道："为国之心，何必如此？杀敌立功，胜负自见。"二人相视，惭沮而退。

宗泽又经常把契丹人、燕地的汉人叫来，与之促膝谈心，赤诚相待，希望他们能奋于忠义，共灭金人，报效国家。

众人拾柴火焰高，有了大家的拥护和支持，宗泽打造了一千二百乘决胜战车，在汴京城外高筑二十四座连珠硬寨，结连两河义士，分守京郊方圆七十二里，大挖壕沟，广植鹿角，将汴京防线打造成了一道金军难以逾越的坚强壁垒。

# 一颗升起的军事明星

金人听说赵构称帝，宋朝死灰复燃，暴怒之下，大行侮辱赵构之能事，他们大肆宣扬赵构的母亲、妻子从妓院中出来从良的事迹，成心恶心赵构。更有甚者，他们还编造秽书，诬蔑韦后、邢后（宋高宗皇后）。

这对于任何一个稍有血性的人来讲，都是奇耻大辱。但赵构对金人诸如此类的恶行充耳不闻，无动于衷，并淡定地派宣教郎傅雱出使金国，名义上是去呈递国书和问候徽、钦两位皇帝，真正的用意是试探金人对自己登基的态度和向金国投降有无可能。傅雱刚走到云中就被金国兵部尚书高庆裔赶了回来，闹了个灰头土脸。

投降既然没门，那就只能往安全的地方躲了。在赵构的眼中，应天府还算不上一个安全的地方，他把"巡幸"的下一站定在了扬州。

明眼人一眼就看出，赵构在对金的态度上选择了退缩避让，毫无收复失地的心思。时在应天府的一名叫岳飞的军中小将，受春秋大义的影响，急眼了，忍不住干了件极有个性的事，下笔千言，给赵构写了一封信。

岳飞，字鹏举，相州汤阴人。岳飞自小痴迷武术，他天赋异禀，神力盖世，十三四岁的年纪，就能挽弓三百斤，开弩八石。三百斤的弓发出的箭强可搜入铁中！岳飞的箭法也十分精妙，一箭发出，能将前面的箭矢从箭尾一直破到箭头。此外，岳飞还擅长使大刀、长枪，他凭枪击之技在家乡汤阴县的武术大赛上连挑数人，一县无敌。

岳飞在家乡耳闻目睹了金兵的种种兽行，义愤填膺，靖康元年（1126年），径往相州投枢密院武翼大夫刘浩部下。刘浩奇其貌，壮其勇，破格擢其为军中偏校。同年冬季，岳飞随同刘浩所部一起划归赵构的大元帅府统辖。在刘浩的治下，岳飞很快崭露头角。他以三百名骑兵在李固渡伏击金兵，大获全胜。又在一个叫侍御林的地方，率部打败一队金军，杀其枭将。岳飞连战凯旋，因功迁三官，为正九品成忠郎。

赵构虽开大元帅府，但并不着意勤王，而是一路迂回往南。作为大元帅府的属军，岳飞自然也在南下之列。到了靖康二年（1127年）二月，赵构已经撤到了济州，此时岳飞所属的刘浩部奉命改隶于黄潜善。跟随黄潜善的队伍，岳飞最终来到了应天府。赵构在应天府称帝，但他还是要接着南迁，这终于引起了岳飞的不满，果断上书阻止他的这一行为。

岳飞在信的开头先分析了当前形势，指出江山社稷既立新主人，勤王的军队又不断云集，正适合给扬扬自得的胡虏狠狠地来那么一下子；紧接着，直言不讳地指出黄潜善、汪伯彦等人全是奸邪小人，应该将他们驱逐出朝廷；信的结尾，呼吁赵构车驾向北，还都东京，早日收复中原失地。

但是书信落到了奸臣黄潜善和汪伯彦的手里。这两个家伙嗤之以鼻地说："肤浅，真是肤浅！"然后批了八个字："小臣越职，非所宜言。"于是，岳飞的兵刃、器甲和马匹一律被没收，岳飞本人被削除军籍，逐出军营。

建炎元年（1127年）六七月间，岳飞从应天府出来，布衣芒鞋，孑然一身，和逃亡的流民没有什么分别，但不同的是，别人都是往南走，他却踽踽向北而上。八月份，进了大宋北京大名府，投到了河北西路招抚使张所帐下。

张所是两宋年间出了名的忠义之士，不久其将岳飞借补为从七品的武经郎，升任统制，在都统制王彦的统率之下。

王彦，字子才，河东上党人。性情豪放，喜读韬略兵书。曾经投军在泾原路经略使种师道部下，跟随种师道两入夏国，屡立战功。金人围攻东京时，王彦慨然离家赶赴京城，请求领军杀贼。朝廷重建，张所爱惜他的忠勇，将他擢升为都统制。

王彦和岳飞矢志抗金，志同道合，配合作战。

八月，张所命岳飞跟随都统王彦领七千兵马渡过黄河，前去收复位于河北西路南端的卫、怀、濬三州。驰骋疆场，抗金杀敌，是岳飞最热衷于做的大事，他高高兴兴地出发了。但他万万没料到，这一次出发不但和王彦构成了毕生不能化解的嫌隙，和"伯乐"张所也成了永别。

苟且偷安的赵构虽然迫于民众的呼声起用李纲为相，但始终心不在焉，他听信谗言，八月份就罢免了李纲的相位，李纲居相位仅仅七十五天。城门失火，殃及池鱼。作为李纲得力干将的张所也不免被牵连。九月，河北西路招抚司被彻底遣散。张所本人经荆湖南路贬谪到首府潭州，被流寇杀害。

张所一死，黄河北岸的王彦等人顿时失去了组织，成了一支散兵游勇。王彦郁闷极了，和金人干了几仗，队伍减员严重，被迫退避卫州新乡，等待战机。

金人在河北的势力已遍布了怀州、卫州、濬州和真定府，当然不能忍受有这样一支宋军在自己的眼皮底下出没，纠合了好几路兵马前往石门山向王彦讨战。

面对来势汹汹的敌人，很多人提出整军后撤，避敌锋锐。所谓"整军后撤，避敌锋锐"，是比较委婉的一种说法，说穿了，就是逃跑。这是年轻的岳飞所不能接受的。

战或退，最终的拍板权在统帅王彦的手里。王彦的意思是撤。岳飞大急，驳斥说："二帝蒙尘，贼据河朔，我们做臣子的自当奋力杀贼，迎回乘舆。现在敌人就在眼前，做统帅的不早做决定与之速战，却这样摇摆不定，莫非要投降附贼吗！"他大步出帐，点起本部兵马迎战金兵。一鼓作气夺下了新乡，生擒了一个名叫阿里孛的金军千户。接着，又挫败了前来挑战的金人万户长。

第二天，在征战侯兆川（在今河南辉县西北）时，岳飞手持一柄丈八蛇矛，将为首金将"黑风大王"挑落马下。

大家想必对正经的历史中怎么有这么个有武林气息的称呼感到奇怪。这其中有个缘故：宋金战争早期，因为双方语言不通，宋不知金人名字，对高级将领往往冠以"某某大王"之名。即便在抗金后期，宋朝的奏捷文书中也不用金军将领的全部官衔和真实姓名，而只用简单的习惯称呼，如完颜宗辅只叫"三太子"，完颜宗弼只称"四太子"。

连日激战，岳飞军中的粮草用尽，又值隆冬，将士饿死冻毙很多。岳飞不得不回来向王彦求粮。王彦断然拒绝，但他也没有过多为难岳飞，只是说："你已触犯军法，论罪当斩，但你脱离了我这么久，还能自觉回来，也算是胆气过人了。现在国家举步艰危，人才难得，不是钩心斗角、互相拆台的时候，我饶你不死，你走吧，好自为之！"

王彦和岳飞有同样的志向，本应成为一对好朋友，然而却因为这一件小事而反目成仇。后来虽然岳飞也一再请求王彦的谅解，却始终得不到回应，两人互不往来，一直到死，成了一件中国历史上不能不引以为憾的事。

# 投靠宗泽

岳飞离开了王彦的队伍。而这时候宗泽正在大力联结河东、河北山水砦忠义民兵。弹尽粮绝的岳飞听说，于是把队伍从山间撤出，南下投奔宗泽。有部众提醒岳飞，说："按照军法，擅自出战和脱离部队者，当斩无虞。你岳飞是王彦的副将，没经过王彦同意，私自出战，当斩。出战导致所部军队完全脱离了国家的军队编制，当斩。宗泽生性刚直，法令如山，贸然去投，岂不是自寻死路？"岳飞正色道："你们都是国家的将士，怎么能因为我而失去报效国家的机会呢？我自己犯下的错误，必须由我自己来解决，即使付出性命，也在所不惜。"将士闻言，无不落泪。

的确，宗泽性情刚烈，眼中不容沙子，史称其早年任馆陶尉，只要捉到了逃军就杀掉。神宗朝的宰相吕惠卿实在看不过眼，逢人便叹息道："宗泽从不阅读佛书，怎知人命难得，安可轻杀？"现在宗泽身负重任，本着乱世用重典的思想，治军更为严酷。所以说，岳飞是抱了一颗必死之心投奔宗泽的，全体士兵的脸上也写满了悲壮。

建炎元年（1127年）十月，赵构终于"巡幸"到了梦寐以求的扬州。

完颜宗翰听说赵构到了扬州，于是邀各军分道南侵。十二月，军队完成集结，分三路大举伐宋。由于略宋头号战犯完颜宗望已于十月病逝，他原先的部队由阿骨打的第三子右副元帅完颜宗辅与阿骨打第四子完颜宗弼带领，仍称东路军，从燕山府出发，自沧州渡河，进攻山东。左副元帅完颜宗翰从云中出发，出太行山至河阳（在今河南孟州）渡河，进攻河南，称中路军。陕西路都统完颜娄室率领西路军，自晋西南渡河，取道同州（治今陕西大荔）进攻关中地区。

中路军完颜宗翰和银术可很快渡过黄河，十二月初八，进攻汜水关。

汜水关属古成皋县，位于今河南省荥阳市区西北部十六公里处的汜水镇。关隘高筑在汜水西面的大伾山上，南面连接中岳嵩山，北面是黄河天堑，山岭纵横，险峻异常，当真一夫当关、万夫莫开。作为洛阳东边的天险和屏障，其历代为兵家必争之地。相传西周穆王曾经在这儿猎虎，并建造"虎牢"困虎，故又名虎牢关。大宋抚有中土，将天下分为一十五路，建四京，其中汴梁为国都，称东京开封府，洛阳为西京河南府，宋州为南京，大名府为北京。此时的四京均在宋人之手，特别是东京，有宗泽坐镇，金人数犯不下，兵锋一偏，准备转略西京洛阳。

宗泽觉察到了金人的意图，率先赶到汜水关凭关守险，挡住金人的去路。宗泽在汜水关拒敌已经多日，他苦苦思索着对策，感觉恐怕坚守不了多久了。这时手下的军士前来报告，有人领了一队逃兵前来报到，征询如何处置。如果是以往，宗泽根本用不着多考虑，让士兵直接拉出去就杀了。但今天不同了，他接待了岳飞，并对他说："按照军法，你当以死罪论，现在是用人之际，且免你一死，望你能在军中努力建功。"

金人因连日攻关不下，此时正在关前列开阵势，显耀兵威。有一名骑将在关下往来驰突，骂骂咧咧，大爆粗口。

岳飞对宗泽说："咱们中原士兵总觉得金人剽悍难以战胜，往往仗还没打，胆气先怯。其实金人也是人，和我们没有什么分别。他们所恃的不过骑兵、重甲和弓矢。关下这员金将骑烈马，披重甲，全身上下包得严严实实的，自以为所向无敌，敢在下面显凶逞能，且看我取他性命。"说完，取来一张铁胎硬弓，弯弓搭箭，两臂使力，弓弦绷紧，弓身发出吱咯咯的声音，惊得旁边所有的将士眼睛瞪得大大的，对他的神力无不服膺。

岳飞一箭射出，快似流星，怒骂的虏骑应弦而毙，翻身跌落尘埃。而岳飞射出的羽箭竟然穿透虏骑的颈脖，带着污血，挟着尖锐的风声，向前飞行了好远才插在地上。

关上的军士一齐欢呼，声音犹如山崩岳撼。然而，这仅仅是个开始。喝彩的欢呼声还没停歇，岳飞已经从箭筒里抽出了第二支箭，这次他的目标是金兵大阵里的那些负责掌旗的旗手。这些"执旗者"站在金兵队列的中央，而金兵的队列距城下有百步之遥，在普通弓箭射程的两倍之外了。不幸的是，他们今天遇上的是天生神力、射技精湛的岳飞！

金兵阵营里的人还搞不清是怎么回事，"嗖"，又一道风声，紧接着左翼的旗手惨叫着倒地。金兵全蒙了，一个个惶惑不安、怵然四顾，又一道风声伴随着惨叫传到了他们的耳朵里——第三个旗手被射死了。

宋军万人齐声喝彩，士气大振。

等金兵搞清楚这个状况，已经接连死了五六名旗手，吓得其他正在执旗的旗手心胆俱裂，惶恐四顾。

岳飞不失时机地向宗泽请战，他说："现在敌众正乱，咱们出关掩击，定会获胜。"宗泽同意了他的请求。

战斗中，岳飞为了继续激励战士的斗志，将自己的头盔摘下，披头散发，挥两柄四刃铁锏直犯虏阵。宋军士兵看得热血沸腾，人人酣呼杀贼，个个奋勇争先，以一当百，大破敌军，又狂追数十里。

这一战，岳飞纵骑突擎，大败金兵，夺甲、马、弓、刀献上，为虎牢关的历史添上了最浓墨重彩的一笔！正是：辞家壮志凭孤剑，报国先声震两河。

从汜水关回到东京，宗泽将岳飞升为统制官，经常与他彻夜长谈，大为感佩于他的才华、勇气和资质。有一次，他语重心长地对岳飞说："以你的智勇才艺论，堪称一流良将。但你偏好于野战，而对古战阵法极为轻视，这样是不行的。现在嘛，作为一个偏将还可以，但要成为统率三军的大将，岂可不习兵书阵法？！"说完，从案桌上取出几本阵图兵法相授，其中有宋太宗赵光义绘制的《平戎万能全阵图》和宋仁宗赵祯在位期间由大臣曾公亮与丁度所编写的《武经总要》。

当初为了收复燕云十六州，赵光义呕心沥血，费尽心机专门针对辽人的骑兵军团研究出了一套步兵的布阵图。

骑兵骑在马背上奔驰驱策可以形成巨大的冲击力。从某种意义上来说，高速机动的骑兵部队就是冷兵器时代的机械化部队，具有大规模杀伤力。但是，中原马匹奇缺，即使有，也是本地圈养的。这些马匹比较矮小、速度慢，耐力不足，爆发力也欠佳，和辽人的马匹根本无法相提并论，因而和辽人作战就不得不考虑如何以自己的步兵优势去对抗骑兵。

和辽人相比较，宋军的优势是掌握了高超的锻造技术，武器精良，战甲一般用铁制造，防护性能好，如果能组成科学的步兵方阵，就能在正面作战中所向无敌。

赵光义和他领导下的军事团体经过反复的推演和刻苦的研究，在古人留下的八阵图的基础上，结合了宋朝特有的神臂弓、子母弩等特种武器，由弩兵、盾牌兵、长稍兵、重步兵、骑兵和机动步兵等多样兵种排成大阵，画成图形，在实际中操练，层层叠叠，变化无穷。

宋仁宗赵祯时编的《武经总要》，把"古阵法""大宋八阵法"都绘图说明，并在《阵法总说》中强调："孙武云：'纷纷纭纭，斗乱而不可乱；混混沌沌，形圆而不可破。'不用阵法，其孰能与于此乎？"

得到这样的奇书，岳飞如获至宝，欢喜不尽。然而，才粗读一遍，岳飞便将书束之高阁，置之不理。

为什么会这样呢？宗泽觉得非常纳闷儿，问他："那些行兵布阵之法，你读得怎么样了？"

岳飞回答道："按图布阵，属于拘泥不化。兵无常形，所以不必深究。"

宗泽听了非常不高兴，说："照你说的太宗的阵法是没有什么用处了？"

岳飞认真回答道："布下阵势，然后交战，不过是战场上最常见不过的战争模式。统帅要能够对天时、地利、人和充分利用和灵活调度。"

宗泽一愣，看着岳飞没说话。

岳飞又解释道："留守所赐的阵图，都是清一色的固定格局。试想，一年中有春夏秋冬四季，同一季节，又有雨雪风雾，不同的地点，又分广狭险易。两军对垒，难道都照搬书上的阵图？兵者，诡道也。用兵之要贵在出奇制胜，两军相遇，敌人还没摸清我的虚实，我已取胜，哪还用得着布置阵势？我现在只是一员裨将，掌兵不多，布阵反而让敌人得知我军的虚实，弄巧成拙。"

宗泽沉默良久，最后说："你说的是对的。"

在此，插说几句宋朝的武举制度。读者可能在很多小说和戏曲中，都看到过这样的桥段：岳飞参加武举考试，枪挑小梁王，夺下了武状元。

事实上宋武举与唐武举不同，它一改唐武举只片面追求武艺的做法，考试时既考武艺，又考军事理论，文武并重。通过考察武举子的军事理论与军事技术，将武举授官与军队建设紧密地结合在一起。为了显示对选拔武备人才的重视，朝廷还首开武举殿试之先河，制定了解试、省试、殿试的三级考试制度。武艺考试以弓马为主，理论考试则先答策问，后考由朝廷专门编制的军事教材《武经七书》，"以策问定去留，以弓马定高下"①。

按照岳飞这种不拘泥于兵书的做法，岳飞若要参加武举，估计很难通过主考官这一关，更遑论夺取武状元了。

虽然岳飞和宗泽的想法相悖，但宗泽却强烈地感觉到，面前的这个年轻人颇具军事天赋，认为他能够在复杂形势下做出正确的判断，将来前途不可估量。也正因如此，宋人在评论宗泽时道："虽身不及用，尚能为我宋得一岳飞！"

---

① ［清］徐松：《宋会要辑稿·选举·一七》。

# 第三次汴京保卫战

建炎元年（1127年）十二月，东路军的完颜宗辅与完颜宗弼从沧州渡过黄河后，他们哥儿俩一商量，打算套用当年完颜宗望的策略，先攻汴京，再分兵南下直取赵构。

汴京城经过宗泽大力整改，城外千里，均无粮可就。金兵无法进犯汴京，于是频扰靠河州郡。有人向宗泽请求拆掉汴水桥梁，整兵严加防守。宗泽大笑道："去年冬天金骑能直来直往，正是因为我们先拆掉了河桥，既暴露了我军的虚实，又阻止了诸路大军的集结，这次万不可拆桥了。"命统制官刘衍去滑州、刘达去郑州，各率车二百乘、战士二百人保护河梁，以等待金人渡河。金人侦骑探知，夜断河梁逃去。

中路军的统帅完颜宗翰是个战争惯犯，听说东路军不敢招惹宗泽，渡过汜水关后，便率军直趋洛阳。洛阳残破，城池无备，西京留守孙昭远力不能敌，丢弃洛阳而去。完颜宗翰进入洛阳，与宗泽相持，同时命大将银术可沿汉水一带流窜作案，以配合汴京战场。银术可手脚麻利，从建炎元年十二月至建炎二年（1128年）正月，先后剽掠了汝州、邓州、襄阳、均州（治今湖北丹江口）、房州、唐州（治今河南唐河）、蔡州（治今河南汝南）、陈州（治今河南淮阳）、颍昌府等地。

正月十五日，金军前锋抵达汴京城下，汴京城内人心震怵。诸将慌忙向宗泽汇报，请示御敌方案。宗泽正在下棋，淡淡一笑，说："何事张皇，统制官刘衍等人在外必能御敌。"一盘棋下完，宗泽这才从容披挂甲胄，登上城头，布部伍，撤吊桥，指挥队伍备防，同时挑选了数千精锐，绕到敌人背后，断其归路，击退了金军。城内军心民心很快安定。

与汴京守军不同，宋朝河东、京东路的守军缺乏统一的指挥且部队缺乏机动能力，致使完颜宗辅和完颜宗弼的东路军在两河横冲直撞，大行其事，连下潍州、青州等地，但紧接着便丢弃了。

宗泽不慌不忙，分遣统制官李景良、阁中立和统领官郭俊民往滑州和郑州，两面接战。不幸的是，和完颜宗翰中路军作战的统制官阁中立战死，统领官郭俊民兵败降敌；而发往滑州迎战完颜宗弼东路军的统制官李景良则战败逃亡。

三支军队主将死的死、降的降、逃的逃，汴京城内每一个人的心头都蒙上了一层阴影。面对严峻形势，宗泽没有丝毫沮丧之色，他算准了逃兵李景良的逃跑路线，亲自设伏，将他缉拿归案。士兵将李景良押上，宗泽面若寒霜，厉声说道："胜败乃兵家常事。不胜而归，罪尚可恕；私自逃匿，分明是目无军法！"喝令将他斩首。

不久，降金的郭俊民奉命来向宗泽招降，同来的还有一名姓史的金将和一个姓何的燕地汉人。

来得正好！宗泽将这三个兜头捉下，指着郭俊民的鼻子骂道："你失利战死，不失做一忠义鬼。现在降金充当说客，有何面目见我！推出去斩了！"不一会儿，血淋淋的人头呈上，满堂战栗。"啪"的一声，宗泽拍了一下桌案，杀气腾腾地对那名姓史的金将说："圣上命我在京师屯驻重兵，我为京师留守，誓死不退，你等不与我死战，而以儿女语胁我邪？来人，推出去斩了。"转眼间连斩两人。

主帅有这种决一死战的信心和胆魄，帐中诸将像吃了一粒定心丸，抗金的热情又高涨了起来。至于那个姓何的燕地人，宗泽的解释是，此人本是宋人，被胁迫而来，情非得已，可免其一死。命人解缚将其放了。诸将皆服。

二月初十，金军进攻滑州。宗泽命人取来甲衣，说："滑州是汴京的冲要，一旦失守，京师就危急了。这次不再劳烦诸将，我当亲自率军救援。"

宗泽是汴京的主心骨，岂能轻动？右武大夫、果州（治今四川南充）

防御使张捴主动请缨说："大帅但坐守汴京，末将效死出战。"宗泽再三要去，却争不过张捴，便接受了他的请求，授五千精兵给他。

张捴到了滑州，二话不说，拎着刀子就往前冲，见人就砍。滑州城外的金兵有五万多人，是张捴部的十倍多，众将劝他先避敌人锋芒，稍后再战。张捴神情肃穆地说："退而偷生，岂能回见宗元帅？"说完，口中大呼杀贼，与敌人玩命恶战。

金兵没料到这伙宋兵这么生猛，又看天色已近薄暮，鏖战数合，匆匆退去。

第二、第三日，张捴继续发扬其玩命作战的风格，杀敌无数，但也遭受到了越来越多的金兵围攻，最终寡不敌众，壮烈战死。张捴这支军队虽然全军覆没，但其铁血本色却让金兵为之色变，内心惊恐不已。

宗泽苦等不到滑州解围的捷报，于是又发来了第二支救援队伍。这支军队由统制官王宣率领，与金军在滑州北门展开血战。受张捴战死的激励，这支队伍打得更加凶悍，血红着眼珠，个个奋勇，人人争先。

疯了，完全疯了！金军在兵力占优的情况下被杀得丢盔弃甲，四下逃避，狼狈撤出了战斗。王宣引军追杀了一阵儿，指着远去的金军说："敌军必定不甘心失败，夜里十有八九会来偷营。"于是收兵休整，傍晚到河边设伏。果然，夜半时分，金军借着月色，鬼头鬼脑地来了。

什么也不要说了，一个字：打！王宣趁敌军半渡发动攻击，斩首数百，所伤甚众。

经此一战，金人东路军元气大伤，全军拔营而走，金人两面夹击汴京的计划就此宣告破产。

四月初一，磁州统制官赵世隆带领其部三千来投奔宗泽。赵世隆原本是磁州书佐，宗泽任磁州知州时，看他有丈夫气概，任他为中军将。赵构设大元帅府，檄令诸军会兵大名府，宗泽离开磁州往大名的时候，将磁州交给兵马钤辖李侃。赵世隆趁机起兵作乱，谋杀了李侃，转推举通判赵子节代理州事。现在，他听说宗泽在东京做了留守，却高高兴兴地带领着三千人来投，同来的还有他的弟弟赵世兴。

对这种有严重犯罪前科的人，将士们都非常怀疑他来汴京的动机。宗泽却不以为然道："赵世隆不过是我手下的一名将校，他此番前来，不可能有什么图谋，且看看他要说什么。"

赵世隆入见宗泽，宗泽当面切责他不该叛乱，依据大宋律令，将他的罪状一条条地罗列给他听。赵世隆瞠目结舌，无话可说，膝头一软，跪倒在地，连连谢罪。宗泽冷笑道："你以为河北陷没，我大宋的法令就会随之陷没吗？来人，将赵世隆拖出去斩了。"

此言一出，赵世隆带来的悍兵一齐露刃于庭，赵世兴也佩刀侍侧。热热闹闹的见面会霎时冷场，杀气大起。宗泽周围的亲兵紧张得骨关节咯咯作响。宗泽扬起下巴，徐徐语于赵世兴："你兄长犯法，法理不容。你如能奋志立功，尚可以洗雪他带来的耻辱。"赵世隆、赵世兴两兄弟一听，相对大哭。

不日，滑州送来急报，说金骑又来进攻，已经攻陷了州城。宗泽对赵世兴说："你立功的时候到了，请带你的本部人马前去夺回滑州。"赵世兴欣然受命。到了滑州，赵世兴乘敌不备，骤然发起攻击，斩首数百，胜利收复滑州。宗泽重重奖励了他。

在这次东京保卫战中，宗泽所指挥的军队虽多，但都是由盗贼、溃兵、流民临时拼凑起来的，后勤粮草供应不上，武器装备极差，和久经沙场的金人骑军并不在同一档次，可是他凭着必死的决心和必胜的信念，最终获取了完胜。南宋军民备受鼓舞，抗金热情高涨。宗泽亦由此"威声日著，北方闻其名，常尊惮之，对南人言，必曰宗爷爷"[①]。

---

① ［元］脱脱等：《宋史·卷三百六十·列传第一百一十九》。

# 关西烽烟

金国的东路军和中路军已经失利，那么完颜娄室的西路军前景如何呢？

完颜娄室的主攻方向是陕西。自古有语云：关西出将，关东出相。所谓"关西"，指的是函谷关以西，西始河西走廊，东抵太行山脉，北界内蒙古高原，南限秦岭的秦陇地区。此时陕西有永兴军、鄜延路、环庆路、秦凤路、泾原路、熙河路等六个经略安抚司[①]，每个经略安抚司都类似今天军区的机构，下设各路经略安抚使、马步军都总管、知各州府的将官等。

建炎元年（1127年）十二月十一日，完颜娄室踩着厚厚的坚冰渡过黄河，发现河中府蒲津（在今山西永济西蒲州镇）的宋军已有所准备。完颜娄室素来兵出无常，他兵锋一转，带领上万骑兵悄悄从上游的清水曲出龙门，直取韩城。

京兆府知府唐重原本沿河安置各安抚使司统制官统军守河，但安抚统制更换频繁，最终守河的重任落在了一个叫曲方的沿河安抚使头上。

曲方年老体衰，皓首皤面如鬼物，统兵屯驻韩城，自上任以来，每日就喝喝小酒，唱唱小曲，从来就没怎么把守河的责任放在心上。唐重深以为患，但手下实在无将可换，为保韩城不失，特地派遣总管刘光弼带了大量金帛前往韩城犒劳士兵，激励大家用心守河。

刘光弼刚到华州，就听说金人已经到了河中府，惊恐之下，止步不

---

① 宋在今陕甘宁地区设置的军政单位。永兴军治京兆府（治今陕西西安），鄜延路治延安府，环庆路治庆州（治今甘肃庆阳），秦凤路治秦州（治今甘肃天水），泾原路治渭州（治今甘肃平凉），熙河路治熙州（治今甘肃临洮）。

进。近在韩城的曲方还沉浸在醉乡中，呵斥侦察巡逻兵，说他们胡言乱语，蛊惑军心。

十二月十三日，金兵兵不血刃拔下韩城！

韩城失守，与韩城仅隔七十里的同州城内，也人心骚乱，惶惶不安。停驻在华州的刘光弼吓得心胆俱裂，连长安也不敢回，往邠州方向飞奔逃命去了。

同州守臣为直秘阁郑骧，他是一个正直的人，自走上仕途以来，一直恪守职责，爱护百姓，以苍生为念。在姚古的提携下，郑骧进入了熙河兰廓路经略司工作，也是从这儿，他开始成了宋朝大西军中的一员。现在，他以直秘阁知同州兼沿河安抚使的身份驻守在同州。听说完颜娄室夜袭韩城，他火速遣兵前去救援，无奈韩城已陷，金军士气高涨，兵锋正锐，他发来的援兵被打散了。

金军攻下韩城后，乘胜往同州杀来。同州大哗，军民四下逃窜，通判以下的官员全部逃得干干净净。有人劝郑骧也赶紧逃命，郑骧大怒，拒绝了他的好意，大声说："所谓太守，就是与城相始终的守城者。城既破，我只有死而已！"

十九日，同州城陷，郑骧从容投井而死。

同州既破，扼守在蒲津西岸的王燮军也乱不能整，不战自溃。王燮直接放弃陕州，逃奔兴元府（治今陕西汉中）。

十二月二十五日，完颜娄室下华州，克潼关。建炎二年（1128年）正月初一，兵临长安。

这次金国三路大军齐头并进，赵构为了行朝的安全，刚刚从长安城中抽调了大量的京兆府守军，长安京兆府知府唐重手下将兵不满千人。面对来势汹汹的敌人，唐重既不像刘光弼、王燮之流惊慌失措、转身就逃，也不像郑骧那样束手无策、投井赴死，而是将城里不多的士兵组织起来，做出婴城固守的姿态。他还写了一封遗书明志，遗书中说："唐重平生忠义，不敢辞难。虽竭尽智力，一死报上不足惜！"①

在唐重的激励下，长安军民上下一心，同仇敌忾，抱定了必死之心守城。因此，有人撰写了一篇《劝勇文》贴在关帝庙里面，大论敌兵有五事易杀，鼓励大家同心协力，共保长安不失。

其五事为：

一、连年战辛苦，易杀；

二、马倒便不起，易杀；

三、深入重地力孤，易杀；

四、多带金银，易杀；

五、作虚声吓人，易杀。

也不知道是不是这篇《劝勇文》起了作用，前河东经制副使傅亮从冯翊郡出发，率领数百精兵进入长安，加入到抗击金军的洪流中来。大战从正月初一正式开始。唐重和傅亮凭着仅有的一千多兵力与金兵苦苦周旋，毫不示弱。金军猛攻了十几天，始终攻城不下。与此同时，沿边五路兵马全都各自为战，见死不救。城中有些人的意志开始崩溃了，形势越来越危急。

正月十六日早上，傅亮突然率领数百精锐夺门而出。城中不知其所为，面面相觑。傅亮出了城门便径往金营请降。

原来英雄只是个假英雄！在连日的厮杀和精神上的煎熬下，傅亮的意志彻底崩溃了，在生与死的考验下，他选择了投降。傅亮的投降，直接导致了军心的溃散。

大势去矣！目前，唐重面前有两种选择：其一，如傅亮一样，开城投降；其二，如郑骧一样，投井尽忠。然而，唐重却选择了第三种——他要本着杀一个扯平、杀两个赚了的原则，守到最后一刻。他向白发苍苍的老父亲诀别："忠孝不能两全，原谅儿了不能含义苟生。"老父亲朗朗答道："你以身殉国，我自然含笑跟随。"父子一对一答，观者无不流涕感奋。

---

① ［元］脱脱等：《宋史·卷四百四十七·列传第二百〇六》。

但屋漏又遭连夜雨，船破偏遇打头风。中午，城内又发生了严重的地震。金兵趁势发起猛烈的攻击，很快攻破了城池。

唐重率领手下数十名亲兵呕血誓众，死战到底。金兵像潮水一样拥进，越来越多。唐重身受重伤，众人劝他逃跑。他仰天叫道："死吾职也。"仍旧奋力冲杀，直至力尽而死。随同遇难的还有陕西转运副使桑景询、荣州团练使陈迪、主管机宜文字王尚友和他的儿子王建中、判官曾谓、提刑郭忠孝。

长安既克，完颜娄室率军沿渭河河谷鼓而西行，不费吹灰之力就拿下凤翔、秦州。在金兵的强大军事压力下，凤翔守臣刘清臣弃城而遁，秦凤经略使李复生望风而降。

金兵已下秦、凤诸州，于是兵锋继续向西，直指熙州。

熙州是熙河路经略安抚司的大本营，熙河路经略安抚使张深听闻消息，赶紧命马步军副总管刘惟辅率三千骑兵前往截战。

刘惟辅，泾州（治今甘肃泾川）人，性情豪爽，使气尚侠，是个狠角色。金军的前锋这时已经掠过了巩州（治今甘肃陇西），离熙州不足百里。刘惟辅留一部分兵力驻守熟羊城（在今甘肃省陇西县西首阳镇），亲率一千八百骑夜趋新店。黎明与金军遭遇，短兵相接，两军在晨曦中大打出手。

金兵在陕西横冲直撞，逢州夺州，逢府夺府，所过城邑连攻连克，还没遇上主动迎敌的宋军，这次终于碰上了硬茬。统领这支金兵的是先锋将孛董①黑锋，他哇哇怪叫着指挥士兵作战。刘惟辅大喝一声，手舞大槊跃马冲上，一槊刺出，竟使其"洞胸堕马"而死。余下金兵为之夺气，四散溃逃。

与此同时，远在扬州的陕西制置使钱盖听说长安已破，便奏请赵构，传檄鄜延经略使兼知延安府王庶兼节制环庆、泾原两路兵马拒敌，并由王庶代行陕西制置使之职。

---

① 女真部落首领称号，金建国后成为军事组织官员或爵号。金熙宗时废除。

王庶，字子尚，甘肃庆阳人，崇宁五年（1106年）举进士第。他对战略问题的判断很准确，常有惊人之语，是个难得的人才。得到朝廷发来的批准诏书后，王庶便"传檄诸路，会期讨贼"[1]，号召两河豪杰，共起义兵击敌。檄文发出，数日之间，便有孟迪、种潜、张勉、张渐、白保、李进、李彦仙、王择仁等各率上万兵力群起响应。

形势开始好转。其中李彦仙在一月之内连破敌寨五十余座。到了三月份，胜利收复陕州。

李彦仙，一个超级猛人。其实李彦仙只是他的化名，他的本名叫李孝忠。李孝忠少有大志，喜论兵法，精于骑射。靖康之难时，李孝忠毁家纾难，募兵勤王。靖康元年（1126年），金军围攻太原，朝廷以李纲为河北、河东路宣抚使宣抚两河，李孝忠上书弹劾李纲不知兵，将要误国，被有司下令追捕，李孝忠被迫逃亡，才改名为李彦仙。李彦仙到了陕西，参加了陕西的抗金斗争，不久在陕西任石壕尉。这次，金军进攻陕西，诸州沦陷。在收复沦陷诸郡中，李彦仙出力甚重。李彦仙收复陕州，直接截断了完颜娄室的西路军与完颜宗翰东路军的往来。

完颜娄室听说陕州被夺回，不由得寒意横生，于是停止了对熙州的进攻，急急向同、陕方向撤军。

金人抢掠负重，行动不便，正适合宋各路大军尾随袭击。王庶觉察到了金人的意图，亲自起草了两道文书，要求环庆经略使王似、泾原经略使席贡协同鄜延军对金军进行追击。但王庶是文人出身，虽由钱盖指定代行陕西制置使之职，但其他经略安抚使并不心悦诚服。所以，王似、席贡直接无视了王庶的调度。

熙河路经略安抚使张深听说金军东撤，派出陇右都护张严对金军进行追击。张严追到凤翔境上，和刘惟辅军会合。两人经过商议，最终决定，刘惟辅另外找路从吴山（在今陕西陈仓区北）出宝鸡，张严则继续尾随，并邀泾原军统制曲端发兵五里坡，实施三面合击。然而在五里坡，曲端失

---

[1] ［元］脱脱等：《宋史·卷三百七十二·列传第一百三十一》。

期不至，张严中了金军的埋伏，大败，张严本人亦阵亡。刘惟辅得到张严的死讯，连忙从石鼻砦（在今陕西宝鸡市东三十里）率军退走。

战败了张严，完颜娄室改变了主意，不再急于反攻同州、陕州，而是乘势大举进攻熙州。刘惟辅率部从熙河撤出，且走且战。完颜娄室又由熙河东进，企图打击泾原路经略安抚司的主力部队。而此时泾原路经略安抚司真正执掌兵权的正是席贡部下的统制官曲端。

曲端，字正甫，镇戎军（治今宁夏固原）人。他自幼机敏知书，善作诗文，长于兵略，历任秦凤路队将、泾原路通安砦兵马临押，权泾原路第三将。

听说金军进犯泾原，曲端命令吴玠率部开赴青溪岭，凭险据守，自己亲统大军驻麻务镇，以为后援。

在陕西，流传着这样一句谚语："有文有武是曲大，有谋有勇是吴大。"曲大指的就是曲端，而吴大则是指吴玠。

吴玠，字晋卿，德顺军（治今宁夏隆德）陇干（今甘肃静宁）人。自小沉毅有志节，知兵骑射，读书能通大义。还没成年吴玠就投军吃军粮了，在对西夏作战中屡有战功，最出彩的一次是以百余骑击敌，竟斩首一百四十级而还，军中目之为悍将。他曾随着部队转移到江南招讨方腊，也到过河北平定群盗，累功至泾原军第二副将。

要说陕西军界最牛的人，毫无疑问，非曲端莫属；但要说陕西军界打仗最猛的人，吴玠当是不二人选。曲端和吴玠虽然是上下级关系，但他们在军民心中的地位却是一样的。

吴玠一路急行军，终于在金军未到之前到达青溪岭。青溪岭属于杜阳山脉（在今陕西凤翔市东北）的一个分支，控扼着由凤翔至泾州的通道。吴玠简单地察看了一下地形，便根据地形隐秘设防，全军全部进入备战状态。待金军一出现，吴玠命手下的一名牙将领三百余人率先发起攻击。但是三百余牙兵还没开始交锋，就被金军的杀气所慑，反往大谷、比较岭上溃散。吴玠气得顿足大骂，命手下将领杨从义率五百人从侧翼迂回，自己拎起刀子，一马当先，冲锋在前。士兵大受激励，纷纷奋勇冲锋，杨从义又从侧翼杀出。经过一番恶战，金军乱了阵脚，仓皇而逃。

完颜娄室在青溪岭惨遭打击，北进泾原的计划落空，只得退回咸阳。途经渭河南岸，却遭到了宋朝义军的袭击，无法渡河。完颜娄室只得放弃了凤翔、长安，循着渭水东撤，进入了王庶的鄜延军地界。

为了站稳脚跟，完颜娄室鼓起余勇，猛攻康定（在今陕西洛川），进围龙坊（在今陕西黄陵）。王庶命人连夜拆断河桥，又令将官刘延亮屯兵神水峡（在今陕西铜川市北），截断金军归路。这样一来，完颜娄室再次进退失据，只能盘桓在冯翊、河中一带，等待完颜宗翰的中路军的增援。

然而，这一愿望又落空了。因为这时完颜宗翰的中路军、完颜宗辅的东路军已被宗泽和河东、河北各路忠义民兵牢牢钉死，他们既无法渡过长江进犯江南，也无法抽兵西援陕西。

完颜娄室四面受敌，已成瓮中之鳖。如果这时陕西的宋军能集中兵力，统一指挥，势必可以将完颜娄室的西路军一举歼灭，收复陕西全境。

但这只是如果。现在陕西的六路宋军将领都忙于发展自己的势力，没人有心思顾全大局。王择仁已经进驻长安。曲端趁金兵撤退，也收复了秦州加以盘踞。凤翔府原本为义兵所收复，经制司统领官刘希亮却强行入城，将之收为己有。后来，刘希亮被义兵驱逐，无处安身，哭哭啼啼地来投奔曲端。曲端却玩了手阴的，先假惺惺地表示接纳，转眼却将他杀死，吞并了他的军队。与之同时，王择仁也被新任命的永兴军经略安抚使郭琰赶出长安。

沿边六路最有战斗力的是曲端，他向来不服王庶，得知孟迪、李彦仙等人虽受王庶节制，也都不喜欢他，于是张贴榜文称金人已经渡过黄河归国，农务不可失时，让大家该干嘛干嘛，将渭河以南义兵全都解散。王庶为了抗金，仍给环庆路经略使王似、泾原路经略使席贡写信，催促他们发兵将金军逐过黄河，但王似、席贡置之不理。王庶气得直跺脚！为了壮大自己的势力，树立威信，他想出了一条"妙计"。他向朝廷提出申请，把曲端划到自己的节制司来。申请很快通过，六月，朝廷任命王庶为龙图阁待制，正式节制陕西六路军马，同时命曲端为右武大夫、吉州团练使，充任王庶节制司的都统制；并下诏要求务必趁夏季打败金军，以防金军秋后卷土重来。

曲端被调入了鄜延路，然而却老大不愿意。要知道，在泾原路他早已架空了经略使席贡，成了泾原军事实上的老大。而到了鄜延路，就得听从王庶的节制了。他怎么会愿意？他怏怏不快，消极怠战。鄜延路一带的百姓由此惶然不安，担心金军秋后再次发动攻势，纷纷往环庆路迁徙。一些官兵便借口流民造谣生事，半路打劫，掠财害命，致使闾里萧条。

完颜娄室的西路军虽然一路攻城略地，但是因孤军深入，又受制于中路军和东路军的失败，没能取得完全的胜利，同时盛夏又至，暂时进入沉寂。

1100
1141

# 金军第四次略宋

宗泽自任东京留守以来，多次上章请求赵构北上还汴京，但均未受到采纳。宗泽年事已高，连日操劳各种政务、军务，身体已经出现了各种疾病，赵构的态度更让他忧愤成疾，背部长了一个大疽。建炎二年（1128年）七月初四，宗泽病情恶化，溘然与世长辞。临终时，他没有一个字提到自己的家事，拼了一口气仰天连呼三声："过河！"吐血而死。

宗泽死讯传出，都人为之号恸，朝野上下全都相吊哭泣。赋闲在家的李纲大恸，题诗痛呼："梁摧大厦倾，谁与扶穹窿。"

八月，赵构命北京留守、河北东路制置使杜充为枢密直学士，充开封尹、东京留守，进驻东京。

杜充，字公美，相州安阳人氏，和岳飞算是半个老乡。他喜功名，性残忍，好杀，而短于谋略。靖康年间，他出任沧州知府，因为金人南侵，侨居原辽国的几千名沧州人纷纷从北地逃回家乡，杜充担心这些人会成为金人的内应，竟全部杀死，一个不留。可谓心狠手辣，毒如蛇蝎。杜充这次出任东京留守，是因为赵构认为他有威望，可托大事，同时他也得到了朝中的吕颐浩、张浚等人的大力推荐。

金主吴乞买听说宗泽已死，喜出望外，手舞足蹈，他认为宗泽既死，盛夏亦过，正是大举南侵的大好时机。与此同时，他又搜到了赵构秘密写给在金国境内的契丹人和汉人的信，诱降他们反金。吴乞买大怒，提出再一次对南宋用兵，这次一定要捉住赵构。

众将一致赞成。但是对于作战计划，上次进军的东路军首领完颜宗辅和完颜宗弼建议取消入陕的西路军，将三路改作一路，并力南伐。他们说："上次兵分三路，打击面积太大，战线拉得太长，兵力被分散，所以没收到预期的成效。这次只要集中兵力对赵构一路穷追猛打，肯定能达到摧毁赵宋政权的目标，而不必考虑城池山川的得失。"但是中路军首领完颜宗翰主张舍弃河北，进攻陕西。吴乞买经过一番权衡，说："肯定要对康王进行穷追猛打，而陕右之地也不可置之不理。"下令兵分东西两路，命完颜宗翰与东路军完颜宗辅、完颜宗弼在黎阳津（在今河南浚县黎阳镇）会合，南下进攻，捉拿赵构；命完颜娄室仍领西路军平定陕西。

完颜宗翰来势迅猛，按照先期计划，于十月从黎阳津渡过黄河进军澶州。但澶州守臣王棣坚不可摧，澶州难以攻下。山不转水转，于是完颜宗翰放弃澶州，又去进攻附近的濮州，于十月十一日与完颜宗辅在濮州城下会师。

起初完颜宗翰并没有把濮州放在眼里，以为濮州不过是个小城，还不是手到擒来？没承想，濮州城的将官姚端是个铁汉子，他乘完颜宗翰不备，夜里偷偷去劫营，直扑金军大部队。完颜宗翰被打了个措手不及，吓得光着脚仓皇逃跑。金军攻濮州三十三天，姚端率将士守城，但城内孤守无援，十一月十五日，濮州城破。

紧接着金军又来攻澶州。这次金军使了个离间计，假造了一份劝降书给城内军民，说："你们的王显谟已经投降了，你们为何还不投降？"王棣的身份是显谟阁学士、知开德府。澶州军民听说，信以为真，要杀王棣。工棣逃跑到城南门，被众人踩死，澶州遂陷。差不多同时，附近的相州也沦陷了。

杜充听说金军就要渡过黄河到汴京，丧心病狂地下令在滑州西南的李固渡决开黄河河堤，改变黄河的河道，以期阻挡金人的铁骑。河水泛滥，浊浪滚滚，黄河改道入淮，京东路广大人民的家园变成了一片泽国，百姓哀号哭喊之声响彻天际。

十一月底，金兵又破德州、淄州。十二月，破东平府、济南府、大名府等重镇。

金军在河东、山东一路攻城略地，畅通无阻。当完颜宗翰从东平府经过徐州、泗州（治今江苏盱眙）南下了，扬州的赵构还活在梦里，不知形势的紧迫。宰相黄潜善、汪伯彦不光没有谋略，还昏聩愚昧，对于前线情报，只是拿钱财委派一些小人去探听，得到的消息都是道听途说。等到得知北京大名府被攻破，朝臣有人力言要赶紧防备，黄潜善、汪伯彦还笑嘻嘻的，表示不相信。

在金军进攻汴京危在旦夕的时刻，城中还发生了岳飞攻打盗贼李成、王善、张用等人的南薰门事件。杜充任东京留守，很多地方都是反宗泽之道而行。宗泽为东京留守，召集群盗，聚兵储粮，联诸路义兵，结燕赵豪杰，声势浩大，两河抗金运动风生水起，克复山河指日可待。但杜充任东京留守，将宗泽联结起来的两河豪杰皆斥逐，很快河北诸屯皆散，盗贼复叛为贼，东京西南的州县一时形势大乱。

曾被宗泽招降的李成、王善、张用、杨进等人在东京城内及城外各据地盘，聚众为盗。建炎三年（1129年）正月，杜充紧急调令岳飞前来平叛，岳飞在东京城南三大门中的中门南薰门击退了张用、王善部众。自此，王善、张用等人自东京撤出，一路南下，到了两淮[①]，沿路大加剽掠。王善、李成等人不久即投靠了金人。

---

① 宋朝在皖中和苏中设淮南东路和淮南西路。淮南东路称淮左，淮南西路称淮右，二者常被并称为两淮。淮南西路包括：寿春府（治今江苏寿县）一府；庐州（治今安徽合肥）、蕲州（治今湖北蕲春）、和州（治今安徽和县）、舒州（治今安徽潜山）、濠州（治今安徽凤阳）、光州（治今河南潢川）、黄州七州；六安军（治今安徽六安）、无为军（治今安徽无为）二军。淮南东路包括：扬州、亳州、宿州、楚州（治今江苏淮安）、海州、泰州、泗州、滁州、真州（治今江苏仪征）、通州（治今江苏南通）十州；高邮军（治今江苏高邮）、涟水军（治今江苏涟水）二军。

# 继续逃跑

建炎三年（1129年）正月二十七日，完颜宗翰率军攻克了中原重镇徐州，随后又从徐州南下到了合肥。

扼守在淮阳的御营左将军韩世忠听说徐州已失，自忖孤军难守，先是退守宿迁县，接着奔走至沭阳。

韩世忠，字良臣，陕西绥德人氏。长得风骨伟岸，目瞬如电。他青少年时代就骜勇绝人，能骑未经过训练的野马。他十八岁投军，挽强驰射，勇冠三军。徽宗、钦宗时韩世忠参加了攻打西夏、方腊和抗金的战争。建炎元年（1127年），赵构在应天府即位，置御营司总齐军政，其所部有五军，韩世忠被任命为御营司左军统制。赵构南下扬州，韩世忠以所部也跟随南下。其间因讨地方贼有功，被封为定国军承宣使。到了建炎二年（1128年）四月，金军进军河南，韩世忠受诏带兵到洛阳抗金，因丁进部未能在约定日期到兵策应，其与金军的战斗失败。韩世忠被部下张遇所救，力战才得以逃脱，返回朝廷。金军这次南下进攻，朝廷授韩世忠为鄜延路副总管，加平寇左将军，命他屯军淮阳，联合山东兵抗金。但面对金军的来势汹汹，韩世忠无法在淮阳扼守，只能赶紧撤退。

在沭阳，韩世忠夜不安寝，又半夜弃军而遁，驾舟乘潮逃往盐城县。第二天，韩世忠所部的大军发现主帅已逃，群龙无首，霎时人心惶惶，一片哗然，四下溃散。

完颜宗翰得讯大喜，亲返徐州坐镇，密切监防东京、应天府的宋军，随后发大军攻打楚州、泗州，另遣精锐骑兵奇袭扬州，生擒赵构。

二月初三，金将耶律马五率五百精骑攻至天长军（治今安徽天长），天长一万多守军竟然没有组织有效的阻击，一哄而散，天长军随即宣告失守。

听说金兵渡淮，礼部尚书王绹曾经和群臣讨论应对策略。黄潜善、汪伯彦却不以为然地笑道："你们说的都是些小孩子都知道的道理，何必一说再说？也不怕闪了舌头！"同时还鼓动赵构下诏："有警而见任官辄搬家者，徒二年；因而摇动人心者，流二千里。"①于是官吏们都不敢轻举妄动。而身为一国之君的赵构，也一头扎在离天长军仅有一百余里的扬州行宫行乐。

这天，赵构正在寻欢作乐，突有人报天长军失守，金人突袭扬州。赵构跳起来，踢开床上的宫女，光着脚跳下床，拎了衣裤，带着御营司都统制王渊和内侍省押班康履等五六人跳上马沿街狂奔。一时间蹄声慌乱，响彻长街，有人大叫："皇上跑路了！"

众街坊大惊，纷纷探头张望，果见有宫人从宫内蜂拥而出，城中顿时像一锅煮开了的粥，乱作一团，不可开交。

有人迅速去找黄潜善、汪伯彦，告知他们天长军已失，金人就要来了。黄潜善、汪伯彦两人仍然说不值得大惊小怪，严肃批评他们不该听信谣传。值班的卫士在旁边叫道："皇上早已走了！"黄潜善、汪伯彦两人这才相顾失色，跳上马冲向城南渡口。这两个家伙一走，城里更加失控了，军民争相逃窜，因此被挤死的不计其数。

赵构到了扬子桥，因为事出仓促，竟然找不到船只！春寒料峭，江风凛冽。站在江边的赵构上天无路，入地无门，急得直跳脚。有一个卫士被赵构狠狠地踩了一脚，忍不住低声痛叫了一声："哎呀！"一直阴沉着脸的赵构霎时站住了，目露凶光，盯住他，满腔怒气找到了发泄的地方，拔出随身宝剑，一剑将卫士杀了。周围的卫士被吓住了，噤若寒蝉，谁也不敢作声。

杀了人的赵构脾气并没有半点儿好转，依旧急得如热锅上的蚂蚁，见

---

① ［清］毕沅：《续资治通鉴·卷一百〇三》。

人就骂。

正乱得不可开交，司农卿黄锷从后面赶来，有军士大呼："黄相公在此。"城内军民恨黄潜善刻骨，不知此黄相公非彼黄相公，误以为黄锷就是黄潜善，蜂起，骂道："误国殃民，就是你这个狗东西！"黄锷还来不及分辩，脑袋已被乱兵乱民斩下。随后赶来的司农少卿史徽、司农寺丞范浩同样被失去了理智的军民乱刀斩死。给事中兼侍讲黄哲方徒步，见势不妙，转身想退回去，有一个骑兵骑在马上，居高临下，看得分明，取出弓箭，连射了四箭，将他射死了。

民愤一发不可收拾，鸿胪少卿黄唐俊被推下江溺死，谏议大夫李处遁被乱兵践踏致死。而太府少卿朱端友、监察御史张灏生死不明，犹如人间蒸发了一般。

看着如此混乱的场面，赵构的脸煞白，像丧家狗一样，沿江奔走，忙碌了大半天，却一条船也找不到。

船都到哪儿去了呢？

负责调度官家船只的是御营司都统制王渊。御营司都统制责任重大，而这位老兄现在就跟在赵构的身后，他脸色铁青，阴着脸，一言不发。这位老兄早在几天前嗅出了不寻常的气味，于是擅用职权，公船私用，调派上百只大船满载着他和大部分官宦的私人财产和眷属前往杭州去了。这时候哪里还找得到船只？！

赵构像疯狗一样，气咻咻地一路狂奔到了瓜洲镇，恰巧同签书枢密院事吕颐浩和礼部侍郎张浚联马追来，在镇上的渔民家强夺来一条小舟，三人才得以过江。

到了京口，入了水帝庙，赵构才发现自己剑上的血还没擦。而此时赵构已是孤家寡人，百官没有一个跟来的，诸卫禁军也没有一个人前来。

镇江百姓听说皇帝消失了，也匆忙往周围山谷四下奔走逃窜，城中为之一空。

傍晚时分，金将耶律马五的五百精骑从天长掠到扬州，百姓还有十多万人尚未渡江。可叹民心不古，在如此危难的时刻，竟有人趁火打劫！平时靠打鱼为生的渔民，仗着家里有一条两条渔船，在沿江一带乘人之危，趁机向逃难的人漫天要价，牟取暴利，命每一人必须拿出一块金子才渡其过江，少一分一毫也不干。平民百姓出不起价钱，只有相拥沉入江底。江水冰冷，寒风刺骨，近一半人掉入江中被淹死，场面惨烈至极。

金兵一路掠来，金帛珠玉在两边江岸堆积如山。其实，突袭扬州的金人只有五百人，扬州御营兵却有四万多人，以五百吓溃四万，这也是世界战争史上的一大奇事了。

金人也找不到船只，追至江边，只有望江而回。赵构因此得以从镇江经常州、无锡、平江府（治今江苏苏州）逃生，到了杭州。

# 苗刘兵变

赵构由扬州逃窜到了杭州，惊魂稍定，第一件事就是找黄潜善、汪伯彦算账。很明显，扬州失守，这两个家伙负有不可推卸的责任！赵构授意御使中丞张澄，给他们洋洋洒洒地列了二十条大罪，遍示朝堂，把他们踹出了朝堂，贬官外放。

黄潜善、汪伯彦两人一走，他们的位子就空了出来。赵构当时也没多想，就把御营都统制王渊填了进来。让赵构万没想到的是，这一次中场换人竟惹来了一场轩然大波！

汪伯彦、黄潜善二人是在口头上蛊惑民众、鼓吹太平了，可是说到底负责扬州驻防、保卫皇帝行在的是御营司的都统制。扬州四万多御营兵都直接归都统制调遣，扬州不设防，金兵袭来，又没组织起有效的抵抗，以致出现了五百吓溃四万的笑闻，这都是都统制渎职的结果。而这个责任重大的都统制就是王渊！

王渊除了将扬州拱手送敌外，还在事发前几日假公济私，私调政府的船只偷运自己的家人和财物，使得那天晚上朝廷的几万兵马、十多万民众无船可渡，坠江死者不计其数。但是这种人，不但没有受到任何处分，居然升官加爵，一跃成了国家位高权重的人物！

赵构的任命书一发出，朝野哗然。杭州的守军更是愤愤不平。杭州守军的主要将领是统制官苗傅和刘正彦。这两个人以前都是王渊的部下，一直受王渊的压制，早对王渊心怀不满。现在，赵构任人不公，正为他们找到了一个出气口。

建炎三年（1129年）三月初五一早，苗傅和刘正彦蓦然发动兵变，带兵守在城北的大桥下把下朝回家的王渊摔下马。刘正彦本人亲自操刀，把王渊的脑袋割了下来，挑在竹竿上，然后纠合了御营司的全部干将，气势汹汹向行宫北门走来，找赵构讨说法。

赵构对苗傅、刘正彦两人又是道歉又是解释，一会儿怪自己赏罚不公，一会儿又赞杀王渊杀得好，对苗傅、刘正彦两人不断封官许诺，为表决心，还命人将一直追随自己的心腹宦官康履推出，交给苗傅、刘正彦两人出气。赵构只求快刀斩乱麻，尽快处理完这档子事，当场拍板，升苗傅为承宣使、御营司都统制，刘正彦为观察使、御营司副都统制，所有军士都有封赏。

苗傅、刘正彦两人却不依不饶，反正已经有赵佶禅位给赵桓的先例了，他们要求赵构禅位给皇太子，另请哲宗的废后孟氏，即隆祐太后（即元祐皇后）垂帘听政。

好汉不吃眼前亏，赵构只得忍气吞声同意，将皇位内禅给了三岁的儿子赵旉，改元"明受"。

苗傅、刘正彦政变的消息传出，在江宁和平江府主持军务的吕颐浩、张浚立即召集御营司的三大将韩世忠、张俊、刘光世火速率军赴杭州勤王。

听说韩世忠、张俊、刘光世三个人率军而来，自以为已经天下太平的苗傅和刘正彦顿时慌了手脚，连忙派人以高官厚禄收买韩世忠、张俊等人。但是任苗傅、刘正彦二人说得天花乱坠，三人均不为所动，继续按原计划向杭州靠拢。韩世忠甚至将苗傅、刘正彦派来的使者斩了，并说："我的心中只有建炎帝，没听过什么明受帝！"

韩世忠的反应把苗傅、刘正彦两人吓得一佛出世二佛升天，饭也吃不下，觉也睡不着。第二天，有人给他们出了个点子，说："韩世忠不是说他心中只有皇帝吗？就让皇帝打发他回去好了。"

后来的事实证明，这是一个烂得不能再烂的馊主意。可是苗傅、刘正彦这时实在是没主意了，蓦然间得到如此高人指点，便本着病急乱投医的精神，飞快地找到赵构，恳切地请求赵构复辟，下诏命韩世忠退兵。这时候距赵构退位才不过二十多天。

四月二日，几路勤王军顺利攻破杭州，苗傅、刘正彦二人趁着混乱从涌金门宵遁。韩世忠、张俊、刘光世等人顾不上追赶，争先恐后冲入宫门，抢着向赵构邀功。赵构首先见到的是韩世忠，他握着他的手恸哭，说："韩爱卿，想不到你能来啊。"韩世忠煽情地答道："什么话呢，皇上，就算天上下刀子，我也会来啊！"刘光世、张俊相继而来，赵构也好好地慰劳了他们。

第二日，韩世忠率部追击苗傅和刘正彦，没费多少工夫，就将他们擒获，肢解于市。一场长达二十几日的闹剧终于落幕。

经过这番折腾，被苗傅、刘正彦两人奉为"明受帝"的赵旉惊吓过度，死了。这可是赵构唯一的儿子啊，年纪还未满三周岁。儿子一死，赵构狂性大发，命人将负责照顾赵旉的宫女悉数斩尽，但这于事无补，唯泄愤而已。

在这场政变当中，受益最大的当数平息这场政变的张浚、韩世忠、张俊、刘光世等人，赵构对他们感激涕零，不久将张浚任命为知枢密院事，一跃而为文臣之首，而韩世忠、张俊、刘光世三人则成了南宋军队中的三巨头。南宋中兴四大将，韩世忠、张俊、刘光世三人各占了一席之位，第四位才是岳飞。论功绩，论贡献，论影响，岳飞都比这三人大，堪称南宋倚若长城的人物，不过此时的岳飞还在低级的职位上奋战。

# 金军渡江

听说赵构已逃往杭州，东京留守杜充坐不住了。建炎三年（1129年）四月，杜充玩了一招金蝉脱壳，命副留守郭仲荀留下来，自己则率东京留守司大部主力轰轰烈烈地向南大步撤退。

岳飞是杜充的嫡系，自然也要跟着撤退。听说要向南撤军，岳飞大急，冲着杜充声嘶力竭，极力劝阻。可是杜充逃命心切，哪里听得进岳飞的话？

杜充前脚刚走，郭仲荀后脚也跟着走了。接下来，留下守卫东京的"替身"是留守判官程昌寓，他没等郭仲荀的背影消失，就把留守东京的责任推给了另一个留守判官上官悟，自己翩然南下。——在这帮人的眼里，东京城就是一个巨大的坟墓，人人避之唯恐不及。

金兵虽然攻陷了扬州，但并没有从扬州再渡江南犯，而是满载着掳掠来的财物逐步北归。在路上，岳飞不断遇到分批次撤退的金兵，一路行来，战事不断，每战都有斩获。

六月初一，杜充到达建康。五月的时候，赵构已经由杭州到了建康府。建康既是六朝古都，又是江南东路①首府，常住人口将近二十万，是当时的超级大城市。赵构将行宫设在神霄宫。此宫是"老道士"赵佶在佛门圣地保宁寺的原址上改造的，规模宏大，巍峨耸立在建康府城的西南端，

---

① 宋朝在今皖南、赣东北地区设置江南东路，简称江东路。建炎南渡后，江南东路包括：建康府、宁国府（治今安徽宣城）二府；太平州（治今安徽当涂）、池州（治今安徽贵池）、徽州、饶州（治今江西鄱阳）、信州（治今江西上饶）五州；广德军（治今安徽广德）、南康军（治今江西星子）二军。

西揽凤凰台，北俯秦淮河上的饮虹桥。

在神霄宫，赵构隆重地接见了杜充一行。要说，杜充擅离职守，早该抓起来处死了，可是赵构不但没有一点儿责备的意思，反而对杜充异常客气。这到底是为什么呢？原因其实很简单：第一，赵构对东京这个伤心地本来就没多少兴趣，可有可无，得之不甚喜，失之不甚悲。第二，杜充手里拥有一支南宋朝廷可以倚重的生力军，怠慢不得。第三，赵构从扬州逃到杭州后，在那里遭受到一连打击，心力交瘁，一点儿脾气也没有了。

在杭州的打击不但让赵构从皇帝的宝座上跌落下来，还差点儿性命不保。在建康，赵构希望能在一种偏安的局面中苟且生存，他给金人统帅完颜宗翰写了一封极其肉麻的长信。但是这封信却适得其反，勾起了金人的贪婪欲望。从信中看，南宋连一支成形的部队都没有，要攻取江南竟是这么轻而易举的一件事！完颜宗翰读罢，心花怒放，心驰神往。

笼络未见成效，此时的赵构可以依靠的只有杜充了。北宋的西北劲旅已在太原失陷时遗失殆尽，南宋的御营司也在苗傅、刘正彦之变中实力大减。而要知道，杜充手里攥着的这支军队可是当年宗泽一手打造起来的精锐之师啊！

为了讨好杜充，赵构竟然当着众大臣的面，极其无耻地拍杜充的马屁，说他"殉国忘家，得烈丈夫之勇；临机料敌，有古名将之风。比守两京，备更百战，华夏闻名而褫气，兵民趋死而一心"[1]，升他为同知枢密院事。赵构以为自己这么肉麻卖力地吹捧，又破格将之升为宰相，可谓皇恩浩荡，杜充肯定会感激涕零，知恩图报，尽力尽职地到前线打仗。

然而，他错了！杜充不干，嫌官职太小了。国难当头，官位贬值，赵构为了哄好他，只好又将他擢为右相。这下奇迹出现了，瘫痪在床的中风病人一骨碌坐起来，立马容光焕发，走马上任。

为了确保建康万无一失，赵构又把刘光世、韩世忠、王燮等人掌管的

---

① ［南宋］汪藻：《浮溪集·卷十一》。

各支军队全部拨给杜充，由杜充统一支配。杜充治军严酷，臭名远扬，刘光世和韩世忠死活不肯交付军队。因为这两个人在苗傅、刘正彦之变中出过大力，赵构也没怎么责怪他们，交涉了几次，妥协了，将韩世忠改任为浙西制置使，驻扎镇江；刘光世则改任江东宣抚使，镇守太平州。这时赵构不会想到，正是他这次漫不经心的改任才保存下了这两支军队，大宋的血本才没在杜充的胡乱挥霍中一次性输光。

得到加官晋爵的杜充集结了十多万军队，兴冲冲地到长江沿岸驻扎。

长江天然堑途，金人不习水战，只要在沿江布下一支水军，就可以御敌于江北。偏偏杜充是个大草包，连最基本的军事常识也没有，在建康治兵期间，不做任何有效的防护措施，每日躲在家里玩"杀人游戏"。史书说他："杜充在建康治兵，专以残杀为政，斩人无虚日。"①

闰八月，经过短暂的夏季休养，金兵又大起南征，他们以完颜宗弼为统帅，聚集燕云、河朔民兵，以及女真、渤海，还有汉军，挥军南下，誓要活捉赵构。到了冬十月，金人已经连续攻克了应天府、沂州、寿春、黄州、宿州。

从闰八月到十月，面对金军的一路南下，赵构从建康一路逃到了越州（治今浙江绍兴），而隆祐太后去了南昌。金军于是分一部分兵作为西路军，由完颜拔离速等率领，去捉拿隆祐太后。西路军起先选定了两个地方——蕲州或黄州渡江。赵构了解到金军有从蕲州或黄州渡江的危险，专门派了刘光世去江州（治今江西九江）拱卫南昌。但是刘光世到了江州，日日置酒高会，丝毫不关心敌情。等到金军到达黄州，刘光世又一次发挥了他屡试不爽之技——逃跑。十月二十六日，金军成功从黄州渡江，直奔南昌。隆祐太后不得不进一步南撤。

十一月初，完颜宗弼在江淮战场攻克庐州、和州、无为军，打算从采石（在长江南岸、今安徽省马鞍山市西南）渡江，被知太平州郭伟击退。金军转而去进攻芜湖，又被郭伟打败。金军于是去攻打建康。

---

① ［南宋］徐梦莘:《三朝北盟会编·卷一百三十四》。

在建康府的杜充得知，吓坏了，但是他只是命六万人列戍江南岸等待金兵，而自己则躺在床上装病，闭门不出。岳飞忍无可忍，一头闯入他的寝阁，指责道："胡虏近在淮南，睥睨长江，大战一触即发，你却只管躲在深闺不出，算怎么回事呢？你必须出去，抓紧备战，否则金陵失守，大势去矣。"

岳飞是杜充现在唯一可以倚仗的得力大将，杜充无从发作，只能敷衍道："明天，明天，明天可以吗？明天我就到江边修建军事设施。"

十八日，金军从建康府西南的马家渡渡江。渡江战役正式打响！

病再装下去就没什么意思了，杜充一扯被子，坐了起来，传命都统制陈淬率岳飞、戚方、刘立、路尚、刘纲等十七员战将，统兵三万出战。

金军负责率领"拐子马"从两翼率先过江的是渤海万夫长挞不野、鹘卢补、当海、迪虎四员猛将。这四人中，挞不野是个狠角色。

挞不野是辽阳人，世代在辽国为官，金人攻陷辽阳，他迅速拜倒在阿骨打帐下，为金人效力，在攻破辽国的东、西、中三京中立有大功，被授猛安，兼同知东京留守事。天会三年（宋宣和七年，1125年），完颜宗望南下伐宋，挞不野更是充当了阵前的急先锋，一路摧城拔寨，冲锋在前。

这次渡江，挞不野早已等不及了，完颜宗弼的命令刚下，他就一扬手中的大刀，回头向手下的将士喝道："弟兄们，牵马上船，跟我上！"率先横渡长江。

长江江面宽广，水流湍急，号称南北天堑。两年前，李纲初登相位，就提出要在淮水和长江分别安置水军。如果这个建议能实施，足以阻挡女真铁骑的脚步。可惜赵构并未放在心上。受命防守江淮的杜充又只是守江不守淮，让金兵轻而易举地渡过了淮水。而负责守江的水军统制邵青、郭吉兵力单薄，船只紧缺。金人的船只并不多，只有二十多条。而宋军的船只更少——只有一艘战船！船上包括主将邵青在内，仅十九个人！

北风呼啸，江水咆哮如雷，奇寒彻骨。邵青和这十八个士兵，为了抗击侵略者，为了捍卫一个守江战士的尊严，在强大的敌人面前，没有选择退缩，而是坚定地把船开近，向敌人展开拦击。在敌众我寡的形势下，邵青他们的战船无疑就是一只挡车的螳螂。他们的结局是悲惨的，也是壮烈的。十八名勇士非死即重伤，其中一个名叫张青的艄公"中十七矢"，战船被迫退入了竹叶渡。

江面再无南宋守军，挞不野们渡长江如履平地，从容过江。

另一个统制官郭吉率领手下的士兵陈列江口，严阵以待。挞不野看水浅处，则直接下令重兵弃舟登岸。金兵策马从船上直接跳入江中，狂风一样卷向岸边。因为来势太猛，宋兵阵脚不稳，很快退散。挞不野兴奋地紧追其后。他的背后，是源源不断的渡江的金兵。紧急关头，陈淬领着岳飞、戚方等十七将，兵两万，堪堪赶到。

陈淬，字君锐，兴化军（治今福建莆田）莆田人，曾跟随名相吕惠卿戍边，手杀西夏兵无数，屡建奇功。宣和四年（1122年），出任真定路分都监兼知北砦、河北第一将，不久又拜忠州团练使、真定府路马步副总管。金人入侵真定府，陈淬孤军奋击，妻子儿女八人都被害。可以说，他和金人有不共戴天之仇。领兵出发前，他曾建议杜充："金兵虽多，但他们不过只有二十多艘船只，每艘船所运载的不过五十人，他们每渡一批人，不过千余人。如果我们在葭芦一带埋伏，他们每渡一批，我们歼灭一批，一定能大获全胜。"杜充不听。

陈淬他们赶到的时候，金兵已经大部分渡过了河。陈淬所带来的两万人都是宗泽当年一手打造出来的悍兵，战斗力极强，一看当下形势，马上投入战斗。一时间，刀光剑舞，枪来戟往，喊杀连天。

岳飞所部以骑兵为主，来往驰骋，反复砍杀，往往刚将挞不野的气焰压下去，又有一批金兵从船上下来补入战团中，金人攻击一波接一波，令宋军应接不暇，战斗打得异常艰苦。

最后一批上岸的金将，除了完颜宗弼外，还有一个叫王伯龙的悍将。这个王伯龙是沈州（治今辽宁沈阳）双城人，在战场上喜欢被重甲，首冠大釜，非常吸引眼球。王伯龙这样做，除要酷扮帅外，也彰显艺高胆大。因为打扮得太过另类，就容易成为攻击的对象，刀枪剑戟一齐招呼，普通人很快就得玩完。可王伯龙自负武艺精熟，技击了得，常常在战阵中横冲直撞，以一当十。史称其在攻宋过程中，破孔彦舟、败郦琼，取保州，下青州，攻徐州、泗州、庐州、和州，战功第一。此人一上场，就带领他的本部骑兵直接杀向陈淬。陈淬的护卫亲兵抵挡不住，纷纷倒地。岳飞赶紧率领手下的将士从旁边杀过去截住，与之接战。

完颜宗弼的骑兵已经全部投入到战斗中，但因一则缺乏"铁浮屠"军的使用，二则"拐子马"奔雷式的袭击战机已失，其所占优势并不明显。而宗泽严厉的练兵效果又充分体现了出来，宋军并无惧色。双方互相冲锋，反复拉锯，自辰时到未时，苦战了十几个回合不分胜负，战争出现了胶着状态。

杜充为了赢取这场战争，又把王燮的部队押上。但未曾料到，弄巧成拙了。按照杜充的想法，王燮的部队上来，宋军的力量肯定会加强。王燮手下有一万三千多兵马，属于御营军，是政府的中央军，武器装备都是当时国内最好的。谁都没想到，这支军队还没上阵，很多士兵已两股战栗，发足欲逃。

王燮大将军惊慌之余，大呼小叫道："兵败了！兵败了！"就这一嗓子，使军心大乱，一万三千兵马还没和金人正式接触，全部望风而逃。王燮本人仗着马快，一磕镫就溜得无影无踪。宋军的阵脚却因此大乱，金军乘势大举攻击。陈淬势穷力尽，在乱军中被俘，余下将官四下溃逃。双手被反剪的陈淬临危不惧，只求速死。完颜宗弼成全了他，将他和他的侄子陈仲敏一并杀死。

岳飞孤军力战到日暮，诸将都溃败而去，后援不至，士卒乏力，只得在苍茫的夜色中将军队开到建康城东北的钟山驻扎。

十一月二十七日夜，金军全线渡过了长江。

杜充接到战报，大惊，命人开水门准备从水上逃遁。水门刚打开，逃难的民船挤在水门里，争着逃跑，千帆齐发，杜充的大船根本开不出。杜充气得直瞪眼，只好骂骂咧咧地返回宣抚司衙门。第二天，杜充挑选出五十名孔武有力的健卒，每人犒赏银十两、绢十匹，让他们在前面为自己开路。俗话说，重赏之下，必有勇夫，有五十名开路神在前面披荆斩棘，砍杀民众，杜充终于率三千亲兵从乱众丛中杀出一条血路，逃到了江北的真州。杜充一走，金人就轻轻松松地把建康收入囊中了。

建康虎踞龙盘，形胜东南，号称江南第一重镇，水陆要道四通八达，它的失守，意味着江南大地已经全面陷落。

# 一逃再逃

杜充退至真州，鉴于自己作孽太多，仇人遍布，白天不敢露面，躲长芦寺不出。时在越州的赵构也不责怪他，反而写信劝慰他，说胜败乃是兵家常事，不必介怀。然后又送上歌女和金银，为他压惊。可赵构比完颜宗弼还是慢了一步。完颜宗弼派人忽悠杜充说："如果你投降大金国，你就是第二个张邦昌，我们封你做皇帝，中原这块地盘，赏给你打理了。"

和赵构送来的金银相比，当然是做中原的皇帝更具有诱惑力了。杜充兴冲冲地赶回建康向完颜宗弼举手投降。

赵构得知杜充投敌的消息，如遭五雷轰顶，仰天号叫道："杜充啊杜充，你怎么会这样，我可待你不薄！"杜充的背叛让赵构痛到内伤，几天吃不下饭。然而当务之急不是痛心于杜充的离去，而是要着重考虑自己应该往哪个方向逃。

赵构把这个重大课题抛在案桌上供众大臣共同研究。大臣们各抒己见，众说纷纭。左相吕颐浩的想法最有创意，他说："皇上圣驾出行，皇族、后宫妃嫔、百司官吏、兵卫、各人的家小都跟着，队伍庞大，行走不便，粮食难带。金人素来以骑兵取胜，一旦渡过浙江，就会派轻骑追袭。我觉得咱们不如弃车登舟，出海避敌。浙江地热，金人势不能久留。等他们一走，咱们就回来。彼入我出，彼出我入，此正兵家之奇也。"

"好个兵家之奇！"群臣纷纷鼓掌称赞。

的确，皇上乘船出逃，浮国海上，这事既新奇又刺激呢。赵构当场拍板："此事可行。"

十二月初，寒气侵人，天空飘起了一场细沙般的小雪。初五，赵构

133

一行冒雪抵达明州（治今浙江宁波）。明州是当时的大港口，早有官员把二十只大海船聚集了起来，改作御舟，供御前使用。粮食、饮用水、换洗的衣服、各种日常用品充分备足，正式扬帆起航。楼船从东渡门出发，首先驶往定海县（今浙江镇海）。

参知政事范宗尹自夸自赞道："敌骑虽有百万之众，但我们弃陆乘舟，他们能奈我何？"旁边的另一名朝臣引用南北朝英雄宗悫的话附和道："从今日起，可以乘长风破万里浪矣。"

说到底，这是一次迫不得已的远航，很多人在风浪中面无人色，站在寒冬的空气中簌簌发抖。

完颜宗弼渡江占领建康后，率大军继续往临安府（治今浙江杭州）杀去。这座江南重镇已于本年七月份由杭州升为府。金军兵锋所至，南宋守军即土崩瓦解。

临安府西北的天目山间有一座险要关隘，名独松关，隋唐时杜伏威手下猛将王雄诞曾在此地大显神威，以五百骑兵大破吴王李子通的十万大军。可谓一夫当关，万夫莫开。为了顺利通过此关，完颜宗弼在来的路上做足了功课，设计了数种攻坚方案，把所有会遇到的困难都想过了，还在军队中接连做了好几次思想动员。然而最终完颜宗弼大失所望，宋军竟然根本没有安置一兵一卒在这儿驻防。十二月十五日，完颜宗弼轻而易举地攻破了临安府。

二十四日，金军又攻破越州。接着马不停蹄，直奔明州。

赵构在十二月十七日到了定海，但是仍觉得不安全，隔日又逃到了一个海岛上——昌国县（今浙江舟山）。金军从明州发兵去昌国县捉拿赵构，但是不幸遇到了大风浪，赵构有惊无险。但赵构知道自己在昌国也不安全了，金军攻下明州势必再次来袭，于是只能继续南逃，打算去往台州（治今浙江临海）或温州。

为了给赵构逃跑做掩护，十二月二十九日，西风忽起，张俊在雪地里和金军胡乱打了一仗，收兵往台州方向鼠窜而去。张俊一走，明州士民皆散，百姓哀号震天。

次年（建炎四年，1130年）正月初三，赵构到了台州章安镇；同日，金军大统帅完颜宗弼也到了明州。

赵构在章安镇也是惶惶不可终日。这日，寒天催日短，风浪与云平，傍晚，他命令船夫在寒气中努力逆风行船，突然迎面驰下两叶扁舟，直犯禁卫船。赵构得报，自料遇上了金兵的前哨船只，面如死灰，心想："完了……"

其实，赵构乘坐的是二十只大海船连在一起的庞大船队，根本用不着担心被顺风冲下的那两只小渔船。但是平时他已对金兵谈虎色变，习惯心理使然。

前面的禁卫军拦下了那两只船，一问不过是贩柑子的寻常客商。赵构松了一口气，吩咐将船上的柑子全部收购，散发给禁卫军各士兵食用。

这天，正好是正月十五元宵节，士兵吃过柑子，不知是谁起的头，用柑子皮做成灯，贮上油，点着，趁退潮放入海中。其他士兵纷纷跟着照做，海面上很快就漂荡着成千上万个这样的小柑灯。当是时，风息浪静，水波不动，几万点火珠荧荧出没在沧海琼波之中，蔚然壮观，章安镇的百姓在金鳌峰看到，不由眼泪长流。

次日，即正月十六日，金军就正式占领了明州。其实以完颜宗弼当时的兵力，并不足以占据江南大地。但是宋军的不战而逃给了他机会。当完颜宗弼站在明州城头，他惊讶万分：整个江南大地找不到一个宋兵——慷慨的御前都统制张俊大将军已把这片广阔的土地毫无保留地交给了他。

占领明州后，金军乘胜去攻定海，发现赵构已经逃跑。金兵攻破了定海，然后转头南下去捉拿赵构。

赵构在章安镇得知金军来攻了，继续南下往温州方向逃跑。正月二十一日，赵构到了温州的一个小地方——瑁头。二月初二，赵构将温州的一座寺庙江心寺当作他的行宫，并更名为龙翔寺。

# 黄天荡之战

完颜宗弼攻破了明州，行海三百余里追击赵构，可是大海烟波浩渺，竟不可得。那天，完颜宗弼遥望大海远处，见云霞缥缈之间隐约有一座山，便问领航船家："咦？碧波万里的大海上怎么会有山？"船家糊弄他说那就是《山海经》上记载的阳山。完颜宗弼紧绷的神经松了下来，眉飞色舞道："当年唐太宗李世民号称不世英主，其开疆拓土不过止于阴山，现在我随波逐浪，漂浮万里，竟然到了神话里的阳山，真是了不起。行了，可以回家了！"于是传令伟大的搜山检海行动圆满结束，大金勇士胜利返航！

金兵自上一年闰八月深入江南以来，战线拉得过长，在各地都遇到了南宋军民的抵抗，江北之民誓不从金，自设寨栅，群聚抵抗金兵到来。金兵掣肘很多，斩首行动不得不提前结束。

完颜宗弼的命令一出，金国士兵人人欢呼雀跃，船队纷纷靠岸，准备撤军回国。于是残酷的烧杀抢掠开始了。

撤军第一站是明州，一时间，城内浓烟滚滚，惨叫连连，到处充斥着血泪兵火……偌大的明州，唯东南角佛寺与僻巷居民偶有幸存的。

到了临安，完颜宗弼为发泄自己的兽性，灭绝人性地下令屠城三日。大火冲天而起，哭喊声震天动地。这片繁华富庶的江南地区，遇上了空前的浩劫。

毁灭的火焰有多烈，愤怒的火焰就有多高。由于掳掠的东西太多，行走不便，金人放弃了走陆路而选择了走水路，他们沿浙西运河北撤，经秀州（治今浙江嘉兴）、平江府、常州、镇江，出运河渡长江北返。

金人长于骑射，不习坐船，这一弃马登舟，给南宋军民提供了一个绝佳的报复机会。上一年闰八月，金军席卷南下的时候，朝廷紧急分命各军严守长江附近各要镇，其中韩世忠被封为浙西制置使，镇守镇江。金军北返渡江的时候，韩世忠将镇江的储存物资全都装船，将镇江城郭焚毁，离开了镇江。等到金军渡江占领建康后，韩世忠去了江阴。金军渡江后，一路占领州县，大肆剽掠。韩世忠知道金军坚持不了多久，将前军驻扎在通惠镇（在今上海青浦），中军驻江湾，后军驻海口，大治战舰，想等金军北上时给他们以重击。

建炎四年（1130年）三月初，韩世忠听说金人已到了平江，立刻移师镇江，在焦山寺列开阵势，磨刀洗剑，静静地等着完颜宗弼经过。

三月十五日，金军到了镇江。完颜宗弼船在海上颠簸连月，苦于找不到宋军的踪影，不能痛痛快快打一场水战，正遗憾万分，听说前面出现了宋军船队，不由又惊又喜：惊的是居然有宋军不知死活，敢出现在前面，挡我去路；喜的是这下可以过一过打水战的瘾了。于是遣人去与韩世忠联系，两人约日会战。

客观地说，完颜宗弼算得上是宋朝的一个可怕敌人，其战场应变极快，骑兵战术使用精湛，论军事能力，堪与历史上的许多名将相媲美。但要论水战，他在韩世忠面前就差得远了。

韩世忠料定金军一定会到附近的金山龙王庙观察自己的军队虚实，于是命人在庙中和山下的江边设伏，以鼓为号。金军果然去了金山龙王庙。预先埋伏的士卒闻鼓而出，金军被杀了个措手不及，慌忙逃跑。一个身着红袍骑白马的，从马上跳下来逃脱，待一查问，才知道是完颜宗弼。

过了两日，双方在长江互相冲锋，展开了一场恶战。只见江面上旌旗遮日，喊杀连天，韩世忠亲披甲胄，手舞长枪，站在船头与金人交战。双方战船互相冲锋，恶战了将近十回合。韩大将军给完颜宗弼好好地上了一课。

在此战役中，韩世忠的妻子梁氏亲执桴鼓助战，鼓舞了宋军士气，打得金兵全线溃退。完颜宗弼这才知道自己碰上了硬茬，派人向韩世忠表示自己愿把掳掠得来的全部财宝充当买路钱，请求韩世忠让出一条路。

完颜宗弼真是被打蒙了，他都没回过神来好好想想，自己现在上天无路，入地无门，一旦全军覆灭，那么自己所有的一切都是人家的了，人家又怎么会同意放行呢？果然，请求遭到了韩世忠的坚拒。可惜完颜宗弼智商低了一点儿，还没搞明白这个状况，执迷不悟，继续表示愿意大批量进献宝驹名马。在他看来，英雄必爱名马。可是韩世忠不接这个茬。完颜宗弼碰了一鼻子灰，满脸迷茫。

完颜宗弼只好从镇江溯流西上，韩世忠率师紧追。这么一来，完颜宗弼循南岸而行，韩世忠循北岸而行，双方且战且行。夜里，双方息战，但韩世忠的艨艟舰来去如飞，绕着金师前后来回乱窜，数里皆闻击柝之声，响彻通宵，给金军造成了巨大的心理压力。

就这样，双方战战停停，停停战战，不知不觉地来到了黄天荡。

黄天荡是一个死港湾，能进不能出。完颜宗弼被困在里面，自感途穷日暮，惶惑无计。有一个汉奸告诉他："不用怕，黄天荡里有一条老鹳河故道，现在虽湮塞，但咱们人多，可以挖去淤泥疏通，到时，就可以直通秦淮了。"完颜宗弼闻言大喜，依计而行。

众金兵齐心合力，一夕渠成，长达五十里。金军因此得以突围而出，驰往建康。

驻军潍州的完颜昌听说了完颜宗弼的窘境，特派遣悍将孛堇太一前来救援。韩世忠追金军至建康。完颜宗弼仍想引军北上，于是屯军于江的南面，孛堇太一出现在江的北面，形成了对韩世忠的南北夹击之势。

韩世忠屯军于江北，他不慌不忙，将自己的大海舰一字摆开，站在船头的健卒每人手持一条连接着利钩的大铁链，严阵以待。

第二日，韩世忠的海舟左右一分，变阵为两队，从侧面攻击敌船。将士将铁链掷出，呼呼风响，气势凌厉。铁钩钩上船板，一齐发力，金兵翻船无数。

完颜宗弼大败，亲自爬上船头，一个劲儿地请韩世忠出来谈谈，乞求的态度十分诚恳。韩世忠也很爽快地答应，站在船头高声道："交还我两宫皇帝，恢复我国疆土，才能放你一命。"这个事情，完颜宗弼哪里做得了主？一时语塞。会谈就此谈崩。

此后，完颜宗弼又接连多次请韩世忠出来聊聊。要说，聊聊就聊聊吧，可是他竟然神经短路，忘了自己是一个失败者的身份，一个劲儿地向胜利者韩世忠招降。这简直是找死！韩世忠一句话不说，弯弓搭箭，"嗖"的一箭射来，完颜宗弼吓得连滚带爬地跌入船舱。

完颜宗弼躲在自己的船里，遥见韩世忠的海舟乘风使篷往来如飞，无限悲戚地对部将说："南军使船如使马，奈何？"让他们传达命令，招募高人进献破舟之策。

有一个福建人，姓王，向完颜宗弼进献了一条"火攻"之计，即让金兵选一个风平浪静的日子向宋军出击，用火箭射他们的船，他们就可以不攻自破。完颜宗弼大喜过望。

四月二十五日，这天风平浪静，完颜宗弼召集将士，自己亲手做了三件事：一、命人找来一匹雪白无杂毛的宝马，在船上割喉沥血。二、从随行军妓中挑选出一名年轻有姿色的妇人，开膛破肚，取她的心！三、在自己的额头上开一条长长的口子，然后把额头上的皮扯下来，遮掩双眼。

做这三件事，是为了祭天——祈求老天爷保佑自己作战胜利。完颜宗弼似乎得到了神灵的许诺，勇气大增，遣舟出江，用火箭射宋船。

一时间，烟焰蔽天，人乱而呼，马惊而嘶，被焚与堕江者不可胜计。金人鼓棹，以轻舟追袭之，金鼓之声，震动天地。韩世忠只得狼狈不堪地退往瓜步，弃舟登陆，撤回镇江。

黄天荡一战，虽然以韩世忠最后的失败结束，但他以八千人压制金兵十万主力四十余日，充分打出了南宋人的斗志。清人赵翼的《黄天荡怀古》诗曰：

> 打岸狂涛卷白银，似闻桴鼓震江津。
> 归师独遇当强寇，兵气能扬到妇人。
> 有火谁教戎箭射，无风何意海舟沦。
> 建炎第一功终属，太息西湖竞角巾。

# 收复建康

完颜宗弼打退韩世忠，逃入了建康城。

自去年十一月底，金兵渡江、建康失守后，杜充降敌，岳飞就成了孤军，过上了打游击的日子。他辗转广德军（今安徽广德）、宜兴，收罗散寇，招抚流亡，于乱世中治军，使地方免于动乱，变成了抗金的力量。岳飞整军练兵，严格要求，最终训练出了一支让金兵闻风丧胆的军队——岳家军！其麾下著名的张宪、王贵、姚政、王万、徐庆等都是在这期间进入岳飞军中的。岳家军纪律严明，作风优良，而最让他们引以为傲的是他们的作战能力。四月份时，岳飞从宜兴到达位于建康城南三十里的清水亭，蓦然向建康城发动进攻，取得了捷战，收割金军两千多颗头颅，其中有一百七十五颗的耳朵佩戴着金环、银环，赫然都是女真人中有身份有地位的人；另外俘虏了女真人、渤海人、汉儿军四十三人，获马甲一百九十三副，弓、箭、刀、旗、金、鼓三千五百一十七件。

惊天动地、力挽狂澜的反击战由此开始。这支新军一击得手，再不可收拾，一路高歌猛进，连续四次向金兵发起猛攻，四战四捷。

岳飞心头大慰，"四海龙蛇寒食后，六陵风雨大江东"，看来自己已拥有了一支足够强大的军队，收复故土、重整河山已不再是梦想。

岳飞旗开得胜，将军队驻扎在清水亭西面十二里处的牛头山。牛头山虽然面积不大（约500公顷），海拔不高（主峰242.9米），可是山体多为三叠系黄马青组砂岩构成，奇峦突起，南北相对，遥望两峰争高，像两只牛角，怪石嶙峋，山径陡峭。完颜宗弼倒不敢贸然驱逐骑兵进攻，只在山下设置营寨，将山团团围住。

在《说岳全传》里，牛头山之战是全书的高潮，围绕着牛头山的争夺，展开了一个又一个慷慨悲壮的故事，出现了一个又一个的英雄人物。然而在真实的历史中，岳飞只是巧妙地施展了四两拨千斤的手法，便把完颜宗弼弄得团团转，最终将他打得落花流水，大败而走。

首先，岳飞命令一百人穿上夜行衣，趁夜幕降临，悄悄潜入金营中，四下点火，挥刀杀人。这一下子，金营就炸开了，人人自危，个个惊恐，很多金兵从睡梦中醒来，披头散发，鞋也顾不上穿，拎着刀子互相砍杀，争相逃命。结果砍杀了大半夜，发现只是虚惊一场，而地上躺着的全是自己战友的尸首，不由又气又恼。完颜宗弼更是吹胡子瞪眼睛，一肚子火没处发，下令从此"益逻卒于营外"①。

完颜宗弼的这个反应岳飞早已料到，他挑选出几十个身手矫健的士兵，吩咐他们白天睡觉，晚上出动，专门捕杀金营里的巡逻兵。

岳家军的士兵大多是河北逃难的难民，他们的家园被金人毁掉，亲人被金人杀害，这会儿有怨报怨，有仇报仇，四处制造恐怖气氛。以至到后来，对于金兵来说，轮值到做巡逻兵简直是一件无比恐怖的事。完颜宗弼气得直抓狂，不堪其扰，遂生退意。

牛头山之战，充分体现了岳飞的睿智，他并不急于歼灭或是赶跑敌军，而是尽最大可能地杀伤敌人有生力量，制造恐慌，这是极其难得的。

五月初十，完颜宗弼将队伍撤到龙湾，派人到建康城里大肆搜刮金、银、缣帛、骡马和民工。搜刮了整整一天后，十一日，金人大火焚烧建康府，撤出建康府城，由建康城西北十五里的靖安渡江，径往真州六合县宣化镇而去。一时间，从瓜步口到六合的舟船首尾相衔，接连不断，而建康城变成了一片灰烬。

岳飞看见城中火起，知道金兵要遁，亲率三百骑兵和两千步兵从牛头山飞驰而下，在南门新城砍杀追击，将刚刚登上舟船的金兵悉数捅下水中，顿时鲜血冒起，满江皆红。

---

① ［南宋］岳珂：《鄂国金佗稡编·卷五》。

完颜宗弼几次南下，都是逢战必胜，无论大城小寨，予求予取，只在黄天荡因为不习水战，吃了一个哑巴亏，对宋军的陆地作战能力轻视到了极点。这次被岳飞的暗杀活动搞得不胜其烦，内心里一直渴望能与岳飞堂堂正正打一次。听说岳飞出来活动了，便集结好军队兴冲冲赶来。

当他到了现场的时候，看见了一幕奇特的场景。完颜宗弼早就习惯了宋军由步兵组成方阵，做固守状，等待金军跃马扬刀冲入阵中将其尽情践踏的场景。但这一次，他看到的是整齐的宋军骑着马站在自己面前。此时他还不知道，他眼前的是第一猛将岳飞。

现在的岳飞是一个非常自信的人，他相信凭借自己的实力，可以击败纵横天下的大金骑兵。不用凭坚城掩护，无须借地形优势，就用他们金人的方式，击败他们！尽管这时岳飞手下的骑兵只有三百多人，但后面还有两千多名拿着盾牌的步兵。

完颜宗弼的神经被彻底搞乱了，这个阵势已经超越了他的理解能力，于是他下达命令，暂缓进攻，先观察对方到底在玩什么把戏。看了半天，他终于明白了——这是挑衅！

蔑视比杀戮更能刺痛人心。完颜宗弼的心被深深地刺痛了，他发出了怒吼："大金国骑兵纵横天下，南人孱弱，不能骑乘，今日却嚣张狂妄，要与我列骑对阵，分明找死。弟兄们，给我狠狠地打！"

总攻的号令一发出，双方的骑兵一齐向前冲锋。

不过接下来发生的事让完颜宗弼彻底傻了眼。面前这支宋军，人人眼里迸射出愤怒的火焰，跟打了鸡血似的，一点儿不害怕，手里持的大刀、大斧、狼牙棒抡起来呼呼作响，接触上就盔开甲绽。他们战斗力极强，见人就往死里打，身中数箭数刀，依然死战不退。

说实话，岳家军里的成员确实和其他的宋军士兵不大相同，不但是因为他们经过严格的训练，更为重要的原因在于他们和金人有杀父之仇、夺妻之恨，这时候不拼命还待何时？

在这群恐怖的对手面前，战无不胜的金军终于体验到了一种前所未有的恐惧，军心崩溃。

完颜宗弼从建康败出。他终于明白了自己这次遇上的是一个真正强劲的对手，失利使他们的队伍士气直线下降，悲观厌战的情绪弥漫了全军。日暮时分，岳飞收众入城安抚百姓。贼虏消失得干干净净，没有一骑留下。

这一战，岳家军斩首秃发耳垂环者三千余级，伏尸十余里，降金卒千余人，万户、千户二十余人，得马三百匹，铠、仗、旗、鼓以数万计，牛、驴、辎重甚众，战利品堆积如山。

自建炎元年和建炎四年金军接连两次从淮南用兵，虽然将南宋军队打得落花流水，使南宋政府被迫颠沛流离，甚至从海上逃生，但金国也看到了南宋的顽抗，尤其是黄天荡之围和牛头山被岳飞的岳家军打得大败，金国认识到南宋仍有相当的战斗力，不是一时能被灭亡的。再加上宋地所处的江南，水路纵横，地势卑湿，并不利于金军的骑军驰骋。金军自渡江后战线过长，粮草难以接济，面临巨大损耗。于是金国的略宋政策随之发生了改变。

金国最高决策者召开会议，就"如何才能灭亡南宋"的问题展开了热烈的讨论。会议最后决定：扶植一个傀儡政权，"以和议佐攻战，以僭逆诱叛党"，让它接管自己在两淮开辟起来的战场；而金国一方面倾力经营河北，巩固后方，另一方面扩大川陕战场，从陕西进入四川，顺流而下，实施迂回大包围，一举灭宋。

七月，金国就在河北建立了一个傀儡政权——伪齐，册封河北阜城人刘豫为伪齐皇帝，接着调兵遣将，任命右副元帅完颜宗辅为金军主帅率兵入陕，与完颜娄室合兵，并征调完颜宗弼一军，由两淮入陕。这样一来，两淮战场就进入了战略相持阶段。

# 鏖战楚州

完颜宗弼从建康进入六合，想走运河北归，转入西战场。但楚州、泗州、涟水军镇抚使兼楚州知州赵立和承州（治今江苏高邮）、天长军镇抚使薛庆两人扼守在要道上，将完颜宗弼的"还乡团"屡次拦腰猛击，让完颜宗弼吃足苦头。

为打通沿运河北上的水路，救援被堵截的小弟，金军东路军主将元帅左监军完颜昌于五月初率军赶赴六合县，与完颜宗弼会兵攻打位于淮河、运河交汇处的楚州，清扫路障。

真州、扬州镇抚使郭仲威收到风声，赶紧派人约据守在承州的薛庆提兵前来扬州和自己一起合击完颜宗弼哥儿俩。

薛庆是个血性男儿，马上集结军队如约而来。然而让薛庆万万没想到的是郭仲威却是个反复无常之徒。到了扬州，郭仲威突然反悔，竟然置酒高会，闭口不提出师迎敌之事。薛庆大怒，独自率领本部人马与金人转战十余里，最后寡不敌众，只好仓皇退回扬州。

郭仲威据坐城头，把酒临风，非但不肯发兵援助，反而闭门不让薛庆入城。可怜的薛庆只好回头和敌人作殊死搏斗，力尽，为追骑捉住杀死。薛庆从承州带来的将士也全部壮烈牺牲。

金人擒杀了薛庆，暂时退去。

郭仲威却对金人的兵威心存惊悸，不敢再守扬州，带上家眷，满携金银细软，犹如丧家犬般连夜逃奔兴化。

扬州和承州两城的主将既失，两城也很快失陷。完颜宗弼和完颜昌两路大军得以从容会师，合围楚州。楚州由此四面无援，孤城独处，形势岌岌可危。

镇守楚州的是赵立。

赵立，徐州张益村人，容貌壮伟，性情豪爽。他大字不识一个，却有一股与生俱来的忠义之气。初投军时，和岳飞一样，是一名"敢战士"，打起仗来极为凶横，每次都冲锋在前，杀人不眨眼，砍头如切菜，是世间罕见的狠角色。赵立每提到金人都咬牙切齿，恨不能生啖其肉，发誓与金人不共戴天，凡是俘虏了金人，一律砍断肢体示众。由于他从来没向赵构献过一次战俘，因而职位久不能升。建炎三年（1129年）正月金人第四次南下略宋，围攻徐州，赵立率众为收复徐州而战斗，很快就收复了徐州。然而徐州只是一座孤城，难以固守，赵立不久率军南下。到了十二月，完颜昌疯狂围攻楚州，形势危急，城内通守贾敦诗几欲献城投降。赵立奉命从建康率军前往救援，一路上且战且行，两颊中流矢，都不能说话了，只能用手指挥战斗，入城后拔出箭镞，鲜血喷射，将士睹之色变。当时，在赵立的坚决抵抗下，完颜昌久攻不下，被迫撤军。赵构因此任命赵立为楚州知州，镇守楚州。当时的赵立不会想到一年之后，在楚州他将继续谱写属于他的传奇直至生命的终点，立下不朽功绩，并为这个城市的人世代传颂。

完颜宗弼曾派人送了大量金银财宝给赵立，希望能从楚州买一条路回家，赵立二话不说，拔出宝剑将金使按倒直接放血。完颜宗弼恼羞成怒，在楚州城外设置南北两寨，断绝楚州的饷道。赵立得讯，带了六名骑将出城，让他们分立在护城河上的吊桥前，自己拍马驰向金人的营寨，大呼道："我是镇抚使，你们的首领骁将快来接战！"

金人的南寨马上杀出二名骑将，手挺长枪，口中哇哇怪叫着，旋风一样向赵立杀来。

赵立空着两手，口中冷笑，等金人的两条长枪刺出。说时迟，那时快，赵立两手张开，如张簸箕，左右开弓，分别捉住两条枪杆，口中暴喝："过来！"声如焦雷，两臂较力，两名金将应声坠地。赵立抖动两条长枪，对准两金将的面门，用力一插，两名金将当场身亡。

赵立哈哈大笑，放开枪杆，仍旧空着两只手，牵过两匹马，转身将还。金人北寨中呼啦啦地冲出五十余名骑将追赵立。赵立拨转马头，虎目圆睁，大喝一声，犹如长坂坡前的张飞重生。金人竟然惊吓得控制不住马匹，纷纷退去。

第二日，金人在城外布下阵势，分三个战阵邀战。赵立当即也布了三阵应战。

金人用数百铁甲骑兵冲开赵立的步兵方阵，四下合围，将赵立围在正中。赵立奋身突围，手持长槊，左冲右突，口中大呼。金人落马者不计其数。

这次完颜宗弼和完颜昌合兵一处，将打一家，共同围攻楚州。赵立虽然作战勇猛，但城中粮草将尽，只得连连向朝廷告急。签书枢密院事赵鼎的意思是张俊主持长江中上游军务，应该由他援救，并让岳飞隶属张俊节制，一同发兵。

张俊为人奸猾，认定金兵势大，万不能从，推辞说："敌人刚刚会师，气势正盛，完颜昌用兵如神，其锋不可当。楚州孤垒，危在旦夕。若发兵拯救，无异于徒手搏虎，自取灭亡。当下之计，只有坐看赵立自生自灭，不必再投入兵力，枉送士卒性命。"

看着张俊一脸欠揍的表情，赵鼎怒道："楚州地处前线，庇护两淮，如果弃之不救，不但将两淮以南之地暴露在敌人刀锋之下，而且会让诸镇将领寒心。"

张俊强词夺理道："救理论上是要救的。但南渡以来，朝廷的根基尚未牢固，宿卫寡弱，人心易摇，如果拯救失败，军力又减，局势将不可收拾。"

赵鼎见说不动张俊，只好向赵构申诉道："朝廷重建，全仗两淮拱卫，如果楚州失陷，则大势去矣。发兵拯救楚州，不但是救垂亡之城，而且也是激励诸将尽忠的绝好时机。皇上，如果张俊同意发兵，臣愿意和他一起上前线。"

张俊一听，又气又恼，推三阻四，大找客观理由，坚持不肯出兵救援。

赵构看见张俊畏敌如虎的样子，虽然大为不满，但张俊手握重兵，也不便向他发作。怎么办呢？想来想去，赵构只好改命刘光世发兵前去援救楚州。但刘光世跟张俊一丘之貉，同样无法指望。诏令是在建炎四年（1130年）八月十九日发布的，到了八月底，他一点儿反应都没有。

楚州的形势越来越危急！楚州城内的军民中，有几千是赵立从徐州带来的，其中的老弱民众居半，原籍楚州的将兵有两千，楚州辖下的四县民兵约五千，共不满万人。刚开始围城的时候，城中尚有野豆、野麦可以食用，围城时间一长，军民没吃的了，只能以草木为食，甚至有人用刀子削榆皮屑吃。告急书也因此一封比一封发得急。

赵构数次使人催促刘光世亲率兵渡江，刘光世都置若罔闻，不予理睬。赵构急了，对赵鼎说："光发公文不足以表达我的意思，卿可替我写一封长信，把情况详详细细告诉他。"但刘光世依然故我，坚持不动窝。

时间推至八月底，楚州垂垂危矣。赵构给刘光世连下了五道由金字牌快递发送的亲笔手诏，并由枢密院发了十九道公文。刘光世仍是心坚如磐石，身体稳若泰山，纹丝不动，左右不肯过江。赵构急得不行，几乎就要破口骂娘了，刘光世这才做出了点儿表示：派统制官王德与郦琼带了两千人过江拯救楚州。

王德、郦琼二人也知道单凭自己这两千人去解救楚州之围，根本就不可能完成任务。于是充分领会了刘大帅的战略思想，在淮南搞了几天武装游行，走走过场就回去了。

知道已经没有人来救援了，完颜昌忍不住手舞足蹈，兴奋无比，更加紧围困。楚州城破，就在弹指之间。然而一件他意想不到的事情发生了。有人报告在承州方向出现了一支宋军，该军人数不多，来势凶猛，锐不可当，已经三次打败了驻守承州的金军。居然有这种事？我兵威赫赫，如日中天，避我者生，触我者死，是谁，这么不知好歹？！

不过，来者不善，善者不来，镇守承州的金军既然已经三次失利，完颜昌也不敢怠慢，命爱将阿主里孛堇火速提兵前去支援承州。完颜昌以为只要阿主里孛堇出马，很快就可以将这支宋军扑灭。可结果又一次出乎他的意料，第三天，他收到的战报如下：承州已被该宋军收复，金军七十多名高级将领被俘，其中包括奉命镇守承州的金国大将高大保，还有前往援助的阿主里孛堇！

完颜昌乍听战报，一时竟目瞪口呆，手中的酒杯"当啷"落地，跌得粉碎。等醒悟过来，忙不迭地调兵遣将，集结起重兵，向承州附近的三墩猛扑，企图将这支宋军一举击溃。

然而溃败的却是他发出的重兵。

完颜昌又接连五次对这支军队进行围堵，五次均被冲溃。令他更为奇怪的是，这支队伍每次冲出包围圈，都没有改变行军方向的意图，还是一如既往地向楚州城靠拢。

按理说，这样的一支把自己行动方向完全公开的部队，可是犯了兵家大忌，很容易在行进途中被歼灭。当年南朝梁名将陈庆之够牛了，从铚县打到洛阳，前后作战四十七次，攻城略寨三十二座，可是到后来终归全军覆灭。究其原因，就是他的行军路线已被对手摸清，越到后来，兵力越少，最后不免被剿灭。现在率领这支部队的人似乎要和陈庆之比牛，遇神杀神，遇鬼杀鬼，兵锋直指楚州城。

告诉我，这支宋军的指挥官是谁？！完颜昌眼睛暴瞪如铜铃，怒不可遏。

这支军队的指挥官堪称完颜昌一生之中遇到的最为强劲的对手，没有之一——岳飞！

原来，赵构发现自己根本支使不动张俊和刘光世这两位大爷，只好改命岳飞隶属刘光世节制，由他率兵从金人腹背掩击，缓解楚州的险情。当然，他明白岳飞一军兵少，单靠他一支孤军是无法解救楚州的，于是继续下诏催促刘光世发兵配同作战。

赵构让岳飞救援楚州的诏令是在八月十九日正式发布的。使者还没出发，岳飞却在头一天，八月十八日，从泰州赶回宜兴，尽提所部兵奔赴楚州了，八月二十三日就到了江阴。由于找不到船只，只能滞留于长江南岸。

岳飞得知楚州形势危如累卵，顾不得等大部队过江，自己通过找来的几条民船抢先带了几十精骑过江，于八月二十六日回到泰州。直到九月初九重阳这天，岳飞的一万多士兵才全部渡过长江，而差不多就在同一时间，王德、郦琼带领的"旅游团"已经结束了美妙的"淮南七日游"，大摇大摆打道回府。岳飞孤军前行，形势非常不妙。

完颜昌继续分兵南下，一方面责令诸将无论如何也不能让这支宋军靠近楚州城，一方面加快对楚州城的进攻。

九月十六日，完颜昌调动来了大批诸如云梯、火梯、偏桥、鹅车、洞子、对楼等攻城器具，将护城河填平，千梯并举，万军奋进，从东城大举进攻。金人野战长于用骑，经历灭辽略宋的多次战争，攻城善于用石炮，他们在城下摆列出石炮一百多座，威力最大的七梢炮可以抛掷五六十斤的巨石，而撒星炮则可以一次性发射石块数十枚。石炮以鼓声为号，同时发射，飞石如雨。

赵立率兵在城上抵御，用松脂油焚烧架在城墙上的云梯。九月西风大作，无法燃烧，赵立叹道："岂天未助顺乎？"

话音未毕，突然有石炮从前面飞来，正击中头部，赵立大吼一声，翻身倒地。左右赶紧上前把他救回。赵立的口鼻严重变形，眼珠突出，七窍流血，面目可怖，仍艰难地喃喃自语道："我再也不能为国杀敌了！"未已，气绝，享年二十七岁。

城中人得知赵立的死讯，自知城必破，失声痛哭不可遏止。

众人另外推举参议官程括权任镇抚使带领大家守城。敌人的攻势越来越猛，城破在即，城内众人连夜焚香朝东南方向跪拜，流泪不止。

九月二十九日，楚州城破。城内民兵夺门而出，像万五、石琦、蔚亨这些首领，人称"千人敌"，全都杀开一条血路，逃出生天。有一个叫左彬的大将，不忍抛弃自己的妻子，用一条大绳把妻子绑在自己背上，跳上战马，手提大刀，争门而出，手杀数十人，最后力困壮烈战死，死状让人睹之肃然起敬。

金人南侵以来，所过名城大多数是虚声恫吓，迫胁守城将士投降，以至吞城略寨，如探囊取物。楚州一战，金人损失惨重，赵立的威名也因此在金人中广为传颂。

　　南宋朝野得知赵立的死讯，无不叹息，称虽张巡、许远也不过如此。赵构曾评赵立道："立坚守孤城，虽古名将无以逾之。"①

_____

① ［元］脱脱等：《宋史·卷四百四十八·列传第二百〇七》。

# 第六章

## 川陕争夺战

1100
1141

# 陕西内讧

建炎二年（1128年），宗泽死后，金主吴乞买提出再一次对南宋用兵。在讨论进军路线问题时，当时将士们出现了两种意见。以完颜宗辅、完颜宗弼为首的东路军将领建议取消入陕的西路军，将三路改作一路，并力南伐。对此，中路军的主将完颜宗翰是不同意的，他说："陕西与西夏相接，如果我们舍陕西而专攻河北，西夏人会误以为我们不行了，极有可能会乘间窃发，对我军进行袭击，所以陕西战场万不可舍。宋人积弱，河北易得，只要搞定陕西，打垮沿边五路，就可以震慑西夏，从容取宋。"他甚至建议舍弃江淮战场，会师入攻陕西。

基于这两种意见，吴乞买兵分了两路，派完颜宗辅、完颜宗弼、完颜宗翰率东路军全面攻打两淮的同时，让完颜娄室率西路军入陕。

这次，完颜娄室改变了策略，他一改上一年那种一味往陕西纵深突击的做法，准备从东部稳扎稳打地逐步往西推进，并将第一轮打击重点放在了中线。

建炎二年九月二日，完颜娄室率部沿渭水西进，进攻长安，沿路连克华、蒲、同、丹①等州。

九月十三日，永兴军经略使郭琰放弃长安城，退保义谷，长安被金军占领。

形势紧急，陕西制置使王庶下令各路经略安抚使火速发兵到耀州一带集结，组建一支由节制司直接指挥的大兵团，与金军决战。各路经略安抚

---

① 丹州，治今陕西宜川。

司依旧不买他的账，只是应付性地抽调了少量人马入聚耀州。

各路安抚司发来的军马虽然少，好歹集结成了一支军队，但王庶自己单位里的都统制曲端却唱起了反调。

几个月前，王庶为了壮大自己的实力，要求朝廷把曲端调到自己手下，于是朝廷升任王庶为节制陕西六路军马，曲端为制司的都统制。可是曲端不干！他鄙视王庶，不愿在王庶手下打工。他认为与其在王庶手下打工，不如自己在泾原路单干！他人虽到了鄜延路，但一直等待着时机要拿王庶一把。

这不，时机来了！曲端向王庶耍起流氓来，说自己早已向朝廷递交了辞职报告，无权指挥战斗，不能集结军队赶赴耀州了。王庶气得直翘胡子。但是也没办法，只能放低姿态好好求他。

王庶原先以为他有足够的智慧可以镇住曲端，所以才将这样一个刺头招来。现在他才发觉自己错了，他根本驾驭不了曲端。曲端原本就是一个不安分的主，他在泾原路飞扬跋扈，将上司席贡架空，大抢风头。这些事王庶肯定是知道的。但是他还是愿意将其招到自己手下，就是因为他太自负，相信自己的驾驭能力。然而现实教他做人！现在王庶才结结实实认识了曲端的手腕。

王庶低声下气地求曲端，请他务必在辞职前站好最后一班岗，打好这一仗。但是看着王庶像孙子一样求自己，曲端仍旧拒绝发兵。王庶实在没法了，只好使出最后一招：解除曲端节制司都统制的职务，另外安排其他人统军。

这下轮到曲端傻眼了。他没料到王庶会来这手，一个劲儿地后悔玩笑开大了。在战场上拼杀了半辈子，好不容易才拼来这个职位，怎么能说没就没了呢？他只好灰溜溜地写信给王庶，说自己又改变主意了，马上就整军赶赴耀州，为国效力。王庶正有借坡下驴，宣布收回曲端的免职令。

但曲端实在不是东西，他重执了兵柄，却不按王庶原定的计划行事，而是将军队开往邠州淳化县，毫无决战心思，只分遣节制司统制贺师范、环庆将刘任忠、泾原将寇鲜向南做试探性进攻。结果贺师范在八公原遭遇金兵，猝不及防，全军落败，本人也战死沙场。刘任忠和寇鼒见势不好，各自率军回到环庆、泾原去了。

金军也由此得知曲端与王庶将帅不和的内情。完颜娄室一琢磨，宋军鄜延路节制司的主力既被曲端带往了淳化，延安府的防务必定空虚，现在乘虚而击，一定会收到意想不到的效果。十一月，完颜娄室挥军向北，大举进攻延安府。

这下悲催了！王庶知道凭借自己手头这点军马很难抵御金军的进攻，放弃延安府吧，又怕上面追责，只好一面调兵遣将作坚守计，一面派人游说曲端回师救援。曲端不肯从大局出发，反而认为这是除掉王庶的好机会，拒绝发兵。王庶急了，再三催促。曲端终于同意发兵。可是一连过了三日，大军还是没有开拔的迹象。曲端的随军副将权转运判官张彬沉不住气了，问曲端到底什么时候动身。曲端微微一笑，意味深长地问："你看我现在的队伍和李纲救太原时的队伍相比声势如何？"张彬不知他的用意，据实答道："比不上李纲当年的队伍。"

这不就结了！曲端跳起来大声说："李纲大召天下兵马，不量力而往，以致败北。现在我曲端兵不满万，一旦战败，敌骑长驱直入，全陕西都得丢失。全陕西与鄜延一路孰重孰轻？这个责任我可负不起。当下之计只有直捣巢穴，攻其必救。"

第二天，曲端置危如累卵的延安府于不顾，命泾原兵马都监吴玠攻华州，自己则领兵攻蒲城。

曲端自称攻敌必救，可金人的指挥部并不在这两地，而且金人根本就没在华州、蒲城设置一兵一卒。曲端的用意昭然若揭！

当吴玠轻轻松松地收复了华州后，曲端就突然推翻了自己原先的计划，放弃蒲城不打，命令吴玠到襄乐（在今甘肃宁县东北）与自己会师。到了襄乐，又冒着寒风大雪把军队拉入到深山之中，远离金军五百里。这样做无非是远远避开战场，耳不闻眼不见，让王庶早死早投胎。

完颜娄室领会到曲端的意图，不由得大笑。他再无后顾之忧，源源不断地将兵力投入鄜延路，尽情猛攻延安府。

王庶亲自率军挡在鄜州（治今陕西富县）的要道之上，统制官庞世才则率军抵挡来犯延安之敌。大雪纷飞中，庞世才战败。十一月十二日，延安府西城失陷，权府事刘选与马步军总管马忠仓皇遁去。临走他们不忘招呼通判魏彦明一同逃命。魏彦明却大呼道："我去了，城中百姓怎么办？延安城以外，没有我的葬身之地！"

金人蜂拥而入，魏彦明率部在子城楼犹自力战不已。金人捉住了他的家眷，押到城楼下向他招降。魏彦明怒道："我家世代食大宋俸禄，你等休想让我背叛国家！"完颜娄室恼羞成怒，发兵围攻，魏彦明浴血战死。

既得延安府，金军趁胜扩大战果，连克绥德军及靖边、怀远等十六城寨，之后还攻破了青涧城（今陕西清涧）。鄜延路的宋军经此打击，作为一个独立的方面军已不复存在了。

号称"五路襟喉"的延安府失守，王庶痛急攻心，却又无可奈何。现在驻地已丢，原属于鄜延路的主力部队还在襄乐，于是王庶将手下残余的军队暂交驻军在甘泉的温州观察使、新知凤翔府王燮，自己仅带了百余骑赶往襄乐。

去的路上，王庶多了个心眼，生怕曲端的部队不听自己的号令，特意把节制使印带在了身上。可是他还是失算了。好不容易到了襄乐找到了曲端的大营，曲端的卫兵却命令王庶每进一道门就要减少从骑一半。王庶吸了口凉气，感觉有些不妙。

接不接受曲端的要求？犹豫只在一闪念间。曲端军令严酷，平日到军营拜访他的官员，就算是很有地位的也不敢怠慢。虽然他只是自己手下的都统制，可军队却在他手中。自己风尘仆仆来了，难道就这样回去？自己现在带有节制使印在身，谅他曲端不敢怎么样。王庶一挥手，下令同来的骑兵接受曲端的指令。结果到了曲端帐前，他的身边仅剩几名卫兵。

曲端居高临下地责问延安失守的情况，带着揶揄的口吻说："王节制但知爱惜自己的性命，却不知为天子爱惜城池？"

王庶反唇相讥道："我多次下令你都不执行，到底是谁爱惜自己的性命？"

曲端一愣，恼羞成怒道："我在耀州屡次向你提出军事建议，你却一字不纳，是什么缘故？"说完拂袖而去。

当晚曲端磨刀霍霍，准备弄死王庶，抢班夺权。但又觉得这样终究有些名不正言不顺，便夜走宁州（治今甘肃宁县），前去拜见陕西抚谕使、主客员外郎谢亮。他对谢亮说："延安五路已失，这全是王庶一手造成的。《春秋》上说大夫出疆域之外，可以自主决定事情。请你协助我将他诛杀。"谢亮大惊失色，说："做什么事情都要有上面的指令，擅自诛杀大臣，属于跋扈行为，我不敢这么干，要干你自己干！"

曲端碰了一鼻子灰，悻悻而回。第二天，他将王庶带来的骑兵全部拘留，夺了王庶的节制使印，将他扫地出门。可怜的王庶，弄巧成拙，千里迢迢地给曲端送来了节制使印。

曲端听说王庶的军队停驻在甘泉王燮处，便派人去让王燮领兵来会合。王燮对曲端这种军阀作风大为不满，不予理会。曲端勃然大怒，借口王燮军过邠州，纵军士掳掠百姓财物，并命统制官张中孚率兵将王燮"请"来。他恶狠狠地对张中孚说："王燮敢不听，就斩了他提头来见。"所幸王燮见形势不妙，率军往四川而去，让张中孚扑了个空。

# 晋宁城下

接着，完颜娄室率军向河东路最后的堡垒——麟州、府州、丰州发起进攻。

麟、府、丰三州地处陕西最北端，是宋夏对峙中宋朝河东路的重要障蔽，一直以来是宋夏共争之地。此外这里还出产良马，是中原政府罕有的战马产地。靖康元年（1126年），金军南下攻宋时，为了避免两面树敌，曾答应将三州之地无偿给西夏。第二次汴京之围时，宋钦宗为了让金军撤军，同意割让黄河以北的河东、河西的州府，将麟、府、丰三州及岚、石等州给西夏。当夏人拿着宋廷的割地诏书来收地时，当时在晋宁军有一个武官叫徐徽言——他的官职是武经郎、知晋宁军兼岚石路沿边安抚使，拒绝接受朝廷的诏书，反对割让三地。他跃马挺枪，把前来接收河西三州的西夏军全部赶出境外，收复了麟、府、丰三州。他还收集大量河东路的宋军残军，联结了数十万汾、晋豪杰义士，准备捣太原、取雁门，收复故地。徐徽言所做的这些并不是为他个人谋私利，而是为整个国家、整个民族。府州原属折可求家的世袭封地，刚一收复，徐徽言便交还给了折可求，自己率军返回晋宁。

完颜娄室就看准了折可求是个窝囊废，所以这次进攻河东路，他率先去攻打府州。建炎二年（1128年）十一月，完颜娄室生擒折可求的儿子，迫降了折可求一家，之后顺利拿下麟、府、丰二州。可叹折可求堂堂的"折家军"后人，竟然屈膝做了金国的走狗，主动请求为向导，和完颜娄室的儿子完颜和尼领三路大军向徐徽言的晋宁军杀来。

晋宁军北面便是已经沦陷的麟、府、丰三州，东面是黄河，西面是西夏，南面是失陷的延安：晋宁军已经完全陷入了金军的合围之中。但徐徽言却毫不动摇，据城坚守。

折可求将晋宁军团团围住，亲自到城下劝降。他拍马越众而出，仰面大叫道："徽言啊，看在你我的情分上，就不要做无谓的抵抗了，弃械投降吧。"

徐徽言的女儿嫁给了折可求的儿子，两人是姻亲。徐徽言眼圈发红，两手挽弓，身体微微颤抖，厉声说："你对国家无情，我和你还有什么情分？不但我无情，这支箭更无情！"话音未落，一箭射出。徐徽言是武状元出身，这一箭发出，岂有不中之理？只听"嗖"的一声，折可求应声倒地。

这一变故出乎众人的意料，谁也没想到徐徽言竟然这么狠！宋金双方士兵全都震惊了。

折可求并没死，他爬起来，往后狂呼暴走。徐徽言出兵纵击。金兵阵脚大乱，纷纷倒退。完颜娄室的儿子完颜和尼躲避不及，竟被乱军砍死。

完颜和尼是完颜娄室最心爱的儿子，很早就随父征战，久经战阵。这次不明不白地死在徐徽言手下，完颜娄室岂能善罢甘休？

第二天，完颜娄室大发雄兵，猛攻晋宁城，誓要将徐徽言碎尸万段。徐徽言坚壁持久，激励将士，安抚伤员，与金兵连番鏖战，杀敌不计其数。

随着攻防战的不断持续，城中的战斗力减员严重，徐徽言安排诸将画隔分守，敌人一来就致力死守，另由健卒组成的机动部队则往来游援。为了弥补战斗力的不足，徐徽言又找来几个精通水性的游泳健卒潜泳过河，把那些逃亡到山谷里的百姓动员起来，浮筏西渡，在河边不断骚扰金兵。

晋宁城的外城广阔，由黄河引水护城，城壕深不可测，城墙高大雄固，里面备械齐整。强攻看来是不行的了。不过，完颜娄室是一个老谋深算之徒，他耐心地寻找着破城的办法，终于找到晋宁城的死穴。

晋宁城依仗黄河护城，号称天下险，但恰恰是因为有黄河护城，城中竟然没有水井，所有的饮用水都是由城外的佳芦河引入。得知这一点，完颜娄室豁然开朗，大笑道："晋宁可得矣！"

他命人将晋宁城团团围起不打，派人四下运来石、木、竹、草，堵在佳芦河上游，以此断绝了晋宁城的水源。不久城中缺水，人人惴忧，都感到末日降临了。

徐徽言自知大势已去，给兄长徐昌言留下一封信，表达了自己必死的决心，同时要兄长勉力国事。接着吩咐手下把守城的器械悉数毁掉，准备好大刀长枪，做最后一搏。

建炎三年（1129年）二月，饥渴难耐的监门官石赟打开晋宁外城城门投敌。徐徽言和太原路兵马都监孙昂誓死抵抗，却堵不住如洪水一般涌入的金兵，只得退入内城。

当天晚上，徐徽言把妻子孩子关在房内，放了一把大火。火焰冲天，浓烟滚滚，耳闻妻儿老小撕心裂肺的哀号声，徐徽言泪流满面，他执剑在手，慷慨激昂地对将士说："我是天子委任的守土大臣，不能落在敌人手中受辱。"说完举剑就要抹脖子。将士们眼疾手快，上前拦的拦、抱的抱，将他的宝剑夺了下来。

外面杀声大起，金兵攻破内城冲了进来，将身无寸铁的徐徽言逮了个正着。不一会儿，完颜娄室来了。他听说徐徽言已经被控制了起来，忍不住仰天狞笑，笑声阴鸷刺耳，让人不寒而栗。然而当他真正看见徐徽言时，却笑不出来了。站在他面前的这个人浑身是血，手臂、胸前、额头，特别是脖子，血淋淋的。

有人附在完颜娄室耳边，悄悄把徐徽言纵火焚烧全家及拔剑自刎的经过说了一遍。完颜娄室震惊了。他看了看徐徽言身后倒塌的房屋，又是敬佩，又是畏惧，用一种从来没有过的语气温言相劝："你们的两个皇帝都已被我们捉走了，你说你拼了命地守城，到底是在为谁守呀？"

徐徽言凛然作色道，"我为建炎天子守！"

完颜娄室又嘿嘿冷笑道："我大兵南来，中原的归属还不得而知，你这是何苦呢？"

徐徽言怒斥道："恨我不能斩下你的脑袋叩见天子，现在只有一死报太祖、太宗，其他什么也不需要知道！"

完颜娄室慢吞吞地掏出一个金字小制牌，说："只要你投降，我可以让你世代当延安元帅，甚至把全陕西的地盘都交给你管理。"

"呸！"徐徽言厉声斥责道，"我受国家厚恩，为国而死，死得其所，岂能向你等屈膝！请你亲手杀了我，不要让其他无名之辈污了我的身体。"

完颜娄室无奈，抽刀做砍劈状。徐徽言披衽迎刃，意气自若。

完颜娄室悻悻地放下刀，命人拿来一杯酒赔笑说好话。

徐徽言持杯向他的脸上一掷，喝道："我岂能饮你等狗贼的酒？"

完颜娄室知道劝降是没有什么效果了，他抹了抹脸上的酒水，挥挥手，命人将徐徽言拖下去射杀。

和徐徽言一同就义的还有太原府路兵马都监孙昂，这位孙昂正是当年驰援太原城的猛将孙翊之子。正所谓将门虎子，父子二人都是忠义救急，为国捐躯，可敬可叹！

# 陕州之战

　　晋宁既破，金人又乘胜返军攻取鄜州。建炎三年（1129年）三月底，金军已占领了整个鄜延路；而永兴军还处于宋金双方的拉锯抢夺中，其余陕甘四路还在宋军手中。

　　考虑到陕州是豫、晋、陕三省的交界点，是连接关内与中原的战略要地，在攻陷了延安、晋宁后，完颜娄室决心集结重兵，一定要将陕州这颗眼中钉、肉中刺拔出来。十二月，完颜娄室以叛将折可求为前锋，亲率十万大军扑向陕州。此时，陕州的守将是李彦仙。

　　建炎二年（1128年）初，金军第三次攻宋，同、华、秦、凤等诸州沦陷，陕西大震，鄜延经略使王庶号召两河豪杰共同讨贼，李彦仙响应，一月之内连破敌寨五十余座，胜利收复陕州。接着他乘胜渡过黄河，在中条诸山分头扎寨，四面出兵，连战连捷，威名远播，周围军民纷纷来附。当时远在扬州的赵构听说了李彦仙的战绩，喜不自胜，将他任命为知陕州兼安抚使，迁武节郎、阁门宣赞舍人。

　　自建炎二年（1128年）春到建炎三年底，整整两年时间里，李彦仙与金军接战大小二百余仗，给金军的后方造成了极大威胁，有力地策应了沿边五路的抗金斗争。

　　完颜娄室慑于李彦仙的威名，他感到要拿下陕西，陕州就是一个必须拔掉的钉子！

　　到了陕州城下，完颜娄室将自己的十万人马分成十队，从建炎四年（1130年）正月初一开始，每日一队对城池实施进攻，昼夜不停，十日轮过，再聚集十军并攻，并攻不下，再分开十队，依次轮流再攻，扬言三旬必拔。

于是从大年初一开始，陕州城就陷入了无休止的攻守战中，每日杀声不断，每日都有无数的羽箭射到城上，每日都有大大小小的石块抛到城里。而射到城上的羽箭又被搜集起来，像雨一样射到城下；落在城里的石块又被搬起来，一块一块砸到了城下。——血腥、激烈的战斗每日都在单调乏味地重复着。

面对来势凶猛、气焰嚣张的强敌，李彦仙亲登谯楼，镇定自若，一边饮酒，一边令手下大作鼓乐，做好了誓死守城的准备。

作为守方，一旦缺乏援军，缺乏军需的补充，看不到取胜的希望，军心就会沮丧，士气就会动摇。为此，李彦仙不断给将士打气，还亲自带领敢死队趁夜缒城而出，纵火焚烧金人的攻城器具，掠抢金人的粮草。

然而，在数倍于己的强敌面前，这种玩命的打法换来的成效并不是很大。形势越来越危急。先是断粮。没有了吃的，李彦仙从民窖里找到一点儿豆子，拿来煮熟后散发给部众充饥，自己只喝一点儿豆汁。但这也维持不了多久了，州城陷落就在眨眼之间……

现在河北、河南、河东的宋军都已经溃败得不成样子，而陕西又打成了一锅粥。节制陕西六路军马的陕西制置使王庶若在以前多少还能为李彦仙进行声援，但现在他已经被曲端赶走了。现在李彦仙还能靠谁呢？

李彦仙还不知道，王庶被赶走后（王庶被曲端夺了节制使印后，朝廷命其去守长安，不久因母逝丁忧），赵构已经另派了一个能力比王庶强得多的人来。这人就是南宋赫赫有名的"中兴名相"张浚。他是在去年五月被任命为宣抚处置使，接替王庶之前的工作的。

张浚，字德远，汉州绵竹人，由太学中进士第，初为太常簿。赵构在应天登基的时候，张浚是第一批前来报到的前朝官员之一，被授枢密院编修官，改虞部郎，擢殿中侍御史。赵构巡幸扬州，张浚建议说："中原乃天下之根本，请皇上下命令给我，我愿代皇上修葺东京，整顿关陕、襄邓，以待圣驾巡幸。"赵构非常欣赏张浚的为人，说："爱卿知无不言，言无不尽，我正想一飞冲天而无羽翼，爱卿一定得留下助我一臂之力。"

本次金军东路军南下进军捉拿赵构，赵构连夜逃到杭州，到了杭州发生了苗刘兵变，好在有张浚从容策划调度，将之迅速平息，张浚因此被授中大夫、知枢密院事。此时张浚只有三十三岁，史称："国朝执政，自寇准以后，未有如浚之年少者。"[1]

一踏入国家中枢，张浚便大胆提出："中兴当自关陕始。"所谓天下若常山蛇势，秦蜀为蛇头，东南为蛇尾，中原为脊梁。要中兴宋室，就必须从川陕开始。[2]他高声向赵构疾呼："金人一旦入陕取蜀，则东南不可保也。"[3]于是赵构命张浚为宣抚处置使，入川陕主持工作。

李彦仙得知张浚已经成为新的川陕负责人，赶紧派人向他求救，告诉他只要出三千骑兵渡过黄河，向北面的晋、绛、并、汾进攻金军主力，敌人一定应救不暇，那时再从繇岚、石西渡河，经鄜、延回来，陕州之围即可解除。张浚的回答却是让李彦仙先努力据险保聚，自己另想办法援救陕州。

张浚先命人抄小路送金币、粮草犒军，接着檄令兵力最为强盛的都统制曲端率泾原兵前来救援。

曲端已于去年闰八月经过张浚的引荐，被拜威武大将军、宣州观察使和宣抚处置使司都统制。曲端用武力赶走王庶一事性质恶劣，在国内造成了很坏影响。谢亮回朝把曲端要诛杀王庶的情况上奏了朝廷，满朝文武闻之无不毛骨悚然，认为其有谋反之心。但是张浚认为曲端在陕西的群众基础好、有威望，为了能把陕西的工作干好，他还是竭力和曲端搞好关系，力排众议，极力替曲端辩解，以自己全家百口的性命担保曲端不会谋反。他承制筑坛，推荐曲端到自己麾下任职。

但曲端私心极重，向来妒忌李彦仙的名声，哪里肯发兵？而且他还想以赶走王庶的方式赶走张浚呢。所以更是见死不救，只管冷眼旁观了。

陕州城快要支撑不下去了，李彦仙仍把拯救陕州的希望寄托在张浚身

---

① ［清］毕沅：《续资治通鉴·卷一百〇五》。
② ［元］脱脱等：《宋史·卷四百〇四·列传第一百六十三》。
③ ［元］脱脱等：《宋史·卷三百六十一·列传第一百二十》。

上，一拨接一拨地派人向张浚呼救。张浚的幕官谢升提醒张浚说："金攻下陕州，就占据了黄河两岸要地，进而窥蜀了。"

张浚也知事关重大，再给曲端下死命令，要其尽快发兵救援陕州。可是曲端王八吃秤砣——铁了心，愣是不动一兵一卒。张浚只好将一肚子怒火压下，亲自领兵救援。

然而永兴军此时也在打仗。张浚到了长安，道路隔阻，难以东进，绕道出援的裨将邵隆、吕圆登、杨伯孙等人又相继被打败，这样一来就苦了陕州城的李彦仙。

陕州城中粮食匮乏，李彦仙仍坚守不屈，孤军奋战，每日与金兵作战，已经一连十几日没有解甲。

完颜娄室敬重李彦仙的才能，派人在城下喊话："现在肯降，仍旧许以河南兵马元帅之职。"

直到此时，李彦仙的忠义之心毫无改变。他大声答道："我宁为宋鬼，不愿生享你国富贵！"命人用强弩将喊话的金兵乱箭射死。

完颜娄室大怒，攻势急如暴雨，攻城之具也全部用上。一大批一大批的工兵负云梯在前面冲锋，后面是由刀斧手和弓箭手组成的敢死队，在鼓声中前赴后继，冒死登城。李彦仙也豁出去了，命士兵站到城头上，大设钩索，每钩到金人，立刻杀死在城上。结果双方的士兵都成批成批地死亡，场面惨不忍睹。

但金兵像吃了兴奋剂一样，争先恐后，并力齐登，死伤遍地仍义无反顾。战争从白天打到黑夜，又从黑夜打到白天，士兵通宵达旦，疯狂厮杀。

到了正月十四日凌晨，天未破晓，东方猩红如血，有数万只乌鸦在城头上争吃人肉，聒噪不已。李彦仙兵少，一昼夜的恶战下来，死伤累累，金兵还在不断加紧进攻。

完颜娄室坐镇中军，抬眼仰望城上，突然眼睛一亮，欢呼道："城陷矣！"原来，城头上已经成功登上了数路金军。

李彦仙厉声疾呼，也压制不住金军的攻势，只好撤下城头，转入巷战。他身上已经插着好几支羽箭，血流不止，左臂也中刀几乎断掉。完颜娄室爱惜其才能，悬重赏生俘。可是在军民的掩护下，李彦仙还是在乱军中杀开一条血路，顺利逃出生天。

到了黄河岸边，李彦仙从骑不满百，回望陕州城上火光冲天，哭声震地，知道金人正在纵兵屠城，不由得悲愤不已。部众再三催促他上船渡河，他放弃了，仰天哭道："金人之所以屠城，是恨我坚守不降。现在百姓为我而死，我又有何面目复生于世！"说完投河而死，年仅三十六岁。

金人屠城，随同众守城百姓一同殉国的还有裨将邵云、吕圆登、宋炎、贾何、阎平、赵成等。

邵云为山西龙门人，城陷遭擒，宁死不降，破口痛骂金人。完颜娄室大怒，丧心病狂地用大铁钉将他钉在了门板上，活活折磨了五日，才用小刀一刀一刀地割死。

吕圆登，山西夏县人，曾经出家为僧，知道城将破，毅然引军从外面杀入城内相援，见了李彦仙，抱头痛哭道："陕州被围经年，不知你的生死，今日得见，死而无憾了。"金兵进城时，他因身受重伤，正在病房疗养，听说城池失守，他赶紧起来，力战而死。

宋炎，陕县（今河南三门峡市陕州区）人，善于制作弓弩，敌军围城之日，他连日不停地制作出几百张大弩，射杀敌兵甚多。城破，敌人打算招降他，沿街叫喊他的名字，他不答，直至战死。

# 彭原店之战

建炎四年（1130年）一月，金军攻陷了陕州后，在完颜娄室的指挥下挺进关中平原，剑指环庆路，开路先锋撒离喝顺利攻占麻务镇后，向邠州奔来。张浚命曲端率部拒敌。这次，曲端倒是动窝了。四月，他派部将吴玠于庆州西南的彭原店接战，他本人则率主力驻于邠州宜禄（今陕西长武）做策应。

吴玠，这位曲端手下最为神勇的将官，建炎二年（1128年）那次青溪岭之战已经让金人记住了他。这次在彭原店迎战金军，吴玠行动神速，抢先占据了制高点，凭高列阵，静候金军。他将不同的兵种按梯次列阵，先是弓弩手，接着是手持狼牙棒、大铁锤的重甲骑兵，其后是长枪手，最后才是大刀队。

四月初六，金军出现了。金军一出现，吴玠马上下令让弓箭手用弓箭进行压制。待其攻势稍一受阻，重甲骑兵马上杀出。经过一轮猛敲重砸，长枪手和刀斧手再从后面跟上，层层砍杀。这样一来，战斗已抢到了先机。而且从高往下，势如千里马下坡。金军仰攻，重心后跌。一场硬仗下来，金军死的死、伤的伤，血流成河，尸如山积，断肢残臂散满一地，令人触目惊心。

金将撒离喝被这恐怖的场面吓住了，先是又呕又吐，接着竟然坐在地上放声大哭。金军残余部众对此大为羞愤，斥他为"啼哭郎君"，将他背起，狼狈不堪地撤走了。

第二天，完颜娄室给撒离喝增派了人马，令他再次向彭原店进攻。吴玠仍旧按之前的套路和金军接战。但这一次却出了问题——曲端从宜禄发来指令，要吴玠赶紧退军。我的天，现在正是交战最激烈的时候，怎么能说退就退呢？只要阵脚稍一移动，金军从后面追来掩杀，甚至有全军覆灭的危险。吴玠拒绝接受命令，仍然坚守彭原店。曲端却不管吴玠的死活，自己先从宜禄撤走了。

曲端本身是百战名将，他很清楚自己这么干会有什么后果。但他还是这么干了，显然是要置吴玠于死地。为什么呢？

原来张浚入陕，经人介绍认识了吴玠，他对这个勇猛善战的将领非常赏识，亲自接见了他，还鼓励他努力杀敌，报效国家，建功立业。这本来是很正常的事，可是曲端到宜禄后知道了这事，马上受不了了。一直以来，他都把吴玠当成自己的私有财产，一听说吴玠绕过自己去拜张浚的码头，就觉得他肯定是在暗地里搞背叛，张浚则是在明目张胆地挖墙脚。姓吴的，你也不想想，这么多年来，是谁一直提携和照顾你？没有我，你小子能混到今天这个位置吗？于是他果断地釜底抽薪，撤离了主战场。

这样一来，反而便宜了金军。完颜娄室得以从宜禄从容地迂回包抄，从两翼对吴玠实施围攻。吴玠军顿时身陷重围，军心震荡，伤亡巨大。吴玠气得直骂娘，仓皇之中，只得死力奋战，溃围而走。好不容易突出了重围，身上已经受伤十余处，又累又饿，部众也所剩无几。之后非但没得到半句安慰，反被曲端以不听从指挥调度为由，罢免了泾原路马步军副总管的军职，降为了武显大夫。

在泾原军，吴玠一直以来都默默忍受着曲端的控制和打压，吴玠自认为才能不比曲端低，这次难得张浚赏识，就动了单飞的念头。按理说这种想法是最正常不过的，没承想却招致了曲端如此狠毒的报复！从此吴玠和曲端彻底闹掰，两人反目成仇，势成水火。

张浚了解到吴玠的遭遇，大骂曲端器小难容，不由分说，将吴玠提升为秦凤路马步军副总管、知凤翔府兼权知永兴军路经略安抚使司公事。但这样一来，张浚和曲端的矛盾就公开化了。

彭原店之战被列为"建炎三大战"之一。金军虽然获胜，却伤亡惨重，无力再战，被迫放弃对环庆路的进攻，将主力向陕西东部撤退。张浚遂以吴玠为权永兴军路经略司公事，命其趁机收复了长安。八月，吴玠收复长安，遂将军队开进了永兴军的大本营，从此和曲端彻底分道扬镳。

# 富平之战

早在建炎三年（1129年）秋季张浚赴任到陕时，就有集结川陕之兵北伐金军的想法。当时东路军完颜宗弼在两淮纵兵横扫，为了减轻两淮的压力，张浚想集结全陕六路兵马，对金军发动一次大规模的会战。他在汉中，还曾给赵构上了一封奏疏，说："愿陛下定下在兴元建都的决心，如此则可前控六路之师，后据西川之粟，左通荆襄之财，右出秦陇之马，天下大计，斯可定矣。"①想让舟车不定的赵构到汉中定都，号令天下。

但是张浚的这一决定无疑过于大胆，并没有得到众人的支持。例如都统制、威武大将军、宣州观察使曲端当时就反对，说："平原旷野，有利于敌军冲突，而我军却还未熟习平原作战的战术。并且金人从白山黑水间崛起，锐气方盛，我军难与争锋。只要厉兵秣马力保疆土不失就行，要与之决战，需要等十年以后再说。而且兵法讲究知己知彼，虽然完颜娄室孤军深入，可是他的将士精锐，不减前日，我们并无必胜的把握。我们可以合兵五路，但五路兵马，素不相通气，即使仓促合在一起，跟之前也没有太大的差别。当下之计，应该按兵据险，时不时出偏师以扰其耕获，促使其无粮可就，只得到河东夺粮。到时我为主，敌为客，不出一二年便可将其困毙，一举而灭。现在轻动，风险系数很大。"②

曲端这一言论开始让张浚对其心生不满。到了彭原店之战后，曲端和吴玠两人争胜，张浚支持吴玠，曲端和张浚的矛盾公开化了。随后，张浚罢免了曲端都统制的官职，后来又将其贬为海州团练副使，遣送到万州闲

---

① ［清］毕沅：《续资治通鉴·卷一百〇六》。

② ［清］毕沅：《续资治通鉴·卷一百〇八》。

居。陕中将士倚重曲端，看到他被贬，普遍出现了不满情绪。

建炎四年（1130年）七月份，金军虽然在东路撤军北上，并扶持了一个伪齐政权帮助他们在淮西的统治，但张浚害怕金军再次南下。而永兴军经略使吴玠刚刚收复了长安、环庆经略使赵哲刚刚收复了鄜延诸郡，也让张浚大喜过望，觉得金军主力已遭重创。张浚于是决定对金用兵，既牵制两淮，防止金军再南下威胁朝廷，又能力争收复全陕。

张浚生怕完颜娄室回避这场会战，曾亲自给对方写了邀战书，约定会战的时间、地点。

九月，张浚从秦亭（在今甘肃天水市清水县）出发，发兵六路，兵二十万、马七万，张浚亲自督战，往耀州富平镇进发。从四川发来的后勤纵队绵延数千里，粮、草、钱、帛、珍宝堆积如山，转运民夫搭起的临时营寨密密麻麻，无边无际。张浚自信满满道："从这里可以径入幽燕。"

张浚自己也没想到，金军此时也渴望着来一场大决战。此时金军已将略宋战场转移到了川陕，打算先夺下川陕，而后沿江而下，全面灭宋。他们任命右副元帅完颜宗辅为金军主帅率兵入陕，与完颜娄室合兵，并征调完颜宗弼一军，由两淮入陕。金军调动的速度奇快，九月初，完颜宗辅就由蒲坂（在今山西永济市蒲州镇）渡过黄河，屯军洛水之畔；完颜宗弼则由洛阳西进，与完颜宗辅在富平东南八十里的华州下邽（在今陕西渭南以北六十里）会师。

眼见敌军来势凶猛，秦凤路提点刑狱、秦州知州郭浩提出异议说："敌军来势凶猛，我们目前应当分守其地，犄角相援，寻机而动。"

郭浩出身将门，有丰富的实战经验，他的意见是极有见地的。但张浚已调动永兴帅吴玠、环庆帅赵哲、熙河帅刘锡、秦凤帅孙渥、泾原帅刘锜在富平一带完成集结，诸路步兵四十万人，骑兵七万。又贷了五年百姓赋税，运输金钱粮帛的不绝于道。在张浚看来，已是箭在弦上，不得不发了。

按照张浚的布置，五路军马的营寨驻扎在现在富平县城以东的平原上。

富平居关中东部，物华毓秀，是军事战略要地。宋军的营寨位于地势偏低的王寮镇、纳义坊一线的卤泊川北岸平原，地形开阔，适合大兵团作战。金军则屯军在地势较高的今留古镇以西至东上官乡一线卤泊川南岸的华阳原，左翼隔卤泊川与宋军右翼对峙。

吴玠一见，大惊失色，力劝张浚说："我军以步军为主，强项是山地的运动战。现在我军大军驻扎在平原上，地势偏低，地形开阔，利于金军重骑兵的冲击。一旦开战，非常吃亏。请赶快往高处转移。只要将军队往西边后撤几十里，就可以居高临下、依山布阵。既可以利用后面山体的掩护，防止金人骑兵的迂回攻击；又可以凭高据守化解金人骑兵仰攻冲锋的攻势。"

可是，张浚指着地图说："笑话，你没看见吗？我军营垒前面是卤泊川的一大片苇泽地，怎么会利于金骑冲突？他们不来则已，一来定会深陷泥潭、不能自拔，到时我们只管去收割脑袋。"

因为过于自负，张浚还拒绝了吴玠趁敌人立足未定发起攻击的建议。

张浚是想充分利用眼前的那片苇泽地。那片苇泽地就是金人的集体坟墓，得由他们来蹚，而不是我们过去。为了让金军尽快来这片神秘的苇泽送死，张浚使了一招"激将计"，命人四下印发传单，称：能生擒完颜娄室者，授节度使，赏银绢皆万计！

金人似乎看穿了这个"激将计"，不肯出战，反过来"激"张浚：能生擒张浚者，赏驴一头、布一匹！

张浚对吴玠等人说："看见了吧，金人正希望我们现在就发起攻击呢。如果按照你们说的去做，岂不是正中他们的下怀？"

然而张浚没想到的是，这片被他视若坟墓的苇泽地，却最终被金军轻而易举地突破了。

经过这段时间的调整，金军终于完成了集结，并做了充分准备。九月二十四日，金军主动向宋军发起了进攻。完颜娄室命手下的大将折合率领三千名精锐骑兵，背着沙包土袋，一面冲锋，一面将沙包土袋沿路叠放，很快就在苇泽地上填出了一条坚实平整的大道。

统领金军右翼的完颜宗弼率领着精锐骑兵从大道上旋风一样杀来。他们绕开了宋军的营垒，向堆积军用物资的宋军乡民小寨发起了攻击。这些乡民小寨是运粮民夫居住的营寨，多数是用大车临时拼凑而成，依傍军营而建，毫无防御力。乡民们一下就乱了套，一个个跳着脚，四下奔走，践寨而入，诸军皆惊。

金军趁乱穿越宋军弓弩的射击区，直闯宋军大本营。五路宋军措手不及，失去统一指挥，士兵狂呼乱叫，溃散奔突。关键时刻有人跃马横刀跳出阵前，组织军队沉着应战。此人正是刚刚接替了曲端的泾原路经略安抚使刘锜。

刘锜，字信叔，德顺军人，泸川军节度使刘仲武第九子。长得高大英俊，善射，声如洪钟。在与西夏作战的岁月里，曾屡战屡胜。西夏人畏之如虎，妇女儿童都知道他的威名，夏国小儿夜啼，做父母的恐吓道："不许哭，再哭，刘都护就来了！"小朋友立刻止啼，大气也不敢喘。张浚到了陕西，一见面就折服于他的才干，立刻加以重用，任他为泾原经略使兼渭州知州。

沧海横流，方显英雄本色；乱军之中，彰显名将风采。刘锜挥刀狂劈，接连砍翻了几名金兵，周围的士兵也因此定下神来。刘锜趁机指挥大家拿起武器，摆出阵型，与金军接战。泾原军是曲端一手打造的军队，战斗力极强，堪称西军第一，士兵们很快结成大阵，与金军展开殊死搏斗。

这一战打得异常惨烈，双方都竭尽全力，猛砍猛杀，一时间，厮杀声，呐喊声，痛呼声，声震天地。刘锜身先士卒，从辰时血战到未时，手脚不停，越战越勇。其他四路宋军得以从容调整阵型，抖擞精神，投入战斗。

胜利之神向宋军露出了久违的微笑。宋军人多势众。完颜宗弼虽然凶悍，但部众越战越少，伤亡很大，他本人也陷入了重围之中。刘锜精神大振，招呼将士们奋力杀敌。宋军的弓弩手也发挥了作用，箭如雨下，金国悍将韩常的左眼中了一箭，跌落马下。

韩常从地上爬起来，哇哇怪叫。他着实被逼急了，大吼一声，用手捉着射入眼眶中的羽箭，尽力一拔，鲜血迸发！双方将士睹之无不色变。韩常像野狼一样狂嗥不已，猛地从地面上抓起一把泥土，直接塞到眼眶里，然后跳上马鞍，继续玩命拼杀。他势如疯虎，终于杀出一条血路，护卫着完颜宗弼逃出重围。

完颜宗弼虽然逃出，但他手下的部众却没这么好运，等待他们的，将是全歼的命运……

完颜宗弼好不容易突出重围，"哇"地吐出了一口黑血。无论如何咽不下这口气，他换了刀马，再来！他组织军队又杀了回去。但是他麾下的整个金军右翼已经七零八落，被宋军摧残得不成样子，似乎败局已定！

但不要忘了，完颜宗弼部仅仅是金军的右翼部队。金军的主力完颜娄室的骑兵团这时也开始行动了，他接替下完颜宗弼的右翼军，与刘锜的泾原军全面接战，战争又陷入了胶着状态。

两军激战了整整四个时辰，之后金军又投入战斗预备队，这回他们的目标是环庆军。金将蒲察胡盏、夹谷吾里补铆足了劲儿，死命冲锋。环庆军的战斗力不如泾原军，几个回合下来，便显不支。

这场大战一开始，宋军的指挥中枢就陷入了瘫痪状态，所以整场战斗成了以泾原军为核心的战斗。而其他各部还只是各自为战，苦苦自守。

环庆军的主将一看难以支撑，又得不到其他友军的援助，一时慌了手脚，竟然临阵擅离。这下完了，不但环庆军的士卒争相逃遁，其他五军的军心也因此动摇，阵脚出现了松动。

完颜娄室、完颜宗弼看出战机，他们一齐大呼："宋军已败，宋军已败，冲啊，杀啊！"金军士气陡然大振，宋军略一迟疑，再也抵挡不住，前军一动，后军立刻溃乱。兵败如山倒，各路大军纷纷溃败，一直逃到邠州，才停止了溃逃。

经过这整整一天的厮杀，金军终于艰难地赢得了这场战争。然而他们已是强弩之末，眼看着宋军溃不成军，却无力追击，只是屯驻富平休整军队。

作为大战的总指挥，张浚本人并不在现场，而是坐镇在邠州。他并不是怕死，也从不惜死。他之所以没亲临富平指挥战争，是因为他太自信了，他认为这场战争的胜利是毫无悬念的。以至听到溃兵已逃到邠州的消息，他久久回不过神来。天时、地利、人和，全在我这边，怎么会输了呢？一向从容自信的张浚，此时显得如此无助，如此举止无措，他甚至不知道下一步该怎么办。

事实上，宋军在富平会战中虽然以失败告终，但并不是毫无希望了，只要将军队重新组织起来，造成的损失并不算太大。可惜张浚善后工作做得草率、粗暴。首先，他将都统制刘锡降为海州团练使，安置在合州闲居。然后召开了一次问责会议，严肃处理最先败退的赵哲，将责任全都推给赵哲，指责他的环庆军临敌卖阵。但是这显得不厚道，一场大战如果失败，肯定会有一个地方先被击破。

如要认真追究起来，这场大战的失败，最大的责任人其实应该是张浚本人。但张浚当然不这么认为，他现在要做的只能是"欲斩大将，近以藉口"①了。他喝令士兵将环庆经略使赵哲推出去斩首。

众军将领惊愕不已，人人自危。环庆路将领在统制官慕容洧的挑动下，集体叛入了西夏国。曲端的心腹将领张中彦、张中孚、赵彬、李彦琪四人投金。这四个人后来分别被金人封为熙河经略使、泾原经略安抚使、环庆经略安抚使和秦凤经略安抚使，成了金人安置在陕西的四大鹰犬，臭名昭著。这四人的叛逃使以剽悍善战闻名的泾原军也被解体了大半，泾州、渭州俱失，泾原路经略安抚使刘锜进退失据，只好带领剩余的兄弟走德顺军，撤回蜀口，他后被贬为知绵州兼沿边安抚使。

富平之战前，曲端认为张浚必败，二人曾下赌誓。若宋军胜了，曲端愿伏剑而死，还写下了军令状。曲端不会想到他虽然赢了赌局，却还是丢了性命。张浚虽然为了收拾人心，以泾原军出力最大，而泾原军的作战有力又得益于曲端曾经的训练有功，任曲端为左武大夫，命其在兴州（治今陕西略阳）居住。但是次年，还是搞了一起文字狱，指责曲端作的诗句

---

① ［南宋］徐梦莘：《三朝北盟会编·卷一百四十二》。

174

"不向关中兴事业，却来江上泛渔舟"是讥讽天子，将他送入了大狱，随后又指使刑狱官将曲端毒杀于狱中。曲端死前，先是叹息："铁象可惜！"铁象是曲端的胯下坐骑，能日驰四百里。曲端又仰天高呼："天不欲复中原乎？惜哉！"曲端死后，铁象也绝食而亡。

曲端死年四十一岁。死讯传出，陕西士大夫无不垂泪痛惜，军民也都怅怅默然，有不少人叛乱离去。

十二月，完颜娄室又乘势大举进攻熙州，镇守熙州的刘惟辅势孤，只好一把火将熙河的积粟烧掉，率部且走且战。连战了三日，刘惟辅部众散落，身边只剩下几百亲信，只好派人向西夏请求入附。西夏边将不敢接纳。刘惟辅转战到一座山寺，身陷绝境。又经过一轮惨烈的激战后，金人将刘惟辅擒获，千方百计地劝说他投降，但他始终闭口不言。金人终于失去耐心，将其斩杀。

金军在宋军的悲观哀号声中高歌猛进，接连占领了环庆、秦凤、泾原和熙河的大部分土地。四路宋军的军队编制已被打散，整个陕西已失去了抵抗能力。原守在陇州（治今陕西陇县）的吴玠的永兴军也被打败，四川近在眼前。为了阻挡金军入川，吴玠率军从已被金军占领的凤翔府插过，向南撤到了大散关，堵住金军进入四川的必经之路。

金军一路势如破竹，如果在这个时候继续穷追猛打，后果将不堪设想。不过恰巧在这个时候，金国皇位继承人兼都元帅完颜杲和西军统帅完颜娄室相继病死。金国在皇位继承问题上实施的是谙班勃极烈制，有点儿像现在的议会选举制，完颜宗辅对下一任皇帝候选人人选表示出了极大关注，留下完颜撒离喝率兵六千驻守陕西后，自己匆匆班师回朝了。由此，金军暂停了进一步的军事行动。

# 和尚原阻击战

　　眼见关陇诸州纷纷陷落，兴州宣抚司里的许多高层都坐不住了，提出要将宣抚司继续南迁（兴州宣抚司还是富平之战失败后，张浚于十一月份刚移至此的），他们甚至说也许迁到夔州（治今重庆奉节）才略为安全。宣抚使参议军事刘子羽忍无可忍，喝道："孺子可斩也！四川富饶，金人垂涎，早就想从陕西入蜀，只不过蜀口有铁山、栈道之险，他们不敢轻举妄动。我军现在不做坚守计，一旦让其深入，宣抚司又地处夔、峡，从此与关中声援不相闻，进退失计，后悔莫及！"他要求张浚留守兴州，外系关中之望，内安巴蜀之心，并火速派遣官员出关呼号诸将，收集散勇，分布险隘，坚壁固垒，观察而动，他单人匹马赶回秦州原宣抚司的旧址所在，召集各路溃散的队伍。[1]听了刘子羽的话，张浚决定扼守蜀口，力保四川。

　　建炎四年（1130年）十一月，刘子羽赶回秦州后，竖起了宣抚司的大旗，派人四下联络，重新招回了许多失散的部队，竟有兵十余万。张浚不由大喜，重新振作，深入部队，哀死问伤，积极做自我批评，并选拔优秀军官担任要职，安定人心，稳住了局面。

　　在刘子羽的建议下，川陕宣抚处置使司又在川陕边界重新做了布防，秦州、凤州统帅孙渥率领本部兵守凤州，熙河军统领关师古率本部兵守巩州，吴玠和郭浩率军扼险于凤翔大散关。

　　绍兴元年（1131年）三月，陕西金帅撒离喝经过一番精心策划，从熙河出发，兵分两路，准备由陕西入蜀，占领四川全境。

---

① ［明］陈邦瞻：《宋史纪事本末·卷六十八》。

一路由折合、乌鲁从秦州出发，向南走阶州（治今甘肃武都）、文州（治今甘肃文县），沿阴平道向南推进。阴平道形成于两汉之间，北起甘肃文县，经武都穿越岷山山脉，进入四川的青川、平武两县，最后抵江油关（在今四川平武县南坝镇），与金牛道会合。自三国时期邓艾凿山通道、偷渡阴平灭蜀以来，这条行军道路便成了秦陇入川的要道之一，是沟通甘南与川北的捷径。但此道须翻越左担山，沿途险恶荒远。这两员金将费力攻下阶州和成州（治今甘肃成县）后，又经过一番跋山涉水，终于到了白龙江。而此时白龙江正是汛期。金军无从渡江，只好灰溜溜地打道回府。

另一路金军，则在完颜没立的率领下从凤翔府趋大散关，准备从大散关入蜀。然而等他到了大散关，环顾四周，不由得大吃一惊。

大散关是关中西南唯一要塞，紧紧扼守着巴蜀、汉中出入关中的咽喉，出可以攻，入可以守，实表里之形势。历史上发生在大散关的战争大大小小有七十多场，其中最著名的莫过于韩信的"明修栈道，暗度陈仓"，刘邦就是经此关出陈仓还定三秦的。完颜没立有心理准备，知道宋军一定在此设有重兵，但没想到不仅关隘上有宋军把守，在关隘东面的一座山峰上，也有宋军在镇守。

宋军如果扼守住大散关，就可以阻止我军南下，为什么还要单拉出一支队伍屯驻在山峰上呢？完颜没立略一思索，登时明白过来。只要存在着这支驻扎在山峰上的宋军，就算他们弃大散关不守，自己也不敢叩关南下了。要知道入了大散关，南下的蜀道全是逶迤曲折的羊肠小道，先不说前路会遇上什么困难，只要山峰上这支军队从后面发起攻击，自己估计就得全军覆没。就算他们不尾随追击，只要在此驻守，自己归路被截，粮运、后续部队不继，最终也会魂断四川。看来要过大散关，非攻下此山不可。而此山山势陡峭，要攀爬攻打，难度系数比攻打大散关还高！而且真要实施攻山，还得时时提防从大散关杀出的宋军……

是谁，想出了这么损的阴招？

的确，自大散关建关以来，无论攻关者还是守关者，目光大都停留在关隘上，双方争夺的焦点也只是一座关隘而已，从来没人关注过旁边的那座山——和尚原。和尚原属秦岭山脉，不独为秦、蜀之界，亦为中国南北之界。它形如和尚的脑袋，四周山势光滑陡峭，难于攀爬，而顶上平整宽敞，方便屯军，易守难攻。山顶上树林葱郁茂密，山脚下有潺潺涧水，上面肯定有水源！宋军既然敢将军队设置在上面，那么上面囤积的粮草绝对不会少于三五年。要在山脚围困三五年，还不定是谁耗死谁呢？想到这儿，完颜没立气得要上吊。

第一个发现和尚原军事价值者，吴玠吴晋卿也！吴玠引军在大散关扼守蜀口，考虑到自己兵力太少，便把目光投向了大散关关前的和尚原，命人在上面大修防御工事，积累粟粮，做出长期死守和尚原的准备。吴玠此举，当时很多部将都不理解，他们提出一旦金军绕过和尚原不攻，直破大散关，长驱直入四川，岂不糟糕？还不如屯兵汉中以捍蔽巴蜀。吴玠胸有成竹地说："贼军不破和尚原，岂敢轻进？我坚壁重兵，下瞰雍甸，他们势必担心我抄他后路。屯军于此正是保蜀良策也。"

听说吴玠在和尚原上屯军，凤翔民众大为高兴，纷纷运粮支持，山上很快积起了三十万斛粮草，军心遂安。

完颜没立还算机灵，没有贸然叩关或攻山，而是将部队后撤了二十多里安营扎寨。他又暗中观察了几天，不甘心就此放弃，决定先进行一次试探性进攻。三月十四日，完颜没立在和尚原山脚列出阵势，派出一员悍将，该悍将头盔也不戴，手握长槊，策马仰头对山顶大声叫骂，意欲引宋军下山决战。

这是一个非常幼稚的激将法。要知道吴玠一军居高临下，已经占据了地利的优势，凭什么放弃这个优势下山决战！吴玠吩咐诸将不予理会，只管等敌人攻山时再打。

但这名金将却操着一口半通不通的汉语越骂越起劲儿，将吴玠的祖宗十八代全都问候遍了。吴玠麾下的两员猛将实在听不下去，自告奋勇，请求将该金将捉上山来。吴玠同意了，反正也不会影响大局，就让两员大将去取他狗命。

不料，这名金将确实有点儿手段，竟然连挑两将于马下，又用戟指着山顶辱骂道："此犬彘何足？"要求山上的宋军全部下来决战。

吴玠气得紧握刀柄，牙齿咬得咯咯直响。这时，军中一个名叫曹武的将校走过来，请求下山跟金将决斗。曹武长得貌不惊人，平日为人低调，并非名将。吴玠十分为难，说："两员大将都不是他的对手，你就不要再去枉送性命了。"

曹武道："只要借将军的坐骑一用，我保管将那厮擒来。"吴玠大为诧异，究其原因，曹武答道："那厮确实不好惹，但我看他的坐骑每次转身都爱尥蹶子，这时机他的重心不稳，要擒他极为容易。"

言之有理！吴玠命人将自己的坐骑牵出交给他，让他下山。

曹武骑在马上，绕着山间小道一路跑到山下。

金将见又有人下山，攥着长槊跃马刺来。曹武用铁锤架开了长槊，并不还手，而是打马往山坳跑。金将以为曹武害怕了，拍马追赶。曹武有意将马放慢，等金将的马头接近了自己的马尾，猛地一勒马头，先躲开金将刺来的长槊，然后大喝一声，回身一铁锤打去。那金将来势正急，见曹武骤然收缰，便也扭转马头，那马转身时，果然尥起了蹶子。因为收步太猛，还引颈咴咴长嘶。金将身体一起一落，把持不稳。曹武一铁锤扫来，正中金将的脑袋，啪的一声，鲜血飞溅，天灵盖碎裂！宋军在山上俯瞰，看得清清楚楚，齐声欢呼，声如山崩。

金军大为气沮。看来要引宋军下山决战是不可能的了，完颜没立只好硬着头皮催动大军攻山。金军士气低落，这场进攻显得战战兢兢，草草攻了一阵儿，便纷纷退走。

吴玠成功守住了蜀口。远在阆州（治今四川阆中）的张浚也因此长舒了一口气（不久前张浚又将宣抚使从兴州撤到阆州），承制升为明州观察使，兼陕西诸路都统制。

完颜没立退回凤翔，五月，他招呼上从阴平道撤回的乌鲁、折合，分兵两路前后夹攻和尚原。完颜没立的计划是，由他本人率军从凤翔南下对和尚原进行正面攻击，而乌鲁和折合则从阶州和成州出兵，偷袭和尚原的侧后方。

完颜没立的如意算盘打得不错，两路大军南北夹攻，吴玠还不屁股开花，乖乖就范？想到这儿，完颜没立不由得笑出了声。可是他笑得太早了，在和尚原北面的箭筈关（在今陕西千阳县城南），有一个名叫杨从义的人在等着他。

杨从义，字子和，凤翔天兴人。善射，箭无虚发，曾一箭射中老虎，有射虎之名，人尽皆知。这一次，吴玠料到完颜没立不会死心，肯定会再犯和尚原，所以特别安排他守在箭筈关。

金军开到，完颜没立和杨从义攻守不止。但不管金军如何强攻，始终没能攻下箭筈关。与此同时，吴玠也在和尚原利用险峻的地形对乌鲁和折合进行迎头痛击。从五月二十四日到五月二十七日，双方恶斗三日，四度交锋。山中路多窄隘，怪石壁立，战马难行，金军被迫弃马步战，又是仰攻，异常吃力，连败了四次。

吴玠击退了强敌，率军抄小路，绕过箭筈关，从完颜没立的背后发起攻击。完颜没立猝不及防，大败。杨从义又引军从关内杀出，一直追击到神沙河和清姜河交汇的神岔，活捉了敌酋泼察胡郎君，斩杀金兵二百余名。完颜没立丢盔弃甲，仓皇逃回宝鸡。

乌鲁和折合望穿秋水也没盼来完颜没立的军队策应，只好狼狈撤到凤州。过了几日，他们听说吴玠下了山，便重整旗鼓，返回再攻大散关。没承想完颜没立败得太快，吴玠和杨从义已经从箭筈关撤回了和尚原，一齐从北面杀下。乌鲁和折合叫苦不迭，无心再战，赶紧逃命。苦命的乌鲁在慌乱中掉下马来，被乱军所杀。

折合没有时间为同伴伤心，快马加鞭，一直逃到了黄牛岭，眼看天色已经黑下来，才停下吩咐士兵搭帐篷，就地休整。然而老天爷似乎不想让他这次旅途过于平淡，竟然来凑了把热闹，既刮大风，又下大雨，还夹杂着又繁又密的冰雹。

天啊，明明是五六月份，却下冰雹！折合欲哭无泪，叫苦连天。等不到第二天天亮，全军半夜就拔营而逃，灰头土脸地回了秦州。

这场大战，大大提升了退守蜀口宋军的斗志，甚至连淮西、淮东战场上的宋军也大受激奋，南宋上下，士气高昂。

金人自海战起还没输过，这两场失败也大大出乎金廷意料，金国朝野震动。九月，金国元帅左监军完颜宗弼在金主吴乞买的安排下率领金军十万再次进入陕西，誓要将和尚原夷为平地。十月，完颜宗弼大造浮桥横跨渭水，沿途结连珠营，垒石为城，步步推进，自宝鸡到神岔，列栅三十来里，声势迫人。

神岔是杨从义的防地，杨从义按照吴玠的指示，弃而不守，也将军队撤到了和尚原——那里才是金军的葬身之地。鉴于完颜宗弼人多势众，吴玠还特意为他准备了一份大礼。

和金军相比，宋军虽然缺少马匹，但弓弩的制作技术却是领先的。宋朝国内没有产马的基地，为了弥补自身的不足，统治者比以往各朝代更重视步兵的建设，因此弓和弩都得到很大发展。可以说宋代是中国弓弩技术发展的一个高峰期。尤其是弩，在秦朝的大风弩、三国时期的诸葛弩以及南北朝床弩的基础上，宋人研发了踏张弩和腰弩，分别借助由双足或腰足提供的张力，更大程度上积蓄了弩箭的势能。宋朝时，重型床弩的杀伤力更是得到了空前的提升，著名的三弓床弩炮堪称当时的大规模杀伤性武器。据《武经总要》记载，三弓床弩炮一次可以发射多枚箭镞，射程可达一千六百多米。这是火炮出现前人类直射武器所能达到的极限，是当时世界上最强人的重型远程武器。宋代的神臂弓，也是历史上最经典的弩具，有效射程可达三百七十米。南宋之初的克敌弓更是神臂弓的加强升级版，有效射程可达四五百米，盔甲很难抵挡。

在这五个月的时间里，吴玠部署了一个"驻队矢"，专门对付金国的重甲骑兵。

"驻队矢"由吴玠的弟弟吴璘、部将雷仲担任队长，配置有一百多部重型三弓床弩炮，同时每个队员配发了神臂弩（即神臂弓）。现在这些士兵都埋伏在各个山坳里，静静地等候着超级大活靶完颜宗弼的到来。

十月十日中午时分，完颜宗弼如期而至。他叫嚣着，催动大军向山上进攻。吴玠一声令下，"驻队矢"的士兵在山体的掩护下，乱箭齐发，繁如雨注。金军躲闪不及，纷纷变成了筛子，一片鬼哭狼嚎。

完颜宗弼傻了眼，难道连宋军的影子都没见到，就这样败了？那就太没面子了！完颜宗弼一点儿也不心疼士兵的性命，他一咬牙，继续指挥士兵往上冲，有心要用士兵的身体去耗光吴玠的箭。但士兵们却不干了！经过连续三次的大规模进攻，山坡上除了一具具刺猬般的尸体外，金军毫无收获。士兵们拒绝听从完颜宗弼的命令，一个个掉头就跑。吴玠趁机以奇兵乘险据隘，横攻夹击，斩获无数。

十月十一日，完颜宗弼继续指挥军队攻山，不过他并无任何改进的地方，依然重复着昨天的故事，指挥士兵上山，中箭，惨叫，滚下来，又上山，中箭，滚下来。

完颜宗弼的脸色越来越难看。他不知道，更痛苦的事还在后面。

这一天，他的粮队从宝鸡南下，没想到之前慷慨让出神岔的杨从义又在神岔突然杀出，将运粮军杀得大散，粮草悉数被劫走。该死的杨从义！

这天夜里，完颜宗弼又饥又渴，随军带来的干粮已经消耗得差不多了。经过全军总动员，总算把能吃的东西都搜刮了出来，但柴火刚刚点燃，宋军三弓床弩炮发射的剑弩就呼啸而来，不是将做饭的后勤兵射成了筛子，就是把锅碗射翻，柴火射散。而且每当火刚点燃，弩箭就射来，屡试不爽。

娘的，老子不吃了！完颜宗弼一发急，将碗筷一摔，倒头睡觉。

可是吴玠不同意！二更时分，他领着五百勇士偷偷摸来，遇人就砍，见人就杀，很多金兵在睡梦中就掉了脑袋，没掉脑袋的发疯似的狂号，鞋也来不及穿，光着头，散着辫发，满山地狼奔豕突。

乱了，全乱了！

完颜宗弼被迫往宝鸡方向回撤。

然而来时容易去时难！吴玠发出全军追击令，和尚原上、大散关里的宋军全部出动，追着金军的屁股打。从和尚原一直追杀到二里驿，沿途二十多里，留下了金军数不清的尸体。

好不容易到了神岔，完颜宗弼喘了口气，准备利用地形先阻击吴玠一阵，然后再休整一下军队。这时天已大亮，但完颜宗弼的世界里却开始变得一片黑暗。杨从义已经在这儿等得不耐烦了！完颜宗弼，你往哪里逃！杨从义率领部众操刀舞剑，一拥而上。

身心俱疲的完颜宗弼咬咬牙，列阵应战。杨从义的精兵横贯其腹，断其首尾，吴玠的追兵也追到，从背后掩杀。这一战，战了六个时辰，完颜宗弼身中两箭，被迫把胡子剃了，才逃得一条性命，手下兵将也损失过半。

这是自入侵中原以来，金军的首次惨败。宋军以少胜多，重创金军主力，完颜宗翰的侄子不露孛堇也在此战中成了宋军的高级俘虏。宋军共俘获金军头目三百余人、甲士八百余人，斩杀了数以万计的金兵，缴获器甲不计其数，极大地鼓舞了宋军的士气。

完颜宗翰很生气，后果很严重，他将完颜宗弼降为元帅左都监，罚去坐冷板凳。可怜的完颜宗弼，后背中箭，臂有刀伤，前胸后背缠满了绑带，脑袋耷拉，胳膊斜吊，更惨的是威风凛凛的胡子也被剃得不成样子。但没人同情，真是人情淡薄，世态炎凉。

和尚原的胜利，吴玠厥功至伟，他本人也得到了赵构的亲函嘉奖，并授镇西军节度使。节度使在宋代是个从二品的大官，地位尊崇，是武将仕途的辉煌顶点。吴玠这一年三十九岁，成了南宋第一个因功建节的大将。

# 饶风关之战

完颜宗弼自和尚原阻击战受伤严重，从河东返回燕山去了。陕西留下撒离喝为陕西经略使，屯驻凤翔，与吴玠相持。绍兴二年（1132年），赵构让吴玠兼任川陕宣抚处置使司都统制，节制兴、文、龙①三州兵马。三州在今陕西汉中一带，是金军入川的必经之地。

从陕西入蜀有六条道，由西往东分别是陈仓道、褒斜道、傥骆道、子午道、库谷道、武关道。在这六条路线中，选择走陈仓道的人最多，所以路线明朗，路况也稍微好那么一点点。金军对川陕地形不熟，于是从凤翔府到宝鸡，入大散关，走陈仓古道就成了他们唯一的选择，金军接连三次发兵，焦点都是和尚原和大散关。赵构安排吴玠守陈仓道，算是将防守金军南下道口最艰巨的任务交给了他。

但是彭原店一战，撒离喝被吴玠打得满地找牙，以至放声啼哭，从此患上了"恐吴症"，于是就想以出其不意的方式突破。

绍兴二年十二月初，金军再次展开对四川的进攻，战火最先在熙河地区点燃，首当其冲的是驻守在那里的关师古。不过，攻打关师古只是个幌子，金军的目的其实是由阶州取大散关，走陈仓道。接下来的第三天，屯驻在秦州的金军和伪齐军倾巢出动，沿祁山道直扑成州，目的果然是取仙人关（在今甘肃徽县东南），走陈仓道。

但是攻打关师古是假象，攻打阶州也是假象，攻打仙人关还是假象。真相只有一个：袭击王彦的金州（治今陕西安康）大本营。这是一条远离

---

① 龙州，治今四川省平武县南。

吴玠的蜀道——子午道。

一支由一万余人的正甲军、二万余人的金军、一万五千余骑的骑兵组成的、号称十万的金齐联军正进行千里大迂回，他们顶风冒雪，日夜驰奔，悄悄向王彦的大本营金州袭来。

王彦曾在张所治下带领岳飞抗金，是金兵的老熟人了，按说对金兵的用兵风格了如指掌，但这次他却完全没有料到。他是在建炎四年（1130年）来到金州的。建炎三年（1129年）张浚为川陕宣抚处置使出任陕西，特奏请王彦一起入陕，任命其为本司前军统制、利州路（治今四川广元）兵马钤辖，次年又改其为金、均、房州安抚使，知金州。

待王彦反应过来，连呼上当。

在不久之前，张浚曾专门召吴玠、王彦、刘子羽三人开会，命他们互为应援，联合阻止金军南下。按照三人的防守，子午道属刘子羽的防区。但子午道离刘子羽的大本营兴元府最远，防守最薄弱，金军一旦顺利沿子午道南下，既可经姜子关（在今陕西省安康市宁陕县江口）向西挺进洋州（治今陕西洋县），也可以向东直下汉阴。

王彦迅速将金州的主力发往姜子关，要跟撒离喝好好练练。然而王彦还是被骗了。从子午道入蜀也是撒离喝制造的假象！狡猾的撒离喝最终走的是离吴玠最远的蜀道——武关道。他从京兆府入了子午道，只走了一小段就调整了方向，神龙摆尾，神不知、鬼不觉地转移到了武关道上。可怜的王彦，还被蒙在鼓里。

十二月二十五日，撒离喝突然出现在商州的西北方向。商州是王彦在上一年刚刚收复的失地，安排守在这儿的是宋将邵隆。邵隆和王彦一样，做梦也没料到金军会选择从这儿入蜀。金军从他睡梦中杀来，他被亲兵从被窝里拉起，慌里慌张就跑了。就这样，商州稀里糊涂地就丢了。

商州既克，撒离喝加紧进兵，以迅雷不及掩耳之势拿下上津（在今湖北郧西县），兵锋掠过白河，直迫洵阳（今陕西旬阳）。消息传来，坐镇金州的王彦要疯了。好你个撒离喝，竟然从背后阴我！他急遣统制官郭进率领留守在金州的三千军马乘流夜发，沿汉水南下，增援洵阳。郭进知道形势危急，不敢怠慢，在凛冽的寒风中连夜急行军。然而金军的攻势太猛了，他还没走完一半路程，洵阳就失守了。得胜的撒离喝不做任何停留，继续闪电西进。在沙隩，郭进和他们狭路相逢。

什么也别说了，打吧。黑暗中，金军不熟地形，只好舍骑步战。山地战恰恰是王彦"八字军"①的强项，两军相交数十合，宋军越战越勇，杀伤甚众。到了天亮，金军的前锋部队终于溃散。但撒离喝所率的主力却随之而来，稳住了阵势，步骑并进，对郭进展开了反攻。郭进兵马既寡，长途跋涉，又连夜作战，士卒乏力，最后抵挡不住，大败，郭进本人也力战阵亡。

完了，这下完了。郭进的部队被歼，主力部队之前又被调往了姜子关，金州成了一座空城。王彦想起刘子羽告诫他先占据关键地势、设劲弓弩等待的话，不由对自己轻易出击的举动懊悔万分。

但懊悔是解决不了问题的，当下之计怎么办？金军远道而来，实施的是闪电战术，随军不可能携带太多粮草，他们必须尽快拿下金州，在金州补充给养，然后才能深入四川。所以金军对金州城是志在必夺。想到这里，王彦钢牙咬碎，悠悠地吐了一口气，说："贼军远斗飙锐，难与争锋，他们之所以来得这么急，是想补充军粮杀入巴蜀。"于是下令尽焚储积，发动居民上山避难，自己率部退出金州，撤往石泉县。

虽说王彦在料敌备战方面犯了一连串的错误，但败逃之中还能保持清醒的头脑，实在难得。站在被烧成白地的金州城前，撒离喝指天画地，破口大骂，骂王彦这挨千刀的无德，一口吃的也不留。

可是骂归骂，要想不被饿死，必须赶快拿出对策。绍兴三年（1133年）正月初九，撒离喝引军离开金州，向西直取兴元府。撒离喝心急如焚，他知道如果不能在短时间内攻占兴元，全军就会因缺粮而崩溃。而从金州到兴元府，沿途还有松林关、石泉、饶风关（在今陕西石泉县西北）、洋州几个军事要塞。

---

① 南宋建炎年间，王彦跟随张所为河北招抚司都统制时，招抚河北、河东抗金义军组成的军队。因士兵面刺"赤心报国，誓杀金贼"八字而得名。

所幸王彦因为逃得太急，不但弃松林关不守，还远离了石泉，一路向南撤到了西乡县，这就等于给自己让出了一条宽敞的大道。此时不抓紧赶路，更待何时？撒离喝掩饰不住内心的兴奋，大呼小叫地催动军队沿路急驰。于是数万大军一齐狂奔，大地震动，尘土蔽天。

　　前面渡过了汉水，就是松林关了！过江！撒离喝一扬马鞭，率先纵马过江。然而，可怕的事情发生了。对岸突然出现了数不清的宋军，排山倒海地杀了过来。这就是传说中的"半渡而击"？撒离喝不由得寒毛倒竖，血液凝固。

　　原来王彦退到了石泉，将发往姜子关的军队招了回来，但他认为这几千人无法阻挡撒离喝的几万大军，于是又将之转移到了西乡。而张浚也已经收到撒离喝从武关道入侵的消息，料定王彦的金州难保，便传令王彦和刘子羽两军集结于饶风关，以对撒离喝进行阻击。被派去通知王彦撤军的是干办官甄援。甄援还未到洋州，就听说金州已经失守，王彦退守到西乡，不由得大惊，赶紧辗转到西乡，拿出张浚的手札，命令王彦返回石泉，以松林、明月两关为依托，阻挠金军前进的步伐，为刘子羽在饶风关布防争取时间。明白了川陕宣抚处置使司的战略部署，王彦信心大增，率军退回石泉，坚壁清野，埋伏在对岸汉水。现在突然杀出，将撒离喝打了个措手不及，金军大溃。

　　这一战，王彦大破其众，生擒伪齐汉儿军八十余名。

　　撒离喝搞了半天，弄清楚了是王彦退而复返，不由大怒，于是仗着自己人多，将自己的数万大军铺陈开来，分作数路，齐头并进，同时渡江，让王彦无从防守。可是刘子羽的集结号已经吹响，王彦放弃了松林、明月两关，全身而退，向石泉西北五十里的饶风关撤去。一场惨烈的搏杀即将在饶风关下展开。

　　饶风岭南枕汉江，与西乡县接界，地势高峻，石径盘纡，是秦楚蜀三地交通往来的必经之处，岭上有饶风关横亘在两座山峰之间，俨然一把巨大的大锁，锁在了这条要道之上。撒离喝要进取兴元，非先破此关不可。兴元帅刘子羽得知金州已陷，立即调兵遣将，已在饶风关上进行了重点布防。张浚虽然明确指示由王彦和他合军共守饶风关，但敌人毕竟号称三十万之众，不容小觑，刘子羽赶紧派人飞驰仙人关，邀请吴玠率部前来，共同击贼。

吴玠此时正在河池（在今甘肃徽县）。刘子羽这封求救信一石激起千层浪。众将士议论纷纷，很多人反对发兵救援。因为川陕宣抚处置使司一再强调各军分区各自防守，现在又没接到宣抚处置使司的命令，怎么能轻举妄动呢？而且现在叛贼李彦琪的军队已从秦州沿祁山道开往成州，不日便可到河池。大军一旦调离仙人关，敌人乘虚而入怎么办？再有就是，从仙人关到饶风关有三百里之遥，增援的人发得多了，行军速度就快不了；增援的人发得少了，又起不到增援的作用。权衡之下，还是不要去了。

将士们的话都有一定的道理。要不要增援饶风关呢？吴玠颇为纠结。他觉得，敌人势众，如果不借助饶风关的险峻予以重创，其一旦进入汉中，局势就难以收拾了。踌躇了半晌，吴玠拍案而起，叫道："事情已经很紧急了，必须急邀于险，将金人阻挡在饶风关之外。你们如果不愿去，我自己单骑而去，绝不能辜负刘待制。"点起数千精锐骑兵，急赴饶风关。

到了半路，吴玠又犹豫了。正在吴玠犹豫之际，刘子羽正好又写来一封信，信上催促道："敌军旦夕便到饶风岭下。不守住饶风关，整个四川都有危险。将军务须火速赶来。"读了刘子羽的信，吴玠疑虑尽消，挥军继续驱驰，二月初五拂晓顺利抵达饶风关。

撒离喝求粮心切，已在饶风关下扎下营寨，眼看就要发起全面进攻。但吴玠日夜兼程，身心俱疲，根本没法投入战斗，他匆匆会见了刘子羽、王彦等人，便命人用竹筐盛了数百枚黄柑"犒赏"撒离喝，让他知道吴玠来了。在竹筐里，吴玠还别出心裁地附了一张小字条，上面写了十六个字："大军远来，聊奉止渴。今日决战，各忠所事。"

看着这一筐黄澄澄的柑子，撒离喝一脸茫然，手中的铁杖也脱手掉在地上，过了好一会儿，才醒过神来，弯腰拾起铁杖，连击地面，无限幽怨地叫道："吴玠，你怎么说来就来了！"要知道，撒离喝这次千里大迂回，绕了这么大个弯，目的就是避开吴玠的防区，吴玠的突然出现，把他吓住了。彭原店激战的阴影实在太大了，太可怕了。结果撒离喝不敢前进，只是在附近盘桓多日。

吴玠以几百只柑子的代价，换来了好几天的休整，顺便还沿饶风岭增设了不少寨栅，尽据险要之处。

除了王彦和吴玠两军的增援外，还有洋州义士一万三千人加盟助阵。这样一来，形势也不似原来那样危急了，于是有些宋军将士的思想开始出现了松懈。有一名将校不按要求掘壕备战，吴玠觉察到了，大为震怒，将他抓起来，要斩首示众，杀一儆百。一些人向吴玠求情，求免他一死，让他戴罪立功。这名将校隶属于刘子羽军，吴玠顾及刘子羽的面子，同意了。

二月十一日，战斗正式打响。撒离喝虽然忌惮吴玠，但军中的粮食越来越少，再不发起进攻，全军就要活活饿死。他前几日之所以没有贸然发动进攻，是在等自己的重甲骑兵师，也就是金国最负盛名的"铁浮屠"兵团。未使用"铁浮屠"之前，撒离喝运用的是闪电战术，所以粮草辎重和"铁浮屠"被远远抛在了后面。现在对手既然是吴玠，就不能不小心应付了。

"铁浮屠"一来，双方展开了厮杀。金军的"铁浮屠"骑兵全部以步代骑，每人身披两重铠甲，三人一伍，登山仰攻。这三人中，一人在前，两人在后，前者持盾，后两人执长矛，前面士兵由身后的两名士兵推助登山，互为攻防，稳扎稳打，势在必得。

吴玠仍旧以"驻队矢"应战，弓弩乱发，大石摧压。由床弩发出的三剑弩可以穿透铁板，而由神臂弓发出的弩箭也可穿透合围的榆木。在这些高强度的射具面前，"铁浮屠"的两层铁甲根本不足护体，而且又有大石压顶，金军伤亡很重，满山乱滚，惨叫震天。但"铁浮屠"士兵的身后都拖着拒马木桩，有进无退，先者既死，后者代攻，死者山积，始终不肯撤军。

恶战持续了六个昼夜，每日数十战，其惨烈程度，为"南渡十三战"之最。最终撒离喝的三千"铁浮屠"死伤殆尽，但他已经杀红了眼，不管这些，继续催动后面的军队冒死进攻。王彦借助吴玠的火力掩护，尽发精兵，杀出阵地，与金军肉搏，长枪冲突，奋迅飘忽。金军披靡摧折，弃甲乌散，伤痍踵路。

撒离喝快要崩溃了。他的军队杀马代粮已有半个多月，现在深入重地，欲退不能，前进又进不得。看来带来的三十万大军就要被埋葬在饶风关下了。

眼看宋军就要取得饶风关战役的胜利，这时突然出现了一个转折。那个被吴玠差点儿处死的将校趁夜投奔了金营，他把饶风岭上宋军的虚实、军事部署详详细细地告诉了撒离喝，并给撒离喝献计，说："宋军统制官郭仲荀所守的阵地虽险，但他的兵将寡弱，很容易击败。"于是撒离喝让这个人领着一支精兵，从饶风岭左侧攀崖而上，沿着祖溪小路越过蝉溪岭，绕到了饶风关后面，准备在半夜偷袭郭仲荀的山寨。

偷袭的前一天，为了麻痹宋军，撒离喝还把金国士兵抢掠来的宋朝女子驱赶到山寨去，实施美人计。

这一招得逞了。贪图美色的郭仲荀军被打得七零八落，然后撒离喝在郭仲荀的山寨中乘高俯瞰饶风关，对宋军实施前后夹攻。这下饶风关上的宋军腹背受敌，阵脚瞬时大乱。饶风关最终失陷了。

吴玠、刘子羽、王彦等人在败退中，不忘将所有积粮烧毁，刘子羽更是将兴元城内来不及运走的公私积蓄烧得一干二净。

离开了饶风岭，三人分头择险驻守。刘子羽退守三泉县（在今陕西宁强北）；王彦则率军沿荔枝道向南穿越米仓山，退到了达州；吴玠目光独到，将军队驻扎在了定军山（在今陕西勉县南）上。

撒离喝乘破饶风关之勇，下洋州，入兴元，悍然进据汉中盆地。然而却找不到任何粮草！撒离喝只好继续向西挺进，准备沿金牛道下利州——只要到了成都，就不怕筹不到粮饷。

可是吴玠就守在汉中盆地西端的定军山上，这条路走不通。于是撒离

190

喝就翻过米仓山，沿米仓道南下打阆州。宋军的川陕宣抚处置使司不是设置在阆州吗？撒离喝动员全军，不畏艰险，克服困难，翻山越岭，兴冲冲地往阆州扑去。

然而撒离喝没想到的是，米仓道比他想象中的难走多了，一路崎岖陡险，有的地方甚至得用手爬，可谓披荆斩棘，步步艰难。大军用龟速，历尽了九九八十一难，终于到达米仓道南端出口。在那儿他们又见到了一个极其不愿意见到的人——王彦。

屯于达州的王彦听说撒离喝在沿米仓道向南推进，于是引军从达州开赴巴州（治今四川巴中），后发而先至，堵在了米仓道的南端。撒离喝来得实在太慢了，连王彦都替他着急，看他刚刚冒头，不由分说，兜头就打。撒离喝沿途历经磨难，军中又乏粮，精疲力竭，哪还有半分斗志？胡乱抵挡了一阵，就乖乖原路退回了。

可怜的撒离喝！不过，回到汉中，他却收到一个意想不到的好消息：吴玠得知他入了米仓道，就撤军回仙人关了。

撒离喝简直不敢相信自己的耳朵，激动得热泪盈眶。冤家啊，你终于走了。那还犹豫什么，进军，沿金牛道进军，目标成都！

不过，吴玠虽然撤走了，金牛道上还守着刘子羽一军。但对这支军队，撒离喝根本不放在眼里。撒离喝确实有理由蔑视刘子羽。刘子羽退守三泉，从兵不及三百，因为走得急，所带的军粮有限，军中严重缺粮，刘子羽本人每日与士卒靠草芽果腹，这样一支部队，很难说有什么抵抗力。远在阆州的川陕宣抚处置使司内很多人也担心刘子羽守不住，以至于纷纷提出再移司潼川府（治今四川三台），以避兵锋。可是刘子羽并不自暴自弃，他写信给张浚说："有我刘子羽在，敌人绝不能轻进半步。千万不要轻移使司，重蹈覆辙。"张浚这次听从了刘子羽的意见。

撒离喝小看的是刘子羽的军队，却十分赏识刘子羽的胆略，他成立了一个由十五名使者组成的"劝降团"前往三泉，向刘子羽劝降。结果刘子羽将这些人带来的令旗书信一股脑儿毁掉，并连斩了十四名使者，仅放一人回去复命，递话说："要战便战，刘子羽只可战死，不可招降。"除此之外，刘子羽还派人送了一封绝笔书给吴玠，称："子羽誓死于此，与公诀矣。"

吴玠自定军山撤走一直惴惴不安，他非常清楚自己一撤军，刘子羽的弱旅就被推到了战斗的最前沿。现在读了这封信，不由得羞愧难当，转而又忆起当日刘子羽在张浚跟前大力荐举自己的情景，不禁泪如雨下。帐下的将士也一齐高呼："节使不可负刘待制！"于是吴玠又带着卫队星夜向三泉赶去。

三泉一带，黑暗中，撒离喝的侦察兵四处活动，战争随时会打响。吴玠好不容易找到刘子羽的营地。只见偌大的山岭上稀稀疏疏地建了十来个营帐，没有岗哨，营中都是些老弱残兵，刘子羽独处一帐，连警卫兵也没设。

子羽啊子羽，现在都什么时候了，怎么不懂得保护自己！吴玠又气又急，闯进了帐中。刘子羽正在蒙头大睡。吴玠一把将他叫醒，切责道："敌人就在附近，你怎么连岗哨都不安排？！"刘子羽叹道："反正都要战死了，还安排什么岗哨！"吴玠登时语塞，眼圈却红了。

看见吴玠这样，刘子羽也感动了，他拉他一起坐到床上，针对当下形势，商议对敌大计。刘子羽的意思是让吴玠率军前来共守三泉。吴玠笑而不答。良久，吴玠才他分析道："凤、成、阶、岷①四州是四川的门户，不可轻弃。金人之所以不敢轻易入金牛道，是害怕我抄其后路。若与你合兵一处，敌军必随之入险，我们既不能对其构成威胁，自己的优势也日趋穷蹙，则大势去矣。现在你既已在我的下方据险而守，那我当由兴州、河池绕出敌后，控制褒斜山谷。敌军一旦见我绕到他们后面，就会以为我们要用奇设伏、堵绝归路，势必狼顾。然后我们据险邀击，将他们赶走。此所谓善败者不亡也。"刘子羽茅塞顿开，连声称好。

于是吴玠传令自己的女婿、统制王浚率领五千军马赶到三泉增强刘子羽的战斗力，自己又返回了仙人关。而原先兴元府溃散的士兵也逐渐归

---

① 岷州，治今甘肃岷县。

队，刘子羽的队伍庞大起来了。人一多就需要重新筑建营地，经过考察刘子羽选中了离金牛道不远的潭毒山（在今四川广元市北）。该山山形高耸像个斗，上面宽平有水，易守难攻。刘子羽指挥将士花了十六日，将潭毒山建成了一座壁垒森严的军事要塞。

然而就在这紧要关头，刘子羽却必须离开潭毒山。早在上一年，朝中就有很多大臣议论纷纷，说富平大战之败、曲端之死，甚至张中孚、张中彦等人叛宋，都是张浚和刘子羽一手造成的。为了召张中孚、张中彦这些人归宋，赵构曾下诏任命张浚为知枢密院，改任王似和卢法原为川陕宣抚处置副使，要张浚和刘子羽即日动身还朝。赵构给张中孚等人写了大量的劝归信，上面赫然写道："原宣司参义刘子羽弄权用事，不通人情。今已召张浚还朝，改命王似为川陕宣抚处置副使。希望你们不要再顾虑前嫌，早日回归！"当时饶风关大战在即，所以张浚和刘子羽拒绝奉诏。这就引起了赵构的警觉。朝中群臣察言观色，弹劾张浚和刘子羽的奏书如雪片一样堆满了赵构的案头。

四月，刘子羽收到张浚从宣抚处置使司转发来的红头文件，文件上赵构专门点了张浚、刘子羽，还有王庶、冯康国、刘锡等人的名字，限令他们在该年五月份离开四川，回朝廷另候安排。看来这些人离蜀已成定局。

刘子羽沉吟不决。但还没等他做出反应，撒离喝就亲率主力部队由兴元出发，气势汹汹地朝潭毒山杀来了。诸将闻报大惊，营帐里一阵阵骚乱。刘子羽镇定自若，笑道："敌人怎么今天才来？"他已经决定再一次违诏，留下来，坚守潭毒山。

为了稳定军心，他大步走到阵前，靠山脚安放了一把椅子，大马金刀地坐下，等候敌人。诸将大惊，流着泪道："这是我们打仗的地方，您坐在这儿，岂不要被敌人的弓弩伤到？"刘子羽却怎么也不肯走。这样一来，军心也就安定下来了，全军上下都做好了迎战准备。

可是撒离喝却迟迟不来。

搞什么鬼？刘子羽打发侦察兵去侦察。不久侦察兵回报："敌军已经退走了。"

不好，又被撒离喝阴了！刘子羽醒悟过来，尽发营中兵马，从金军背后进行掩击。

原来金军虽然攻占了汉中，但转战千里，死伤过半，而且刘子羽坚壁清野的工作已经实施到位。金军无从抢掠，绝望之余，只好杀马而食，马匹吃光，就杀河东、河北的金军吃，一时腥膻汹汹。到了四月，长期吃人肉导致瘟疫发作，无数金军将士死于传染病，死伤十有五六，撒离喝只能被迫撤军北返。他之所以扬言攻打潭毒山，其实是为撤退做掩护，避免撤军时遭到刘子羽的追击。

等刘子羽反应过来，撒离喝全军已从金牛镇折入褒斜道遁去。刘子羽追杀不及，派人送信给吴玠，让他在武休关（在今陕西省留坝县）进行截击。可还是来不及了，吴玠引军赶到武休关，撒离喝已经丢弃辎重过关而去。这场历时五个月、以饶风关为核心的大战也随之降下帷幕。

这场大战金军不败而败，宋军则不胜而胜。

表面上，金军转战千里，在汉中盆地纵横驰骋，把宋军打得丢城弃地，到处逃避，很是威风。但宋军先在饶风岭给予金军极大杀伤，然后又占据了各处险要，分头对金军进行打击，还充分利用金军没有粮运补给的弱点，坚壁清野，使金军的非战斗减员人数迅速攀升，最终不战而胜。

然而赵构却看不清这样一种胜利，还是不断催促张浚等人回朝。五月，在赵构的一再催促下，张浚和刘子羽等人带领着川陕宣抚处置使司近万名将士，恋恋不舍地离开了这片流过汗、流过血、为之战斗过的热土，告别了这段炮火纷飞而又激情燃烧的岁月，沿江而下，往临安而去。

接替川陕宣抚处置使司工作的是王似和卢法原。这两人一上任，便雷厉风行地调整了诸将的防区：吴玠继续屯驻仙人关，负责防守秦州、凤州至洋州一带；王彦屯兵渠州（治今四川渠县），负责防守金州、房州至巴、达州一带；刘锜坐镇巴西（在今四川绵阳），负责把守文、龙至威、茂州①一线；关师古屯驻阶州，负责镇守洮②、岷至阶、成州一线。此外还将郭浩提为利州路经略安抚使兼知利州，田晟提为权知兴元府兼管内安抚使。

---

①　威州，治今四川理县。茂州，治今四川茂县。
②　洮州，治今甘肃临潭。

# 仙人关之战

饶风关之战，撒离喝损失惨重，金王朝对此大为不满。很多人指责撒离喝不该搞什么长途奔袭、千里转战，说阴谋诡计本来就是南人的特长，你撒离喝却跟着他们玩虚虚实实那一套，结局肯定好不了。很多完颜宗弼的支持者也说要打败吴玠，拿下四川，就得像完颜宗弼那样直来直去、实打实地拼杀。可以说撒离喝的失利为完颜宗弼的复出提供了一个契机，完颜宗弼因此得以告别了他那郁闷的冷板凳时代，重操板斧，回到川陕战场。

没多久，金主吴乞买命完颜宗弼率军直接赶赴凤翔和宝鸡，并让他告诉撒离喝，用不着考虑别的，就一竿子捅到底，拿下和尚原，敲开大散关，从陈仓道入蜀。

这次大军南下，完颜宗弼志在必得，他纠合大军数十万，决意取蜀。不但他和撒离喝，全军所有大兵小将都把自己的父母妻子带上了，扬言要到传说中的天府之国四川成都定居。

绍兴三年（1133年）十一月，完颜宗弼无视漫天鹅毛大雪，强渡渭水，夺取神岔要隘，夜袭和尚原。吴玠此时远在仙人关，驻守在和尚原的是田晟、杨从义和雷仲。完颜宗弼的来势实在太猛，他们只徒劳地挣扎几下就全军溃败。曾让金军寸土难逾的和尚原竟然如此轻易就失陷了，完颜宗弼也大为惊讶。

夺下和尚原后，完颜宗弼又趁势拿下了大散关。

形势一片大好，撒离喝喝彩不已，提议马上沿陈仓古道南下，直趋仙人关。完颜宗弼却摆摆手，传令停止进攻。他的意思是新年快到了，让将士们歇一歇、乐一乐，有什么事过了年再说。

然而新年一过，关师古来降，完颜宗弼的想法又有了一点儿变化。

关师古是因为缺粮又得不到及时救应，才不得不投金的。

四川地区在行政区划上分为四大川路，分别是成都府路、潼川府路、利州路、夔州路。成都府路号称"天府之国"，潼川府路也极为富庶。而利州路和夔州路就不行了，到处崇山峻岭，难以耕种。特别是利州路，其与秦陇地区接壤，山崖陡峭之外，土质还特别贫瘠。而川陕宣抚司的军队主要屯驻在利州路，其中刘锜驻巴西、关师古驻熙河（今甘肃西和）、吴玠驻河池、王庶驻兴元府、王彦驻金州。王庶和王彦的军粮可以在汉中地区自己筹措，刘锜的军粮也可派人回巴西地区征调，吴玠和关师古的军粮却只能从千里之外的成都府路和潼川府路运来。

从上一年仲夏，关师古就开始军粮告急，他多次向川陕宣抚处置使司反映，要求成都增运军粮。但张浚离任、卢法原入蜀，新旧班子交替，工作千头万绪。而且卢法原新人初来乍到，人望素轻，做起事来手忙脚乱，很多工作做得不到位，关师古的军粮问题就没能妥善解决。日子一天天过去了，关师古越来越急，一看指望不上卢法原，就越级上奏了朝廷。然而夏去秋来，秋尽又冬至，军粮还是没有着落。士兵们一天天来闹。实在没办法了，关师古把心一横，把仓库里仅剩的那点儿粮全部倒腾出来，让大家饱饱地吃了个年夜饭，然后去伪齐抢劫。

绍兴四年（1134年）正月初四，关师古以先锋军统制李进、前军统制戴钺为先锋，自己引大军为后继，从阶州出发深入叛将慕容洧的防区劫粮。慕容洧全军当时正沉浸在过年的喜庆气氛中，哪里想到关师古会冒着风雪前来打劫？关师古一击得手，顺利拿下掩骨谷城。

可是掩骨谷城的存粮并不足以解决三万多人的温饱问题。关师古继续挥军前进。可是被惹急了的慕容洧已经在石要岭埋伏了重兵。关师古的抢粮队刚到，伏兵呼地杀出，全军顿时惊溃。关师古手忙脚乱地指挥军队后撤。好不容易撤到了大潭县（在今甘肃礼县西南），再也撤不动了——他们被里三层、外三层地围了个水泄不通。关师古连续组织了十几次突围，均告失败。

正月初十，关师古抬头看着漫天飞舞的雪花，泪流满面，他做出一个惊人的决定：单骑出降！但条件是要让手下的军队返宋。伪齐军同意了。

这样一来，关师古虽然出降，也丢失了洮、岷之地，但他手下的这支军队却安然返回了宋境，无一人一骑出逃。这支军队后来被编入吴玠麾下。吴玠爱其忠义，抚存劳赉，尽捐自己的家财补充军队给养，两军合兵，中外一心，可谓"失一匹夫于师古，得貔得貅于行阵"。幸甚幸甚！

关师古来降使完颜宗弼生出一些幻想，他想如果能让吴玠也来投降就好了。在当时川陕宣抚处置使司所控制的军队有十万余人，而吴玠部和关师古部则占了总数的一半以上。吴玠部战斗力最强，兵马也最多，有三万多人，关师古部有二万余人。可以说川陕诸将中，除吴玠外就数关师古位高权重，他是宣抚处置使司依恃和倚重的一支重要军事力量！

撒离喝也觉得此事非常有可能，因为关师古是宋廷重臣，说投降就投降了，眉头皱都不皱一下。所以说只要出得起价钱，吴玠也一定会投降。他自作主张给吴玠写了一封劝降信，极言金国威德之盛、智勇之奇、甲兵之强，要吴玠相时而动，及早投降，开出的条件是：割地封王，分疆而治。他觉得自己开出的这个条件任谁都不能拒绝。然而他错了。吴玠给他写了回信，既逐条驳斥了他的观点，还不忘对他调侃嘲弄了一番。信的结尾写道：我吴玠世代为宋臣，孕子育孙于中原之地，若有二心，天诛地灭，岂是你等唇舌可以劝得动的？我倒是为您感到可惜。春律方初，万物生长，你们却逖离坟墓，羁游万里，太不容易了。行军打仗辛苦，行旅悾偬，不知您过得快乐吗？希望您加强睡眠，注意饮食，养好新春和平之福！①

读了这封回信，撒离喝只能干瞪眼，说不出话来。

二月十一日，完颜宗弼与撒离喝率十万骑自铁山凿崖开道，沿岭东来。营寨未结，完颜宗弼首先跃马阵前，高喝要与吴玠对话。他对着吴玠

---

① ［南宋］徐梦莘：《三朝北盟会编·卷一百九十六》。

大声说道："赵氏已衰，不可扶持；公来，当择善地百里而王之。"

吴玠哈哈一笑，高声答谢道："已事赵氏，不敢有二。"

这下完颜宗弼死了心，吩咐大军在杀金坪前面屯驻，连珠硬寨数十座，四面修建炮台，准备强攻仙人关、杀金坪。

仙人关位于今甘肃省徽县东南，正当陈仓道和祁山道的交叉口附近，交接甘、陕、川三省。西临嘉陵江，江岸峭壁矗立，仅一条小径通青泥岭；南接略阳县北界；北有虞关紧接铁山栈道。既是关中、天水进入汉中的要地，也是由陕入川的重要咽喉。屯守仙人关，便可左控祁山道，右扼陈仓道，可谓兵家之要。

金军强夺了和尚原后，就可以进入陈仓道入蜀。为了阻遏金军深入，吴玠在仙人关东边的一座无名山峰上修筑了一座营垒，取名"杀金坪"，意为屠宰金国入侵者的刑场。吴玠修筑杀金坪与他此前在大散关附近修筑和尚原可谓一脉相承。一关一寨互为依托、互为救援的防守体系，在前面的和尚原大战中已展示了巨大威力，吴玠正是认准了这点，遂再次运用。杀金坪不但能控守陈仓道，而且还能挡住从秦州沿祁山道而来的金军。

然而吴玠的弟弟吴璘到仙人关，见了仙人关整体的军事构建，却不大以为然。他说："杀金坪地势开阔，离关太远，前阵散漫，必须增设第二道防线，从后阵阻隘，才可称必胜。"吴玠经弟弟这一提醒，犹如醍醐灌顶，赶紧在仙人关和杀金坪之间又修建了一座关隘，正是这座关隘在日后的仙人关大战中起到了反败为胜的作用。

吴璘，字唐卿，吴玠的幼弟。和吴玠相比，他除了能守，还善于进攻。他创造了以步制骑的著名车阵法——叠阵，著有《兵要》一书。提倡以我之短制彼之长，以分队制敌骑兵，以劲弓强弩制刀枪，以远封近，以强制弱，巧妙运用孙膑的"三驷之法"，以弱为先，强者继后，以小败而换大胜，以小失而取大得。建炎三年（1129年），刘子羽慧眼识英雄，在他的推荐下，川陕宣抚处置使张浚任命吴玠为统制，吴璘则晋武副尉掌帐前亲兵。从此这对龙兄虎弟开始以大将的身份出现在各种大战中：彭原店、富平、和尚原、饶风关……现在，吴璘的身份是秦州知州兼节制阶、文州军马。

听说金军大军摧压仙人关，吴璘不等兄长招呼，火速自阶州经七方关（在今陕西汉中北）与金兵转战七昼夜，倍道而来，想助兄一臂之力。

第二道防线筑好没多久，金军的猛攻就开始了。战鼓声惊天动地，呐喊声撕裂人心，金军犹如惊涛拍岸，一浪连着一浪，连绵不断地拥上杀金坪。吴玠命令营中的神臂弓、飞火枪、石炮一齐发射，击毙敌军无数。统制官田晟更是列军阵前，将靠近的金兵悉数砍倒。

双方交战很快进入白热化，一日血战三十余阵，到处血肉横飞，惨烈程度前所未有。金军人多势众，又添生兵冒着炮石箭矢拥洞子、云梯拼死接近城身。吴玠居高临下，指挥士兵用巨石猛砸洞子，用撞竿撞云梯。洞子在巨石的重击下木屑飞溅，云梯撞倒，梯架散裂，尘土飞扬。

完颜宗弼看到气得三尸神暴跳，命士兵推来巨型虚棚、战楼。这些战楼外缚牛皮，内置云梯，高度与城头相同，由大字董率领万余锐卒在下面推动，靠近城墙直接攻打城头上的守军。宋军统制杨政一看不好，领长枪防刀手跳到战楼上，和上面的金兵短兵肉搏。

不过完颜宗弼这种蛮牛式的进攻还是在宋军统制郭震的防区得手了。金军战楼上的士兵跳上城头，将郭震的士兵杀散，以惨重的代价攻克了郭震的营寨。郭震自觉力乏，不能夺回阵地，便弃阵而逃。其余各部受此影响，军心动摇，阵脚浮动。危急关头，吴玠迅速找到郭震，脸色铁青，话也不说，挥刀兜头就劈，郭震"啊"的一声还没喊出口，脑袋就飞了出去。士兵们惊呆了。这时吴璘也率部赶来，拼死力战，绝地反击，重新夺回了郭震营寨。

吴璘扬刀向士兵们疾呼："金人倾巢而来，正是我们立功报国之时！"说完抢刀在自己脚下画出一道线，声色俱厉地说："死则死此，退者斩！"于是军心遂定。

接下来，又是一场你死我活的激烈砍杀。金军感觉正面进攻收效不大，随即变阵，将队伍一分为二。完颜宗弼率军从东面进攻，大将韩常率军从西面进攻，企图利用骑兵机动性强的优势从东西两面进行夹击，从而打乱宋军的部署。吴玠坐镇中军，吴璘率锐卒来往其间，左萦右绕，随机而发。

此时暮色四起，金军死伤了一批，另一批又接踵而至，人被重铠，铁钩相连，鱼贯直上。看着大军疲惫、将士力竭，而金军的预备队还在连续不断地投入战斗，吴玠决定放弃杀金坪，利用夜色，退至吴璘代为设计的第二道防线。

然而第二道防线的构建远比不上杀金坪坚固，有人认为不易防守，又不能直接遮护仙人关，不如直接放弃，别择他处或干脆退回仙人关作坚守计。吴璘奋呼道："还没交战就退走，是一种逃跑行为。我料敌人扛不了多久，诸君务必坚守。"

吴玠看着眼前的工事建筑，脑中浮现出刚才金军的如潮攻势，有些犹豫不决。此时杨政对吴玠说："扼守住这里，敌人绝不敢绕过攻仙人关。"于是吴玠拿定主意，下令坚守此地。但到了当天晚上，金军还是攻下了杀金坪。这一天是绍兴四年的二月二十七日。

奇怪的是，第二天金军并没有继续发起进攻。

第三天，也就是二月二十九日，战鼓又响，金军缓缓推来了几十座石炮。原来完颜宗弼用一天时间去筹备石炮和石块了。这次他并不急着进攻，而是在宋军阵前立起石炮，抛起了铺天盖地的石块。这招太狠了！

吴玠组织弩兵躲藏在防御工事里，用神臂弓猛烈射击石炮周围的金兵。双方石来箭往，互有杀伤。

二月三十日，金军的石块抛射完了，就不要命地向宋军阵地发起大规模进攻。万余金兵，身披重铠，人头涌动，如山动岳移，蜂拥而上。吴璘以"驻队矢"轮番迭射，矢下如雨，死者层积，可金军还是践踏着同伴的尸体延绵而来。

杀红了眼的杨政和田晟从左右两侧杀出，展开新一轮肉搏。金军重甲护体，刀枪难入。杨政指挥士兵专以长枪从侧面猛捅金军铠甲无法遮护的两腋。金军着装笨重，难以转身，被宋军屡屡得手。山坡上惨叫连连，被刺翻在地的金军很多像四脚朝天的乌龟，沉重的铁甲让他们挣扎不起。田晟的大刀队照着他们的脖子猛砍，犹如斩瓜切菜。这一番恶战足足打了一个白昼，尸首枕藉，血流成河。暮色又起时，金军才被迫鸣金收兵。

沉默了好多天的撒离喝在阵前巡视，突然眼前一亮，他猛拍马臀，激动地叫道："吾得之矣！"马匹受惊，四蹄奋踢，扬鬃咴咴长嘶，完颜宗弼被吓了一大跳。

撒离喝指挥金军全力猛攻宋军西北面的战楼。这座战楼在前一天的石炮轰炸下，下面的大柱已经裂开，楼身出现了微弱的倾斜。撒离喝估计，守在楼上的宋军并没发觉。因此他决定从这座战楼打开缺口。

金军冒死冲向战楼，楼上射出的羽箭如同飞蝗，不断有金军中箭倒下，而疯狂的金军前仆后继，不停死攻。冲到了楼下的金兵用利刀、大斧猛砍那根开裂的木柱。终于，撒离喝的计划成功了——但只成功了一半就停止了。

负责镇守战楼的是统制官姚仲，他一看不好，急命士兵以绢帛结成长绳，硬生生地将战楼拽正。撒离喝急得直跳脚，指挥金军用火攻。楼柱着火，火焰一蹿半天高。姚仲将战楼上的海壶悉数抛下，浇灭了大火。杨从义和田晟率长刀大斧队从左右击，明炬四山，震鼓动地。

完颜宗弼趁撒离喝攻打正酣，在东岭布置了一大批仿宋制神臂弓，向宋军阵地发起猛烈的射击。但他弄巧成拙了。弩兵是吴玠军队中最强的兵种，看见完颜宗弼班门弄斧，吴玠调发五百副神臂弓与之展开激烈对射。

宋军的神臂弓是"真品"，弩力强劲，霸道惊人，射了一会儿，完颜宗弼的弩兵一个个叫苦不迭，纷纷丢弓弃箭往后逃跑。吴玠当即派遣王万年、刘钤辖等人，分紫、白二色旗杀入金营。夜色已降，金军又饥又渴，大溃，吴玠催动大军杀来，迅速夺下金军的进攻阵地。金军被迫后退了数里之地。

接连五天的激战，金军一味硬攻硬打，消耗很大。王万年等人的反攻更是打乱了完颜宗弼的进攻部署，前沿阵地丢失，战斗力已近衰竭。眼看进攻仙人关无望，金军已有退意。

三月二日，完颜宗弼传令全军休整以为退军的幌子。为了避免宋军的追击，他计划在夜晚退军。

然而来时容易去时难。入夜，还没等完颜宗弼动身，吴玠已经算准了他要开溜，别遣五将，分更劫寨。完颜宗弼欲走不能，昼夜混战几十合。

金军败退之师，斗志已失，而宋军已看到胜利的曙光，越战越勇，完颜宗弼等人的大寨终于被破。

完颜宗弼知道再战下去自己就有性命之虞，被迫下令焚毁营寨，敛兵先遁。他这一走，金军兵败如山倒，个个丢盔卸甲，抱头鼠窜，被杀的、互相碰撞误杀的、倒地被践踏的……伤死数以万计。

背后火光冲天，耳边惨叫连连，完颜宗弼已经顾不了那么多，他紧紧地伏在马背上，末路狂奔，一路向北。幸亏是在夜里，黑暗中谁也看不清谁，用不着像上次那样割须弃袍了！

暴走了一夜，到了河池，天色渐渐亮了。完颜宗弼惊魂稍定，召集军队准备就地休息，弄个早餐吃了再走。然而吴玠早在头天傍晚就派遣统制官王俊赶到了河池设伏，这会儿"哗"地杀了出来。呜呼哀哉！完颜宗弼欲哭无泪，只好继续逃命，走凤州，过大散关，马不停蹄，往宝鸡方向狼狈逃去。

王俊所部不过一千多人，竟斩首千余级，生擒百余人，得牛马旗帜无数，大获全胜。至此仙人关大战终于落下了帷幕。

之前，无数的金兵家属高估了完颜宗弼的实力，误信了他带领大家到四川发财的大话，举家而来，没想到金军败得这么惨、这么快，他们思想上一点儿准备都没有，眼睁睁地看着宋军杀来，许多人稀里糊涂地做了无头之鬼，得偿所愿地"定居"在了梦中的南方，永远！

可怜的完颜宗弼，这次回去除了面对朝廷的责问和处分外，还得面对国内悠悠众口的谴责，日子不好过啊。

仙人关之战对于完颜宗弼而言，是一个新的耻辱。而吴玠，则迎来了他事业的巅峰。赵构对吴玠的表现赞不绝口。他写信给吴玠，称："但恨阻远，不得抚卿背而慰朕心也！"下令升吴玠为定国军节度使、川陕宣抚副使，不久，又晋升他为检校少师及奉宁、保静军两镇节度使，希望他在以后的工作中再接再厉，以更大的胜利报效国家。

从绍兴四年九月到绍兴五年（1135年）二月，吴玠尝试挥军进复陕西，但费尽九牛二虎之力，才堪堪收复了秦州。绍兴五年闰二月，吴玠被撒离喝与伪齐熙河经略使慕容洧围在瓦吾谷，最终以近千名宋军力战身亡为代价才突围而出。

导致这种结果的原因是多方面的。吴玠的部队以步兵为主，如果不凭坚守险，很难和金兵的骑兵抗衡，和尚原、饶风关、仙人关的几场恶战，都充分运用了山地战的特点，迫使金兵舍骑步战，再充分发挥宋军坚甲劲弩的特点，才对金军造成了沉重打击。

吴玠军善守不善攻！有吴玠在，吴乞买对占取四川彻底绝望，金军从建炎四年（1130年）七月定下的攻取长江上游，然后东西夹击南宋朝廷的计划至此算是彻底流产了。

仙人关之战后，金军重新把略宋战场由川陕转回两淮，只让川陕主帅撒离喝在四川。而撒离喝素惮吴玠，也不敢主动向四川进攻，于是川陕战场进入了一种武装戒备、双方休战状态。

# 第七章

## 金与伪齐的联合

1100
————
1141

# 岳飞收襄阳

从建炎四年（1130年）七月，金军主力将主战场转入川陕后，其扶植的伪齐就成了金国在两淮的打手。为了策应金军在川陕战场的形势，伪齐傀儡皇帝刘豫派李成进攻长江上游一带。原是贼寇的李成，自被任东京留守时的杜充赶出汴京后，转战淮南投靠了金军。绍兴三年（1133年）十月，襄、邓、随、郢①等州镇抚使李横弃襄阳而去，宋朝襄阳、邓州等地于是失陷。

襄阳地处中原与川陕之间，地理位置十分重要。襄阳失陷后次年，川陕战场即发生吴玠仙人关之战，重挫金兵，彻底粉碎了金军攻取长江上游、东西夹击南宋朝廷的计划。宋朝上下大为振奋，对襄阳的重视也提上日程。枢密使朱胜非高声说："襄阳上流，襟带吴、蜀，如果我们能抢先占据，则进可以蹙贼，退可以保境。"岳飞也不失时机地上了一道奏章说："襄阳要地，是恢复中原的基本。我厉兵秣马多时，只要皇上你下命令，就可以进兵襄阳，拿下六郡，则中兴之功，不日而成。"岳飞自在建炎四年（1130年）收复建康、鏖战楚州后，一直转战大江南北，与两淮、荆湖间的游寇、伪齐军和金军作战，曾成功讨伐李成、曹成。绍兴二年（1132年），他平定了曹成在荆湖一带的纵兵作乱。

赵构听取众人意见，于绍兴四年（1134年）三月正式任命岳飞兼荆南、鄂、岳州制置使，由他负责全盘策划收复邓、襄事宜。五月初一，再授予岳飞为镇南军承宣使、江南西路（治今江西南昌）舒蕲州制置使、兼黄复州汉阳军德安府制置使，将湖北帅司两军及荆南镇抚使司军马全部拨

---

① 郢州，治今湖北钟祥。

至他的帐下听令。

为了确保行动成功，赵构又接受赵鼎的建议，命淮东宣抚使韩世忠和淮西宣抚使刘光世从泗水和陈州分发精兵北上，与岳飞兵势呼应。一开始，韩世忠、刘光世二人坚拒不从，经过一番激烈的讨价还价，韩世忠勉强同意率大军屯于泗水上游以疑兵的身份出现，吸引敌人的注意力；刘光世也只好答应发精兵出陈州、蔡州为岳飞摇旗呐喊。

岳飞挥军北上，于五月初五攻克伪齐据守的郢州。随后命部将张宪、徐庆向东攻取随州，自己亲率主力直逼襄阳。

李成在襄阳据守，集结了伪齐最为强大的三万兵马，出城四十里，左临襄江，依江列阵，与岳家军交战。岳飞挥军从正面突破，而让部将王贵、牛皋各领一千骑兵从左右两侧实施包抄，一击得手，顺利收复襄阳。

岳飞在襄阳这边获胜，听说张宪和徐庆久攻不下随州，便派自己的长子岳云和牛皋一同领兵前往增援。岳云表现神勇，史载："公之子云勇冠三军，攻随州，持双锥，率先登城。"①

襄阳大败和随州失守的消息让傀儡皇帝刘豫惊慌失措，赶紧向金国求救。但是，金国经过仙人关惨败，实力锐减，已经无法组织大兵团入援，只是派一个名叫刘合孛堇的金将率几千金兵前来助战。

这种情况下，刘豫的失败已经没有太多悬念了。七月十五日，岳家军几乎没费多少功夫就收复了邓州。七月二十三日，岳家军在一日之内将唐州和信阳军（治今河南信阳）两地轻松收入囊中。

至此，北伐收复襄阳六郡的军事行动圆满结束。

赵构因此册封岳飞为清远军节度使、湖北路、荆襄潭州制置使，仍为神武后军统制，特封武昌县开国子、食邑五百户、食实封二百户、赐金束带一。这一年，岳飞年仅三十二岁，史称"自渡江后，诸将建节，未有如飞之年少者"②。是继刘光世、张俊、韩世忠、吴玠之后南渡诸将中第五个建节者。

① ［南宋］岳珂：《鄂国金佗稡编·卷五》。

② ［清］毕沅：《续资治通鉴·卷一百一十四》。

# 两淮战事再起

襄阳六郡就这样丢失，伪齐刘豫很不甘心。他去煽动主子吴乞买出头帮自己找回场子，为此他特意编了个谎言，说："我有一个手下，叫徐文，原是宋朝明州守将，刚刚从江南来投，尽知江南的虚实。他说宋主在杭州的钱塘江内有两百艘大船，宋主当初入海就是从那儿上的船。过了钱塘江，入越州，向明州定海口不远有一个昌国县。那是宋人聚船积粮的大本营。只要我军从密州出发，少则四五日，多则八九天，便可抵达昌国县，如果我们先从昌国县攻取了船粮，则可以反从明州直抵钱塘江口夺取宋主御船，到时，平定江南，易如反掌。"赵构已经在经过一段时间的逃亡海上、颠沛流离后，于绍兴二年（1132年）正月回到临安，并做下了在这儿长期居住的打算。

从密州取昌国县，从昌国县取杭州，抢粮夺船，平南灭宋，少则四五日，多则八九天……毫无疑问，这是个极具诱惑力的行动计划！生性贪婪的金国高层人员被撩拨得心思荡漾、蠢蠢欲动，特别是完颜宗翰，马上站出来，坚决支持发兵伐宋。但是早对完颜宗翰心存不满的完颜宗弼则故意唱反调，说："江南地势低湿，不利于骑兵驰骋。现在将士和马匹全都困顿，粮草不足，强硬出兵，恐怕徒劳无功。"两人在廷上激烈争执。

接着，刘豫派人私下里对吴乞买说："宋人从东京出走，已经连续迁居了五次，每次迁居，都丢失大量土地。现在只要咱们动用四五万兵力从两淮出击，向南猛追五百里，他们的吴越之地肯定不保，货财子女，咱们不求自得。"

赢取江南大片土地上的财富，对金人而言诱惑力是巨大的。吴乞买为此专门召开了御前会议，提出："既然在川陕战场不利，中路的襄阳又新失，现在应该开辟东面战场，向东部的淮南东、西路进攻。"然后不由分说安排完颜宗辅为左副元帅，元帅右监军完颜昌为右副元帅，统兵五万人策应刘豫。又以右都监完颜宗弼过江，了解地形，作为前锋。

完颜宗弼和挞孛耶两路大军入寇，骑兵自泗州取淮阳，步兵自楚州取高邮。声势浩大，尘覆飞鸟。

刘豫心花怒放，九月，任自己的长子刘麟为东西道行台尚书令，打出"直捣僭垒，务使六合混一"的口号，准备从顺昌府（治今安徽阜阳）袭合肥，攻历阳（今安徽和县历阳镇），从采石矶过江，配合金人南侵。

当时身为伪齐监军都制置使的李成实在是被岳飞打怕了，吓得直哆嗦，说："皇上，你这条进军线路……难道不担心岳飞出襄阳从咱们背后捅刀子吗？依我看，不如从东京直犯泗州，渡过淮水，扼守盱眙，据其津要，然后分兵下滁州、和州、扬州，大治舟楫，西面从采石直接打击金陵，南面从瓜洲攻入京口，等过江后合兵攻打临安。"

刘豫不是傻瓜，也深感岳飞这样的猛人自己是惹不起的，接受了李成的建议，同意绕路走，派骑兵自泗州攻滁州，步兵从楚州攻承州。

金、齐联军要大举进犯两淮的消息在南宋朝廷一传开，举朝震恐。群臣纷纷劝赵构议散百官，赶紧跑路。在一片逃跑声中，枢密使赵鼎站出来说："现在我军初获襄阳，士气正盛，不如就跟他们干一仗，等战而不捷，去未晚也。"

赵鼎反对避敌，主张以强硬的手段抵抗金与伪齐联军，他甚至劝赵构移驾平江府，下诏亲征。他说："我们多年的畏缩和忍让，反倒让敌人骄气滋生。陛下如果能亲征，武将自然个个奋勇，成功就在眼前。"

一向畏敌如虎的张俊也热血沸腾，昏头昏脑地振臂高呼道："我们还能往哪儿跑呢？当今之势，有进无退。皇上，请赶紧下诏聚集天下兵力共守平江。"

看着一向以胆小著称的张俊尚且如此，赵构激动得热泪盈眶，颤抖着声音说："朕因为二圣被掌握在敌人手中，生灵久罹涂炭，一而再、再而三地屈己求和，金人始终不肯理睬，现在又要对我们用兵。朕当亲总六军，临江决战。"于是下定了亲征的决心。

九月二十五日，金齐联军渡过淮水，大举向楚州、承州方向攻来。次日，知楚州、武功大夫、和州防御使樊序即弃楚州城而去。而时任淮东宣抚使的韩世忠也自承州退保镇江。整个淮东防线不设一兵一卒把守。

前线急报连连。赵构紧急安排：一面给岳飞下指令，命其探察敌情，扼守荆襄；一面安排张俊为浙西、江东宣抚使，以部下兵力援助韩世忠，并命淮西宣抚使刘光世移军建康。他还亲笔写了一封信给韩世忠，信中说："现在金军锋芒正锐，又得伪齐军提供轻捷小舟，可以横江直渡浙西，到行朝不过数里路程，朕甚忧之。建康的各个渡口都是敌军争夺的焦点，但有一处透漏，对国家都可构成致命的影响。朕虽然无德无能，不能君国子民，但太祖太宗的德泽犹在人心，希望您能深念累世涵养之恩，永垂千载忠谊之烈。"①通篇文字辞旨恳切，哀请乞怜之态跃然纸上。

韩世忠接到诏书，感泣道："主忧如此，臣子何以生为！"立刻命前军统制解元率军前往高邮阻遏金国步兵，自己亲提骑队自镇江出发，去抗击入侵淮泗的敌军。出发前，他吩咐士兵伐木为栅，自断归路，然后大会诸将，语气慷慨，高声说道："金人马步分道并进，皇上车驾方在江南，有如不胜，必为社稷忧，诸军平日奋忠义以报国，现在正是时候，我平生恨无死所，所以拔桥断路，示我生还之望。"诸将感奋，气自百倍。

韩世忠传令明日三更造饭，五更行军。于是军营中忙碌开了，人人磨刀洗枪，收拾包袱，出发上路。到了扬州，韩世忠改变主意了，原因是他遇上了一个人。

---

① ［清］毕沅：《续资治通鉴·卷一百一十四》。

# 大仪镇之战

韩世忠遇到的这个人就是赵构派往金营送信求和投降的魏良臣。

魏良臣，字道弼，江宁府溧水县崇教乡南塘人，生得高大魁梧，有伟丈夫模样。宣和三年（1121年）魏良臣登进士第，任丹徒尉。赵构为了跑路，残忍地杀死了陈东，惹得魏良臣大怒，他函伸陈东之冤，"天下高其义"①。这次金人南侵，赵构一面决意抵抗，一面却派人去与金国讲和。他对众大臣说："魏良臣为人最有气节，就由他代表国家出使。"另外安排王绘为副使。

魏良臣和王绘于十月十二日到了扬子桥，遇上了韩世忠的先锋军，于是赶到维扬拜见韩世忠。他们在扬州城东边的谯门上见到了韩世忠，看见韩世忠摆出架势，大吃一惊。要知道，他们是负责去向金营求和的，如果两军打起来，他们还在金营里，还不被金人杀了祭旗啊。

魏良臣赶紧劝韩世忠先不要轻举妄动，就算要打，也得先等求和回来后再打。然后拿出了赵构亲笔求和信给韩世忠看，证实这是皇上的意思。韩世忠看了看他出示的信件，又拿出赵构写给自己的那一封，对照着看，反复比较，沉吟不语。也不知赵构到底是想求和呢还是要他抓紧出战呢？韩世忠为难，魏良臣更加为难。

魏良臣十分清楚，如果韩世忠不答应自己，自己这一入金营，小命不保。但是韩世忠却大手一挥，说："你求你的和，我打我的仗，咱们都是按皇上的意思办事，两不相干！"魏良臣两眼一黑，脚一软，差点儿摔死。

---

① ［元］张铉：《至正金陵新志·卷十三》。

这时，外面流星庚牌纷至沓来，韩世忠数次出去迎接，每回来一次神色就沮丧一层。终于，像泄气的皮球一样，跌坐在椅上。魏良臣一问，原来赵构的命令来了，命令韩世忠撤炊爨班师，移屯守江。魏良臣这才松了口气，告辞了韩世忠启程过江。

魏良臣和王绘过了长江，行了三里地。王绘觉得韩世忠安排同来的防护兵都是些老弱残兵，起不了什么作用，便对他们说："你们送我等出游，任务已经完成，前路艰难，可自此去，努力报效国家。"防护兵们泣拜而去。一行百余人，全是离开行朝时的使臣军兵。

夜里，魏良臣和王绘留宿大仪镇（在今江苏仪征）。偌大的镇子，已空无一人。众人环坐于一空舍内，又饥又渴，时闻"枭鸣鬼啸，不类人境"。

第二天继续赶路，行不过数里，忽然遇上了一百多名金兵，控弦而来，见了王绘他们，一发叫呼，奔马而前，矢下如雨。王绘大声对魏良臣叫道："快下马，快下马，快叫大家下马。"

呼声未毕，回头一看，已有十四五个人中箭坠马。众人赶紧下马。王绘和魏良臣一并执旗，连声大呼："不要放箭，不要放箭，我们是来讲和的！"

于是金骑敛收弓矢，派来了一名骑兵，高声询问："你们都是些什么人？"

王绘答道："皇帝遣来的奉使，想和你们讲和罢兵，以后和平相处。"

这伙金军听了，竟然大声欢呼，高兴不已，看来金兵也是人，也会有厌倦打仗的时候。

骑兵跳下马，到王绘等人跟前详加盘问，询问完毕，让他们上马，联骑往天长军而去。沿路，金骑头目问："你家皇帝现在在什么地方？"

魏良臣不敢胡乱应答，小心翼翼地说："在杭州。"

头目又问："韩世忠呢？韩世忠又在什么地方？他有多少军马？"

王绘代答："在扬州，我们来的时候正在向镇江府而去，不清楚有多少军马。"

头目问："他会不会是用计使诈，你们一走，就引军返回掩击我军？"

王绘说道："这是兵家之事，我们做使臣的怎么得知？"

金骑和魏良臣等人一问一答间，不知不觉就到了天长军城外。

离城六七里地，有百余骑金兵拥簇着一员大将，皂旗高旌，全副武装。那员大将容貌秀整。金骑头目介绍此乃金军的万夫长聂儿孛堇。

魏良臣等人依次拜见聂儿孛堇，说起和谈的事，聂儿孛堇所问内容跟刚才的金兵头目差不多。他问："韩家军在什么地方？"

魏良臣说："我们从扬州来的时候亲眼看见他带人马出了东门，大概是往瓜洲去了。"

王绘听聂儿孛堇问得详细，也担心韩世忠去而复返，赶紧补充说："魏大人也不要说得这么绝对。用兵、讲和，是两件事。他韩世忠虽得了圣旨调往瓜洲，但将在外，君命有所不受。他是不是还会回来，我们做使臣的可不敢保证。"

聂儿孛堇又问："你们来议和，韩世忠会不会暗地里掩袭我们？"

王绘答道："军中机密大事，使臣不清楚，你们问也是白问。"

聂儿孛堇便自言自语地说："我家元帅已到高邮，三太子也已到了泗州，但对你国的事情却一点儿也不知道，全都是刘齐的间谍汇报的，他们说韩世忠有几万兵马，岳飞有几万兵马，全部屯驻在淮南，我们一路行来，却不见一兵一卒，真是奇哉怪哉。"

原来刘豫早先给聂儿孛堇送来了个情报，说岳飞和韩世忠各在淮南驻有兵马数万人，提醒他多加小心。

王绘道："贵国如今举大兵前来，目的是攻取江南州县给刘豫，却损伤自家军马，不知道何苦为他如此。"聂儿孛堇笑而不答。

其实，聂儿孛堇脑海里根本没听进王绘的话，他的心思还在韩世忠一军的去向上。自己从渡淮河以来，一直没遇到宋军主力部队，现在眼看就要到了长江边上，仍不见宋军的一人一骑，见了魏良臣和王绘这批求和使者，就坚定地认为宋军已经撤去，前路毫无障碍，要不，魏良臣这批人怎么愿意来送死？天长军距扬州路程不足一百里，而扬州背后就是长江，自己千里迢迢，岂有不过江之理？想起了几年前耶律马五两千骑从天长军长袭扬州，把赵构吓得"惧然警惕，遂病熏腐"的往事，不由心潮澎湃，悠然神往。他命令接待官员安置好魏良臣一行，自己尽发城中诸军，直趋江口。

这次，聂儿孛堇遇上了小股宋军，严格来说，只有十几个宋军骑兵。探马回报，在离扬州城外只有几十里的大仪镇，发现有宋军游骑在前面活动。

居然有宋军不知死活，还敢在这儿明目张胆地出现？！聂儿孛堇命部将挞也孛堇去将那些该死的宋军捉来碾死。挞也孛堇得令，率两百名精骑风一样冲到前面去。

果然，有十几骑宋军在前面探头探脑，鬼鬼祟祟的，不知在搞什么名堂。其中还有两个人将官打扮，指手画脚，似乎在命令其余的人干些什么。

挞也孛堇狞笑着，发起三四十骑，风驰电掣一般，直接冲锋。那十几骑宋军吓了一跳，连连挥鞭向东逃遁。挞也孛堇哪里肯弃？然而金军每人身披重甲，马匹负荷太大，追了几里地，速度明显慢了下来。挞也孛堇有些丧气了，正要放弃，那些宋军的马匹脚力很差，跑着跑着，也慢了下来。挞也孛堇大喜，继续挥军追赶，宋军也赶紧逃跑。

会不会是前面有埋伏，这几个宋军在诱战？挞也孛堇又准备放弃了，两员宋军将领竟然停了下来，回头大声叫骂。挞也孛堇身边的一员猛将大怒，单枪匹马冲了上去。

两员宋将看见金军只来了一人，便不走了，其中一员折回来跃马应战。金将以力大著称，两马相交，兜头一槊扫落，该宋将"力疲坠马"，一个倒头葱，狠狠跌落在尘埃中。挞也孛堇惊喜万分，要去捉堕地宋将。这时另一员宋军策马杀来，猛的一枪将金将挑落马下。落地宋将泥土也顾不上拍打，爬起来，跳上马如飞一般走了，很快就无影无踪了。

挞也孛堇大怒，一挥手，杀！金人百余骑一齐策马追击。那员扫落在地逃跑的宋将到了一个高坡，转回身来，扼守要道，弯弓引箭，嗖嗖嗖，接连射杀数人，金人的追势稍稍缓了一缓。而这时聂儿孛堇的大部队已从后面赶来了，金军见头领来了，复又放开追赶。

那宋将看见金骑扬起的尘土遮天蔽日，吓得胆落，赶紧落荒而逃。

金军扬刀挺枪，吆喝着放马追来。追得正欢，忽然鼓声大作，四面伏兵大起。

中计了！金军主帅聂儿孛堇内心一震，不由寒毛倒竖！兵家之要，在于一个"奇"字，虚虚实实之间，出奇制胜。他并不知道，刚才被金将扫落马下的宋将竟然就是宋军淮东最高统帅韩世忠，另一名宋将则是韩世忠手下第一猛将呼延通，他们已经引诱金军进入了他们设置好的伏击圈。现在，脚下是一大片一大片的沼泽地，身披重甲的金骑陷入泥淖中，难以动弹，弓刀无所施。

为了对付身披数重铁衣的金军骑兵，韩世忠特意召集了数百名恶少年敢死士独编成一军，号"背嵬军"，让他们苦练出一身击刺战射的本领。还研发出一种可怕的武器，名叫"克敌弓"，斗力雄劲，可洞犀象、贯七札。

背嵬军士兵每人手持一长柄巨斧，如墙而进，上砍其胸，下削其马足，百遇百克，人马俱毙。克敌弓发出的羽箭，破空而来，啸声尖锐凌厉，隐挟有风雷之势，每射铁马，只一发马匹便应弦而倒。聂儿孛堇手下的金军无不震骇，若遇鬼神。

聂儿孛堇无奈乘千里马以遁，金军挞也孛堇以及二百余员将领遭擒，其余大部被歼，余皆奔溃。韩世忠追杀数十里，沿路积尸如邱垤，金军丢失的器械辎重与山等齐。

韩世忠大仪镇之战取得全面胜利。此战虽只是一场局部战斗，对扭转此次金军进军两淮的总体战局没有决定意义，但它打出了南宋军民的士气和斗志，具有一定的积极意义，被称为"中兴武功第 "。

# "小由基"解元

韩世忠在大仪镇大显神威，活擒了金将挞也孛堇，而在高邮的解元也大有斩获。

解元，字善长，吉安吉水（今江西吉水）人。长得剑眉俊目，曙光玉立，神采铄人，猿臂善射，能百步穿杨，堪与春秋时的神箭手养由基媲美，人送外号"小由基"。此外，他还有一身惊人的力气，能用索倒拽犀牛而行，骑骏马驰突贼阵，往返如飞。他最初投军在保安军德清砦，积战功授青涧都虞候。建炎三年（1129年），由朝廷安排，隶属韩世忠军，升为偏将军。在黄天荡大战、韩世忠讨伐大盗刘忠之战等战斗中，解元均有出彩表现。韩世忠对解元的作战能力极为赞赏。

这次，敌军来势凶猛，韩世忠将前往高邮的阻击任务交给了他。

解元行军神速，到了高邮郊外三四十里，算准第二天金人定会从此经过，于是安排了一百余人埋伏于要路，又安排一百人伏在东北的岳庙，自己领四百余人埋伏在路的一隅，告诫士兵说："金贼以为高邮没有重兵镇守，又不知我已来，一定轻易冒进。若贼军从我面前经过，我率先掩击；埋伏在要路的一百人以我旗帜为号。贼军前无去路，只有往岳庙方向走。岳庙的伏军又可以杀出，三面包抄。"众人齐声称妙，依计而行。

解元又想了想，觉得漏下了什么，便又派了十几个人到攀良埋伏，等金人过了河便掘堤淹没其归路，使其无路可逃。

第二天午饭时分，金人果然来了，趾高气扬，意气自得。解元在路边的树林中暗暗将金军的人数数了一遍，不多不少，一百五十骑。

等金军全部经过，解元一挥手，打！给我狠狠地打！四百士兵一齐杀

216

出。金军猝不及防，一下子慌了手脚，纷纷向前面夺路而逃。而前面要路上伏兵听到了厮杀声，便高举旗帜现身。金军不知来了多少伏兵，大惊，踌躇无路。不知谁大喊了一声，往东北，东北有一条小路！溃兵于是转向东北。

一切都在掌握之中，东北正是岳庙所在。等金军跑近，岳庙的伏兵又起。

那边解元的两路人马已会作一处，高呼着杀来。金人前遇伏兵，无计可施，只好束手就擒。战后清点俘虏人数，擒获了一百四十八人，仅仅漏掉了两个人，俘虏中金牌银牌与执事官占了大部分。

首战告捷，解元非常满意。然而这只是大战前的序幕，一场规模巨大的攻守战随即展开。金国万夫长黑头虎领近万骑军以泰山压顶之势扑向高邮。解元所部兵不满三千，如何抵挡？高邮城中军民陷入了一片慌乱之中。黑头虎刚派人到城下约降，解元就同意投降。他站在城头讨价还价，请求金人入城后能免除城中军民一死。为了得到金人的同意，他还脱下了战甲，一身便装走出了城门，到金军阵前邀请黑头虎出来，希望得到黑头虎的首肯。

但是当黑头虎带领了几个骑将走近解元，周围突然杀声四起，伏兵大发。黑头虎彻底被吓傻了，头脑一片空白，口不能言，呆若木鸡。解元跳上战马，将"木鸡"黑头虎轻轻松松拿下。金兵群龙无首，乱作一团。解元挥军纵击，追北数十里，金军死伤无数。

解元在高邮连胜两仗，士气高涨。然而，这都还只是大战的前奏。

十月十三日，真正的大场面来了！金军设水军夹河而阵，刀枪如林，战旗蔽日，大有将小小高邮一举夷为平地之势。

解元一身虎胆，毫无惧色，在军中作了一番激励斗志的讲话。全军皆愿效死，以三千多人对抗金军数万余骑。

大战展开，金兵整队迭出，一日之间血战了十三回合。

这一次，解元真是危险到了极点，高邮眼看就要失陷。所幸韩世忠已在大仪镇获得了胜利，大发援军前来相助。解元突然得增这么多生力军，士气大振，斗志昂扬。战争打的就是气势，金军相顾失色，人人怯战。

战斗很快就分出了胜负，金军大溃而走，解元俘金兵及千户长等无数。

不久，韩世忠本人又亲自率军前来，一直将金军赶过了淮水，金军奔走相蹈，溺死者不可胜计。

另外韩世忠的部将董旼也在天长县的鸦口桥阻击金军告捷，擒女真四十余人。

韩世忠一军的连连奏捷，江南士民无不拊掌称快，江左遂安，群臣入贺。赵构发诏嘉奖云："闻卿独抗大敌，剿杀犬羊数以万计，攘逐过淮，全师而不损，甚慰朕望。兀术（即完颜宗弼）举国来寇，冯陵边围，非卿知勇冠当世，忠义殉国，岂能冒犯矢石、率先士卒，以寡胜众，俊伟如此？朕深念卿躬擐甲胄之劳，将士摧锋力战之苦，凤宵震恻，痛切在躬，得卿来报，顿释朕怀。"①

<hr/>

① ［南宋］徐梦莘:《三朝北盟会编·卷二百一十七》。

# 曲折的求和

韩世忠那边杀得痛快，而这边魏良臣和王绘他们就大难临头了。十月十四日这天早上，天色欲明未明，魏良臣和王绘等人还没睡醒，就被翻译官从床上叫起，赶出了天长军南门。

初冬的早上，寒气刺骨，魏良臣等人在风中簌簌发抖。不一会儿，但听马蹄声乱响，夹杂着兵刀碰撞的尖锐之声。来了三百多名凶神恶煞的金国骑兵，扬刀挥斧，将他们团团围住，裹胁着向西而去。城里的金军也源源不断地出来，老幼辎重并出，全军撤走。

魏良臣等人丈二和尚摸不着头脑，不知他们意欲何为。行了两个时辰，那个翻译官又将他们赶到一条河边，喝令下马。他们还没反应过来，那群铁甲骑兵突然动手，刀光斧影，血肉横飞。在一片惊呼、奔走、惨叫中已有三十余人横尸荒野。魏良臣和王绘料定必死无疑，双双闭上了眼睛。

然而，杀了一阵，金兵不杀了，恶狠狠地一推，将他们推到一个人跟前。魏良臣和王绘睁开眼，眼前正是昨天见过的聂儿孛堇！聂儿孛堇满面怒容，见了他们，更是气不打一处来，将戴在头上的貂帽往地上一掷，露出了光秃秃的头顶，四周散着几条粗细不一的发辫，更显得面目狰狞。

魏良臣和王绘看了他这副尊容，想说什么终究没有说。聂儿孛堇按剑瞋目问道："你们来讲和，昨日说韩世忠的军队已经撤离了扬州，今天怎么会在大仪镇出现，折损了我这么多人马？"

魏良臣和王绘这才明白过来了，原来这狗东西根本不想讲和，而是前去夺扬子桥过江，被韩世忠打回来了。打得好！

在聂儿孛堇威吓之下，两人只管以使臣不知朝廷遣使之意推托。

经过了一番辩解，聂儿孛堇气稍消，回顾左右，让人带来了三个人给他们辨认，问："仔细看看，这三个是什么人？"

这三个人均已身受重伤。王绘认得其中两个分别是韩世忠帐下的使臣和虞候，第三个却不认得，只好老老实实地答道："这两个是韩世忠军中的。"

聂儿孛堇怒气又起，高高扬起马鞭，大声咆哮道："发生了这样的事情，叫我们以后怎么相信你们？！你们先是来称讲和，暗地里又发兵算计我们，太可恶了！"声音太大，惊得他胯下的战马跳动了起来，咴咴直嘶。

周围的铁甲骑兵纷纷扬起手中的大斧，要将魏良臣等人乱斧分尸。

聂儿孛堇的马鞭"啪"地在风中一甩，铁甲骑兵们垂下了斧子，却一个个咬牙切齿，义愤填膺。

王绘自知性命难保，将心一横，厉声叫呼，指天起誓道："我们舍弃父母，冒死前来，只为国家讲和，怎么会串通韩世忠来害你们？你想想，如果韩世忠有心以我们为饵，他又怎么会让我们知道他的计谋？你硬要咬定我们是故意的，那就动手吧。我等愿就一死，以报国家，死无所恨！"

王绘所说倒是真话，那天韩世忠在送别酒席上表现出来的犹豫、迟疑、沮丧，以及士兵带入帐中的流星号牌等，把他们全都骗过了。

聂儿孛堇的坐骑来回走动，他本人嘿嘿冷笑不语。翻译官又反反复复地审问了半个多时辰，看王绘等人词直理顺，倒一时发作不起了。聂儿孛堇说："懒得跟你们说了，你们亲自去向我们元帅解释。"要带他们去见金国统帅完颜昌。

王绘昂然说道："如此最好，若到了你家元帅处，纳了国书，我们的任务就算完成了，那时再行请死。"

聂儿孛堇狞笑道："大金国没有议和使，就由翻译官带你们去，上马吧。"命人押魏良臣、王绘一行去见完颜昌。

聂儿孛堇安排翻译官率二十余名防护甲兵押着魏良臣和王绘等人，到了宝应县，用一黄河渡船摆渡人马。

上了河岸，有完颜昌派来的两名接伴官来接。这两名接伴官一个姓萧，小名褐禄，女真人，是个团练；另一个姓李，名叫聿兴，汉人，在金国任少监之职。据翻译官介绍，李聿兴本是金国枢密院令史，为金国进士出身，因元帅行军，被差作军中高级参谋。

李聿兴见了魏良臣等人，操着一口流利的汉语问："你们准备来谈些什么？"

魏良臣据实回答："这次前来，只为两国和平。贵国如果肯保全江南一隅之地，我国愿意每年奉上银二十五万两，绢二十五万匹。"

李聿兴冷冷一笑，说道："既是来讲和，为什么暗中又教韩世忠来掩不备？且江南州县，早已是我国曾经略定交给大齐管理的，你们擅自占据，有什么好谈的？"

魏良臣赔着小心说："经界州县之事，我主信中并不曾言及，只是按照贵国的要求不在淮南屯驻军队，像韩世忠这样从中掩袭之事，我们确实出乎意料。"

李聿兴神色严峻，说："你们皇帝到底知不知此事？"

魏良臣赶紧答道："皇帝绝对不知。"

李聿兴摇摇头，表示不信，说："韩世忠是皇帝御前大将，如果没有皇帝的命令，他怎敢轻动？"

王绘一旁应道："将在外，君命有所不受。临机应变，是大将的职责所在。"

李聿兴哂笑道："无论如何，这个韩世忠算是跋扈之徒。万一两国和议，他仍旧从中生事，岂不又败坏了盟约？"

魏良臣分辩道："两国既已讲和，我们皇帝必定严加约束，哪容他胡来？"

李聿兴一条条数落道："你国最大的错误就在于总是念念不忘地要收

复故地什么的，比如襄汉州县，原本已属大齐所有，你们为什么还要屡次侵略？足见你们包藏祸心，要再这样干下去，恐怕难以立国。罢罢罢，你们既然请求讲和，元帅要看你们带来的国书，你们能跟着一起去见元帅吗？"

魏良臣道："不妨。"将议事和迎请二圣的两封书信给了李聿兴。

正事说完，萧褐禄突然问王绘："秦中丞安乐吗？"

王绘没料到他有此一问，愣了好久没回过神来。萧褐禄见他们不答，便自言自语地说："此人原在自家军中，煞是好人。"

秦中丞就是历史奸人榜上排名第一的秦桧。魏良臣反应过来，连忙答道："他现在做宫观差遣，不任职事，不用上班，按时领工资、奖金。"

李聿兴拈须神往，赞道："无如此快活也。"

然而，令王绘等人更惊奇的事还在后头。萧褐禄和李聿兴安排魏良臣一行住下后，过了两天，十月二十九日，终于传他们去见金国统帅完颜昌。

中午，天空布满了彤云，北风呼呼地吹，很冷。萧褐禄和李聿兴带着他们上马，一起往城中走去。沿途所见，屋宇萧然，零零散散，居住有兵马，也有工匠在煅铁打造军器。河面上停有上百艘粮船，有"东京粮运"的字样，应是伪齐刘豫所供。还有七八百艘料船，牵船人穿统一青衣，衣服上写"青州运粮船户"。

入了城，萧、李二人将他们引到了一座大院内。候了半炷香的工夫，里面的完颜昌谱摆够了，才让他们入里屋相见。

终于要见到传说中的金军元帅完颜昌啦！魏良臣和王绘稍稍平静了一下心情，跟萧、李二人走了进去。抬眼一看，只见一个大官模样的人居中高坐，其身前身后的墙壁上钉满了芦席，地面上铺的也是芦席，左边窗户上仅有一张紫布遮掩。大官身旁坐着四个人，都穿着浑纱短袍，头上裹一条粗布头巾，脚上踏一双胖乎乎的球头靴。大厅右侧则站着五十多个穿缬丝战袍或毛衫的军官，还有十余个全副武装的铁甲士兵。

居中而坐的大官估计就是完颜昌，他神情倨傲，通过翻译官问话："你国皇帝安乐否？"

王绘赶紧答道："圣躬万福。"

又问："使臣远道而来，带来了皇帝的什么话？"

魏良臣答："尽在国书中。"

完颜昌哼了一声，叽叽呱呱说了一大通。

翻译官翻译给魏良臣等人："国书中所写之事，我们要全部相信了，你们却又数次失信；我们要全不相信，又觉得你们诚意可爱。着实为难。这一次我们发兵而来，全为生灵着想，沿途并不曾乱杀一人，房屋也不曾毁坏。这些，你们都可以看得见。"

魏良臣说："大国举兵，若能以生灵为念，天下幸甚。我们圣上所以再三派遣使者恳请上国，正为生灵不得休养生息之故。我们此行的目的，就是想早日议定停战事宜，并且恳请元帅保存赵氏社稷，悯恤一方生灵。"

完颜昌弄清楚魏良臣的回答后，微微点头，又叽叽呱呱说一大通。翻译官传给魏良臣："当年我第一次到汴京，你家皇帝曾和张邦昌一起来我军营做人质，我曾亲自跟他说，国家不要听贼臣言语，可他偏就不听。我还做过一个比喻：好比一户人家盖了一间大房子，就算椽柱瓦木所有用料都是最好的，还须住房子的人妥善照管，严防水火盗贼；如果不会照管，倒塌便在转眼间。当时你们皇帝一口一句称是，回头却派姚平仲来劫寨。失信如此，教人以后还怎么相信你们？"

魏良臣略为尴尬，干咳了几声，答道："失信之事，全是前朝奸臣误国。皇帝虽亲闻此语，他当时只不过一介亲王，事不在他。他自即位以来，可从未失信于上国。"

翻译官传达给了完颜昌，完颜昌又点了点头，叽叽咕咕说了几句。

翻译官转头对魏良臣说："元帅让你们暂且归安下处，静候二三日，等左元帅到来商议了，划定事节，再让你们回去。"

魏良臣应道："此来承蒙元帅授馆招待，种种周备，不胜感激。唯望早赐台令，复命江南。"

王绘也道："我等到贵国军营已近半月，江南日夕望回信，臣子心不敢安。敢望早定大计，使我等归报江南，庶得生灵，早有休养生息之期。"

魏良臣又补充道："我们并非是为了自己早日脱身，只有国家平安，使臣才能平安，若国家不得安宁，我们又焉有安生之日？"

翻译官点了点头。

从院里退出，同去宾馆的时候，李聿兴突然问王绘："沈元用如今在不在朝廷？"

王绘等人又是一惊。"元用"是沈晦的字，莫非这个李聿兴和沈晦是故交？魏良臣答："在，现为浙中见任待制。"

果然，李聿兴说道："他是我的同年。"

原来李聿兴在宋朝和沈晦竟是同年进士，只不过汴京陷落，他被迫投降了金人。沿路，李聿兴触动了旧情，竟然不断地和魏良臣等人套交情，问魏良臣和王绘分别是哪一年中的进士，又说金国本年度科考的赋题是"天下不可以马上治苟"，等等。

魏良臣趁机答道："由此可见大国息兵之意，天下幸甚。"

逗留了两日，真正爆出猛料的是第三日。第三日，完颜昌修好了回书，交由魏良臣等人，让他们带回给赵构。临行，李聿兴没来由地长叹了一句："侍郎归去矣，却不知李聿兴等人何时才得脱离涂炭？"语气中充满了惆怅、伤感和失落。魏良臣等人全愣住了。

听了李聿兴的叹息，完颜昌语气急促，指手画脚，叽叽喳喳地说了一大堆。他到底在说什么呢？魏良臣他们看着完颜昌满脸激愤之色，面面相觑，等着翻译官翻译。

翻译官整理了一下思路，对魏良臣他们说："既欲讲和，当务至诚，不可使奸耍滑。韩世忠的小小掩袭，何益于事？他若真想开战，不妨约定时间、地点，两军堂堂皇皇厮杀一场。我国只以仁义行师。如果一面讲和，又一面令人来掩不备，江南最终会被将臣所误。当年姚平仲劫寨之事便是前车之鉴。本朝事体，秦桧皆知，若未信，且当问之。"

　　完颜昌因为激愤，说得太急，口没遮拦，一句"本朝事体，秦桧皆知，若未信，且当问之"让魏良臣等人大惊失色。

# 秦桧叛国之谜

　　完颜昌的语气分明是要魏良臣等人回去向赵构通报，必须起用秦中丞秦桧。那么秦中丞秦桧是怎么和金国统帅完颜昌建起了这么深的交情，而且还在金国上下官员中打下了这么深的群众基础的呢？这个问题，发人深省啊。

　　秦桧，字会之，江宁人。据说他生得脚长如竿，眼有夜光。一个人没事的时候常常不说话，嘴巴空嚼东西，腮帮子也跟着一动一动的，相面的人说这叫"马啖"，有这种面相的人会杀人。少年求学时代，秦桧遇到一位名师，就是建炎初年的权奸汪伯彦！

　　汪伯彦是安徽祁门人，连续参加了几届科考均是名落孙山，心情既恼怒又沮丧，窝了一肚子火。但是祁门县令王本看中了汪伯彦的才能，聘请他在当地开馆教学。王本是秦桧的舅舅，眼见秦桧正是年少进学之际，将其接到祁门跟着汪伯彦学习，于是秦桧就成了汪伯彦的学生。

　　秦桧天资狡险，领悟力强，深受汪伯彦的宠爱。汪伯彦将一身本事倾囊相授。秦桧深得汪伯彦绝技精粹，他脑瓜子灵活，接受快，一学就会，一点就透，小小年纪就"善干鄙事"，常常将同学玩得团团转，谁也不敢招惹他，只好背地里咬牙切齿地叫他为"长脚汉子"。事实证明，汪伯彦的眼光不错，日后的秦桧不但把他传授的整人绝技发挥得淋漓尽致，而且还青出于蓝而胜于蓝，在南宋朝廷中翻手为云、覆手为雨，把这项绝学发扬光大。

　　政和五年（1115年），秦桧进士登第，补密州教授。值得一提的是，魏良臣也是在这年中榜，和秦桧是同年。所以说，魏良臣对秦桧并不陌生。

中进士的第二年，秦桧中词学兼茂科，由"浪子宰相"李邦彦荐入馆职。秦桧自此踏进了官场。仗着他见风使舵、善于钻营的本事，秦桧在朝廷可以说是左右逢源、一帆风顺。直到那一年——靖康元年（1126年）来临。靖康元年，金兵攻打汴京，要求割让三镇。秦桧审时度势，扮演了一个爱国者的角色，"上兵机四事"，反对割让河北三镇，痛斥金人，强烈请求驱逐金国使者，不让他们入门、不准他们上殿。他此举的目的，不过是争一个好名声。他的目的达到了。举朝上下都以为他是一个忠臣，纷纷向他竖起大拇指。到了金军攻破汴京，挟掳二帝北上，要立张邦昌为帝时，文武百官纷纷抗议，向金国上书，请求保存赵氏一脉，让赵桓复位。时为御史中丞的秦桧夹在百官之中，也写了一封呈文。

秦桧还有一项特长，不为常人所瞩，就是字写得漂亮。陶宗仪的《书史会要》称赞他的字"颇有可观"，宋代著名的书法录《凤墅帖》中也收有他的字。据说秦桧的书法走的是蔡京的路数，率意自然，松脱舒畅。

看着这封卷面清洁、字体漂亮的信，金帅完颜宗翰大为赞赏。秦桧的信写得相当狡黠，两面讨好，侩气十足。文章一开头就表明自己身处其职，写此文实是不得已。说自己身为国家禁从，深受国恩，有责任出面劝谏几句。现在大金拥有天下无敌的重甲骑兵，临已拔之城，操生杀之柄，如果坚持要立异姓为主，其实是不智之举。自己之所以要这样说，并不单单是为了忠于宋朝，而是为了替大金国分析其间的利弊。他分析说，宋朝之于中国，号令一统，绵地数万里，德泽加于百姓，前古未有。而张邦昌不过一个附会权幸之臣，硬把他架上帝位，则京师之民可服，而天下之民不可服；京师之赵宋宗室可灭，而天下之赵宋宗室不可灭。立了张邦昌，天下英雄豪杰一定会共起而诛之，大金国就很难收到如期的成效。所以，要立傀儡皇帝，赵桓无疑是最佳人选。文章结尾写道："桧不顾斧钺之诛、戮族之患，为元帅言两朝之利害。伏望元帅稽考古今，深鉴斯言，复嗣君之位，以安四方之民。非特大宋蒙福，实大金万世之利也！"[①]

好一句"实大金万世之利也"！秦桧对宋朝的忠义之心，不过如此。

完颜宗翰被秦桧这封信征服了。他很喜欢秦桧的为人，觉得秦桧作为一个宋朝人，不记灭国之仇，无同胞惨死之悲，还能从大金国的角度考虑，处处为大金国着想，很不容易啊。这样的人，反倒是大金国的"大忠臣"啊。真是太难得了！完颜宗翰心嘉秦桧之忠，带着他回金国了。

在金国，北宋所有的王公大臣无不遭受流放、鞭挞、压榨和欺凌，只有秦桧例外。秦桧不但没受到任何委屈，而且还经常出入于金国上层人物的各种集会中，受到的优遇令人吃惊。甚至完颜宗弼还专门宴请过秦桧。金国上下都知道他是完颜宗弼的座上宾，都想办法巴结他、逢迎他。

如果说，上一封信是敲开了完颜宗翰的心扉，那么彻底占据了完颜宗翰心房的则是另一封信。赵佶在金国做俘虏期间听说赵构即位了，觉得自己有了谈判的筹码，就写信给完颜宗翰，想跟他做笔买卖——出卖南宋的国家主权，买回自己全家老小的性命。

赵佶写好了信，知道秦桧和金国上层有一腿，就找秦桧加以润色，代为传递。

秦桧觉得老赵的信写得缺乏诚意，大刀阔斧地进行了一番修改，文章果然生色不少，同时也贱格了许多。其最后一段为："唐太宗对冒顿单于不赶尽杀绝，既享兴灭继绝的美名，又得岁币玉帛之贡，可谓保国活民，为万世学习的榜样；而耶律德光平灭石晋，涂炭生灵，自己最终不免身败名裂。大金国到底是想效法唐太宗呢，还是想效法耶律德光？如果坚持效法耶律德光，那我就不说什么了。但如果想效法唐太宗，就应该派遣一介之使，奉咫尺之书，告诉我儿赵构，让我赵氏子子孙孙永奉职贡，岂不为万世之利也哉！"[②]

又是一句"岂不为万世之利也哉"！单单这句就充分地表达出了他那种忠于大金国的拳拳情怀。完颜宗翰惊喜万分，连声叫好，知道信乃秦

---

① ［南宋］徐梦莘：《三朝北盟会编·卷八十》。
② ［南宋］徐梦莘：《三朝北盟会编·卷二百一十一》。

桧实际所为，对他更加宠爱有加，赏赐钱物，并把他隆重地引荐给金主吴乞买。

建炎三年（1129年）闰八月，金国再次大举南侵。考虑到秦桧这么热爱金国，而他又曾是宋朝的御史中丞，对南宋的情况很熟悉，吴乞买就把他安排在完颜昌军中任军事参谋兼充随军转运使，发兵攻取淮东。为报金国的知遇之恩，秦桧倾心为之效力。

在楚州，楚州守将赵立宁死不屈，誓死和金军顽抗，完颜昌久攻不下，十分窝火。秦桧就自告奋勇，充分发挥自己的特长，提笔写下了他人生中著名的第三封信。这封信是一篇诱降信，循循善诱，通篇摆事实、讲道理，动之以情、晓之以利，试图说服赵立放弃抵抗，出城投降。但赵立虽从没上过一天学，大字不识一箩筐，对国家民族大义的理解却比饱读诗书的秦桧强多了。他将秦桧这封耗尽心血的诱降信一把火烧了。

眼见南宋军民负隅顽抗，金国在两淮战场不能取得真正的胜利、将南宋一举歼灭，于是推出了一个"以和议佐攻战，以僭逆诱叛党"的政策。先是在淮西扶植了伪齐傀儡政权，又为了把诱叛细致化，以柔克刚，将南宋从内部瓦解，决定派内奸打进南宋朝廷。通过层层筛选，金国将眼光落在了秦桧身上。

在讨论这个内奸名额给谁时，完颜宗翰对秦桧进行了力挺。他说："秦桧读书多，有见识，又能'尽忠'于金国，让他回去，一定能对大金国有好处。"在其力挺下，金国统治者们也通过了对秦桧的面试，一致认为"南臣贫薄，唯桧温实"。

于是金国统治者把自己的阴谋全部告诉了秦桧，要他回南宋"俾结和议为内助"，于是秦桧得以"乘船舰全家厚载而还"[1]。

到了南宋朝廷，秦桧是怎么解释自己摆脱金国"魔爪"，安全无恙，荣归故国的呢？他"自言杀金人监己者夺舟而来"[2]，说自己杀了监视自己的金人，偷渡回来的。

---

① ［南宋］徐梦莘：《三朝北盟会编·卷二百二十》。
② ［元］脱脱等：《宋史·卷四百七十三·列传第二百三十二》。

这个说法明显站不住脚。和他一起被掳北上的大臣很多，为什么只有他能全身而退？而且，他可不是一个人回来的，他还带着自己的老婆、家奴以及大量财宝呢。再说了，从燕地到淮水有二千八百里的行程，他怎么可以这样大摇大摆地回来了呢？

朝中人士议论纷纷。面对这些质疑声，秦桧非常不屑，甚至懒得解释。也有人帮秦桧站台，当时的宰相范宗尹和同知枢密院李回是秦桧早年的密友，他们帮秦桧打圆场，力破众疑，并极力向赵构举荐秦桧，表示他是个难得的忠臣。在这两个人的大力推荐下，秦桧步步高升，于绍兴元年（1131年）八月，荣登右相。

有了高位，完成金国主子的任务就容易得多了。秦桧在朝中大力排斥异己，企图独揽朝政大权，高唱和议论调。但因为太急于求成，表现得太露骨，遭到了群臣弹劾，说他专门热衷于和议，有碍收复大计；又说他培植党羽专权，气焰越来越嚣张；又说他不顾国家利益，只为自己偷威盗福；又说他上不畏陛下，中不畏大臣，下不畏天下人之议。

赵构也感觉到秦桧的行为威胁到了自己的权位，于绍兴二年（1132年）八月便罢免了他的相位，使其外调赋闲。

然而这次魏良臣出使金营归来，秦桧再次飞黄腾达的时机又到了。魏良臣到了宋廷，见到赵构，把完颜昌"数问桧，且称其贤"[1]的情况全部告诉了赵构。赵构自认为读懂了金人的潜台词：不任秦桧为相，和谈就无法成功。所以，秦桧的好日子又来了！

---

[1] ［南宋］徐梦莘：《三朝北盟会编·卷二百二十》。

# 保卫庐州

　　九月，伪齐刘豫命长子刘麟直捣淮西。此时镇守庐州的是一个叫仇悆的读书人。

　　仇悆，字泰然，青州益都人。大观三年（1109年）进士，授邠州司法，又任邓城县（今湖北襄阳北）县令，为官清廉。邓城任满，全城父老牵衣跪地挽留，不忍放行。后调任武陟县县令。在任时，逢童贯攻辽、收复燕京之战，朝廷调数十万军队赶赴燕山，仇悆负责粮运供应。当他押送军饷到涿县时，遇到了刘延庆率领的宋军溃退，他不得不跟随大军撤退。但是在撤退途中，他不断收拢那些被击溃的士兵，将他们组织起来，挽回了大量的损失。此时他任淮西安抚使镇守庐州，属于淮西宣抚使刘光世的下属。仇悆跟刘氏父子还真是缘分匪浅！

　　眼见伪齐与金联军入寇，刘光世望风遁入建康府。为了保存自己的实力，他竟要起了流氓，胁迫仇悆也跟着自己后撤。仇悆看着刘光世，没有说话。他已看透了刘延庆、刘光世这对父子畏敌避战的本质。看着仇悆一副誓死不从的样子，刘光世火了，派宣抚司统制张琦用刀架在他的脖子上，勒令他赶紧率军一同南逃。仇悆扬起眉大声呵斥道："你们这些武将不负起责任来保卫国土，敌人的影子还没见到，你们就先躲起来了，连我都替你们脸红。现在只有由我们这些文官来以死殉国了，不然，老百姓依靠谁来保护？"不为所动。张琦等人错愕万分，狼狈不堪地散去了。

　　但是有人疑虑道："大军都被主帅带走了，大人您能守得住吗？"

　　的确，留在城中的军民有充分的理由对仇悆表示怀疑。毕竟，他是一个不懂军事的知识分子。然而就是这么一个不懂军事的知识分子却挑起了谁也不愿承担的重担——挽救庐州的危亡！

金人兵临城下，仇悆向宣抚司求援，并派儿子向朝廷告急，都没有回音。相反，他收到了很多小道消息，说政府要放弃两淮、退保江南，一时人心惶惶。待赵构下诏亲征的消息到来，为了安定民心，仇悆把诏书告示州民，激励大家奋起抗敌。州民读了他的告示，咸思自奋，纷纷报名参军，保卫家乡。

十月，仇悆把民兵组织起来，出其不意地攻击寿春城，三战三捷，将敌人赶回淮北。刘麟增兵来攻，再次被他击退，"俘馘甚众，获旗械数千，焚粮船百余艘，降渤海首领二人"①。

十月中旬，金兵围困濠州，十几天没能攻下。加之天寒，马多僵死，遂移兵力进攻淮东。

自上一年川陕战场上的饶风关之战后，张浚被弹劾，离开川陕，回到朝廷便被免除了川陕宣抚处置使和知枢密院事，提举临安府洞霄宫。这一次伪齐联合金兵入寇，赵构又恢复了张浚知枢密事的官职，命其到淮东抗金。仇悆听说张浚在建康，便写信给他建议说："金人的主力在淮东，兵疲粮乏，如果派出精兵两万，一万从寿阳，一万从汉上，直指东京，敌人当不战而退，再以大军尾追，胜利可得。古人说'一日纵敌，数世之患'。希望大人不要坐失良机。"看得出，他这个建议是出奇制胜的绝妙好计，然而这也是张浚等人所不能采纳的。

到了十二月份，刘麟又重新集结了数千步骑杀来，声称有完颜宗弼作为后军。两淮人心怖骇，不知所措。为了险中求胜，仇悆只有尽发自己手下的孤军挺进，接连打了四仗，结果功败垂成，一千多士兵，无一生还。这种情况下，张浚终于表态了，他派出使者，下令仇悆赶紧撤退。而仇悆的回答是："庐州已是破败之城，兵员和粮食不足，难以支撑，但朝廷赋予我守城的责任，不敢轻弃，誓死坚守到底。庐州有失，金人便会占据淮西，在巢湖大造兵舰，成为朝廷心腹之患。"②表示自己要与城池共存亡，

① ［元］脱脱等:《宋史·卷三百九十九·列传第一百五十八》。

② ［元］脱脱等:《宋史·卷三百九十九·列传第一百五十八》。

以死报国。

幸好在这千钧一发之际，救星如期而至。岳飞奉命入援淮西，解救庐州。水声冰下咽，沙路雪中平。十二月十八日，先锋徐庆和牛皋带几十从骑日夜兼程，终于赶在敌人之前进入了庐州。

牛皋等人刚刚坐下，还顾不上说话，侦察兵即入报："金人五千骑将已向城池逼近。"

虽有援军，但听到金军来逼，一向镇定自若的仇念却开始担心了。牛皋一行不过数十人，进入庐州，只是增加了陪葬的人数罢了。

牛皋举杯豪饮了一大口，说道："用不着害怕，且看我如何退敌。"当即与徐庆带着仅有的几十从骑出城，扬槊遥指敌众道："牛皋在此，你们怎敢在此放肆！"

金将大叫对答："我们听说牛皋在湖北路另有任务，这儿又怎么会出现牛皋？！"

牛皋不再说话，命令手下展开"精忠岳飞"大旗相示，金兵大惊失色。

差不多就在这段时间内，岳家军的两千余骑已经陆续赶来，并在很短的时间内集结完毕。

牛皋一声令下，两千余骑悉数驰出，与金人短兵相接，一时杀声震天，地动山摇，尘埃涨天，尸横遍野，血肉横飞，激烈异常。

牛皋素以勇猛闻名，虽然年近五旬，打起仗来却一点儿也不含糊。只见他手舞长槊，一马当先，领着岳家军骑兵像一支离弦之箭插入敌阵，层层砍杀。

金兵被冲杀得晕头转向，一片混乱。不过这些金兵和伪齐的士兵相比确实要坚韧了许多，虽然被冲乱了阵型，气势稍慑，但很快就调整过来了。

牛皋不信邪，狂呼猛杀，血盈衣袖，越战越勇。这一战，从午后战到黄昏，金兵终于败退，牛皋率骑追击，杀伤无数。第二日，岳飞亲统大军来到庐州，再次击破敌军。

但是几天后，即十二月二十六日，金军夜里全部拔营退去，突然撤兵了。

毫无征兆，这是为何？原来他们是收到吴乞买的病危通知了。打仗虽然重要，但国内权力交接更是重点，而且金军这次在战场上也没占到半点儿便宜。金军的主力分别屯于泗州和竹塾镇（今江苏盱眙东南）。天下大雪，粮道不通，野无所掠，军营中只好杀马充饥，军皆怨愤，暗萌退意。基于这些考虑，完颜宗弼同意撤军。于是金与伪齐的联合作战行动结束。

金人突然从战场上撤走，令刘麟顿时慌了手脚，赶紧弃掉所有辎重狼狈不堪地遁去，昼夜兼行二百余里，一直狼奔到宿州才敢稍作休憩。

刘麟逃跑，张俊和刘光世却匆忙操刀上阵，两人飞渡长江，收拾敌人退走时仓促间来不及带走的军事物资，想趁机捞点儿战功。

庐州之战规模虽然不大，却非常漂亮地击破了金与伪齐的合作。在东部战场三大主力怯战避敌、不断退缩之际，岳飞能把重任担当起来，孤军驰援，不但保全了淮南西路首府，也对战局的扭转起到了至关重要的作用。

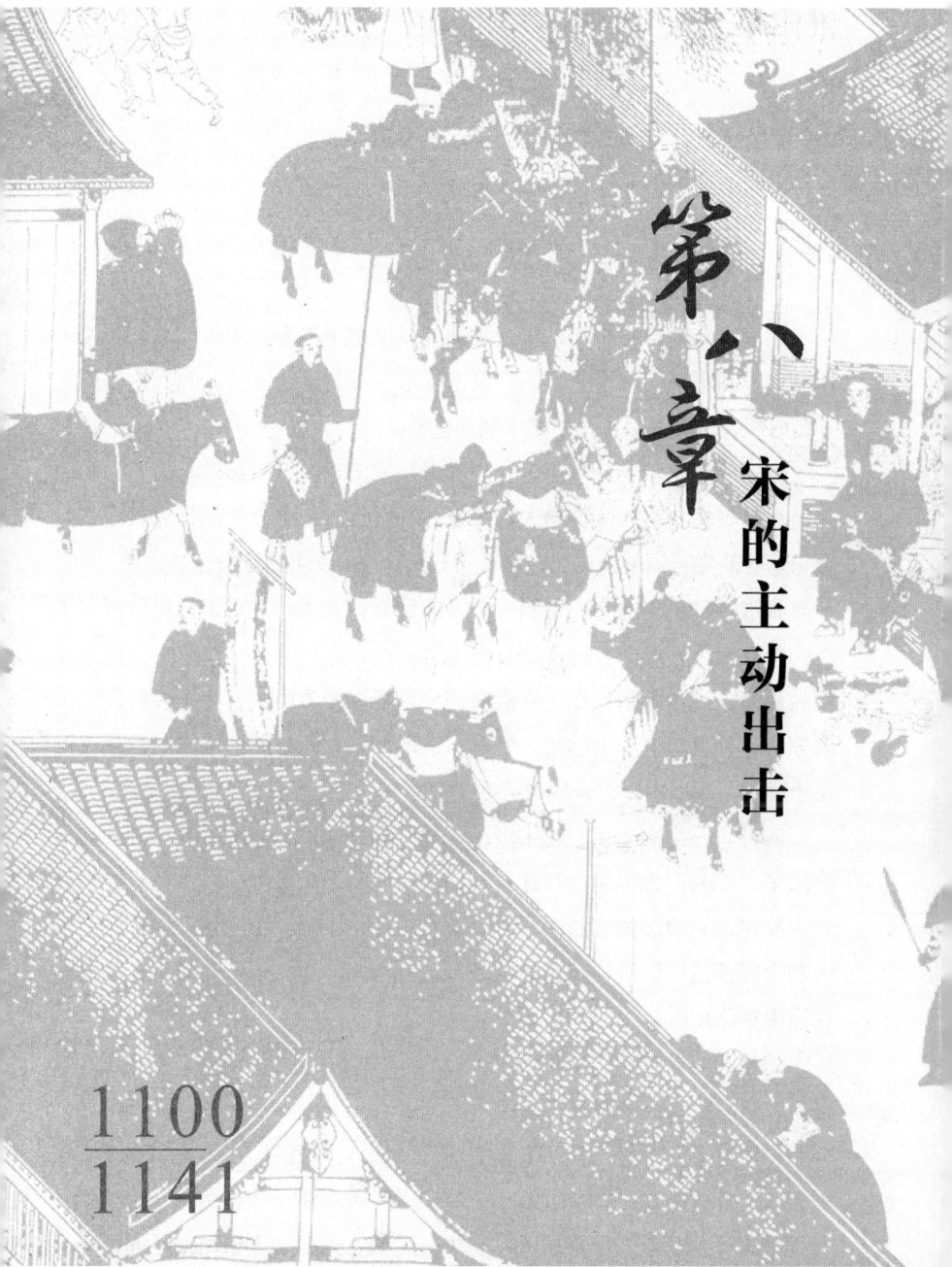

# 第八章 宋的主动出击

1100
1141

# 淮阳军之战

绍兴五年（1135年），宋金之间的战事趋于平静。本年二月，张浚出任右相、同中书门下平章事兼知枢密院事，都督诸路军马。利用这难得的安定时机，张浚都督岳飞平定了杨幺之乱。

到了绍兴六年（1136年），刘豫聚兵淮阳，又意欲起衅。二月，张浚在镇江府聚集各路军队首脑人物，召开都督行府军事会议，打算将原来对金与伪齐的守势调整为攻势，命行营五路大军齐头并进、分道合击。

张浚主动出击的方案遭到一些人的反对，众人经过讨论，最后制定了新的作战部署：淮西宣抚使刘光世屯军庐州，以招北军；江东宣抚使张俊练兵建康，进屯盱眙；权主管殿前司公事杨沂中领中军，为张俊后翼，采取守势；韩世忠屯军于承州、楚州，进取淮阳京东东路的淮阳军；岳飞屯军于襄阳，窥取中原，采取攻势。

韩世忠是个实干家，说干就干，他回到楚州后，立刻尽发军马，直取淮阳军。二月，大军到达宿迁县时，先命统制岳超带领二百余名将佐亲随作为硬探，到前面侦察敌军情况。事有凑巧，淮阳城中的伪齐知邳州贾舍人和金国都统阿里听说韩世忠准备来攻打淮阳，也派了千骑南来，和岳超在途中狭路相逢。

岳超的部下看见敌人势大，纷纷以"硬探不可迎战"为由，劝岳超赶紧退走，回军复命。岳超慨然说："遇敌不击，何以为将？"敌人的战鼓已经擂响，岳超不再犹豫，率众将冲入敌阵，出而复入者四，将敌军打得溃不成军，这才心满意足地收兵而回。这一战，有中伤者数十人，然无一落阵者。

如果说岳超这一场遭遇战打得惊心动魄，那么接下来由呼延通担纲主角的阵前单挑大战更是让人觉得心惊肉跳、血脉贲张。这场单挑分别被李心传和徐梦莘详细地收入了《建炎以来系年要录》（卷九十八）和《三朝北盟会编》（卷一百六十九）中。

二月十七日，韩世忠到了淮阳军城下，吩咐呼延通单人独骑走在前面，自己领一名"一把雪"①执信字旗跟在后面，命令诸部骑兵继进，见信字旗停则停，见信字旗进则进，步兵紧随其后。

呼延通在前面走了二三十里，遇上了金军。韩世忠于二三里外登上一个高坡眺望，后面的大军又在三里之外，在信字旗的指挥下停止了前进。

呼延通驰马冲到阵前请战。金军阵中冲出一员名叫牙合孛堇的猛将，该将会说汉话，喝令呼延通解甲投拜。

呼延通喝道："我乃呼延通也。我祖呼延太保在太祖、太宗朝杀契丹立大功，曾设誓不与契丹俱生，况尔女真小丑，侵我王界，我岂与尔俱生？"呼延太保即为宋初名将呼延赞，其身上文有"赤心杀贼"的字样，家里所有的妻妾奴婢也无不如此，儿子的耳后更刺有"出门忘家为国、临阵忘死为主"十二字。

呼延通挺枪刺向牙合孛堇。牙合孛堇与呼延通交锋，两人枪来槊往，打得难分难解，武器都被击飞，开始以徒手相搏。不知不觉远离战场，马匹四处乱窜时撞在土坡上，两人一齐跌落马下。

真正势均力敌！但格斗并未停止，两人继续徒手相搏，你一拳，我一脚，追击逐杀，离两军战阵越来越远。渐渐地，牙合孛堇的体力出现不支，脚步跟跄，摔了一跤。呼延通跳起来坐在他的身上乱拳暴打。牙合孛堇挣扎着抱住呼延通的腰，于是两人在地上滚来滚去，缠斗不休。

恶斗了大半天，两人都鼻青脸肿，衣甲脱落，眼角、口鼻全是污血，喘气声加在一起，如同闷雷，却依然手脚不停。性命攸关，谁也不敢松手，最后两人抱持着掉进一个大水坑中。

两人厮杀得兵器没了，马匹丢了，最后连挥拳踢脚的力气也没了，只能用指甲抠对方的眼睛、耳朵、鼻子、嘴巴，甚至用牙齿咬。

---

① 韩世忠军中对专门执掌令旗的旗头兵的称呼，通常由矫健擅跑的人担任。

两人这样边打边走，已经远离两军战阵，超出了两军将士的视野范围，可知这场打斗无论在时间上还是在空间上，都超过了常规的阵前斗将，其激烈和险恶程度堪称世间罕见！

　　在大水坑中，呼延通和牙合孛堇都成了泥人。牙合孛堇出阴招了。他摸到腰间的篦刀——一种原始的梳头工具！牙合孛堇是女真人，女真人剃头结辫，因此这东西时时在身。

　　牙合孛堇原本想割呼延通的咽喉，结果反被呼延通紧紧攥住右手。挣扎中，牙合孛堇割到了呼延通的左腋，顿时血流如注。呼延通大怒，另一只手捏住牙合孛堇的喉头，竟将其喉头捏爆！

　　笔者觉得《三国演义》中小霸王孙策恶斗东海悍将太史慈的情节可能就是从这儿演化而来的，类似的还有《水浒传》中双鞭呼延灼大战河东大将韩存保的那一段。

　　这边呼延通和牙合孛堇在深坑里进行着殊死搏斗，那边韩世忠已为敌军所围。但韩世忠一点儿也不慌张，他按甲不动，对手下的将领说："大伙儿看我的马往哪儿跑就跟着往哪儿冲！"言毕，奋戈一跃，已溃围而出，不遗一镞。韩世忠回头简单清点了一下自己的人数，说："敌易与耳。"又回头乘锐掩击敌军。敌军抵挡不住，全军败去。

　　第二日，韩世忠围攻淮阳军城，敌人坚守不出。城防严密，城中街衢全部遮上了厚重的木板，以防韩世忠的克敌弓矢。

　　韩世忠围攻了六日，没能攻下。此时，伪齐的刘豫已经遣使赶往河间府向金国右副元帅完颜宗弼求援。第七日，刘豫的侄子刘猊和完颜宗弼的援军赶到。和敌人相比，韩世忠的军队人少，势单力薄，韩世忠只好向江东宣抚使张俊请援。但张俊置若罔闻，不予理睬。韩世忠没办法，只好选择退兵了。

　　回师途中，还发生了一个小插曲。在符离，韩世忠遇上了一支金军部队。韩世忠勒阵向敌，命小校郝彦雄朝对方大呼："穿锦衣骑骢马立于阵前的，正是韩相公也。"韩世忠手下一员部将听了，大惊阻止郝彦雄，认为这样做太危险。韩世忠笑道："不如此，不足以致敌。"等金军近了，韩世忠派数名骑将向对方挑战，杀其引战者二人，然后乘胜追杀，将敌人杀退。

# 伪齐再入寇

淮阳军之战遭到宋军的重拳打击，伪齐皇帝刘豫大为恐慌，于是加紧向金国求援，请求金国出兵助他南征。

吴乞买死后，金国新即位的是金太祖完颜阿骨打的长孙完颜亶。此人自小得燕人韩昉和中国儒士教导，能赋诗染翰，雅歌儒服，分茶焚香，弈棋象戏，宛然一汉户少年子也。他心下很是看不起朝中的开国功臣，骂他们是无知夷狄，仿佛自己是个很有见识的主。他一上台就将金国原有的中央勃极烈制度废除，确立了三省六部制，然后把金国支柱完颜宗翰丢入大狱，破口大骂他："抢班夺权，居心叵测，国人皆指可杀。"对朝中重臣犹自如此，对刘豫这样的寄生虫他更嗤之以鼻。对刘豫送来的求救信，完颜亶不屑一顾，骂道："大金国既不是慈善机构，也不是你的亲生爹娘，没有责任照顾你刘豫一生一世！"以完颜昌为首的高层管理者也表示："大金国扶植刘豫的目的是希望他能辟疆保境，使我国安民息兵。现在刘豫进不能取，退不能守，兵祸连结，永无休止。咱们发兵去帮他，获胜了，战果是刘豫独享；失败了，我们坐受其弊。傻子才会干这种事！"

金国这样的反应让刘豫无限悲凉。但他又不甘心坐以待毙，只好铤而走险。九月，刘豫又下令强行签发乡兵三十万，对外号称七十万，兵分三路入寇淮南：东路军由侄儿刘猊统领，由紫荆山出涡口，犯濠州定远县，再趋宣州、徽州；中路军由儿子刘麟率领，从寿春府进犯庐州；西路军由孔彦舟率领，从光州犯六安。

伪齐入寇的消息传来，淮西宣抚使刘光世心寒，江东宣抚使张俊胆裂。这两人故技重施，一个欲舍庐州，一个要弃盱眙，他们分头写信给赵

239

构，把抗敌的责任推给了韩世忠和岳飞。

赵构拿着这两封内容差不多的书信，一时不知如何是好，转手就交给了右相、知枢密院事张浚。张浚将信看过，破口痛责张俊、刘光世二人无能，以三军总都督的名义写信给他们，警告他们说："刘豫贼兵，以逆犯顺，若不剿除，无以立国。国家养兵千日，用在一时。今日之事，有进击，无退保！"严令他们回到自己的驻地防守备战。

此时伪齐刘麟的中路军已在淮西架起了三座大浮桥，领贼众十万悍然过江，奔突于濠州和寿州之间，随时可能占领庐州。形势危急，张浚连夜赶到采石，派人勒令刘光世说："只要你的军队有一兵一卒退过长江，我就拿下你的脑袋当球踢！"

刘光世一向拥兵自重，从来不把张浚放在眼里，但亲见张浚斩范琼于前（建炎三年苗刘兵变后，范琼请免兵变党人罪名，被张浚以召刘光世等人议事为名，将其招来斩杀），耳闻杀曲端于后，心存恐惧。赵构也传手诏到军中，说："如果不火速进兵，当行军法。"在双重威吓和严令之下，刘光世气急败坏地指挥部下说："你等务必努力向前，保我脑袋不失！"于是率军从安丰直趋谢步，返回庐州，与驻扎在泗州的张俊结成掎角之势，将刘麟阻止在了庐州之外。

伪齐刘猊所领的东路军在淮东为驻守在承、楚二州的韩世忠部所阻，几场大战下来，刘猊见讨不到便宜，便改变行军路线，率军西去，准备经宣化（今江苏南京浦口）趋往建康。

他以为只要绕开韩世忠就没事了。然而当他们路过定远县的越家坊，却遇上了另一位煞神。这位煞神姓杨，名沂中，字正甫，代州崞县（今山西原平）人，是个很有来头的人物。他的祖父就是与唐重一起镇守永兴军、在长安城死难的兴军路总管杨宗闵。杨宗闵曾任岢岚军兵马都监、河东第四副将、泾原第七将、太原府路兵马都监、河东路统制军马，历仕五朝，忠勤一节。父亲杨震，知麟州建宁砦，也在抗金斗争中以身殉国。杨沂中的二弟杨居中、三弟杨执中也同样战死沙场，为国捐躯。杨家英雄辈出，满门忠烈。

杨沂中自小习文修武，精习骑射，勤研孙、吴兵法。宣和末年，山东、河北群盗四起，杨沂中应募击贼，积功至忠翊郎。靖康元年（1126年），金人再围汴京，诸道兵勤王，杨沂中跟从张俊起兵入援，也是从此开始，他成了张俊的部将。赵构在河北设大元帅府，杨沂中被张俊调拨入大内做赵构的保镖。杨沂中在赵构身边昼夜扈卫，不轻离寸步，忠心耿耿，恪守职责，多次得到赵构的表扬和称赞。绍兴二年（1132年）春，赵构改变军队编制，设神武前后左中右五军，让杨沂中兼提举宿卫亲兵。从此杨沂中脱离了张俊的军队，华丽转身，成了赵构身边最为亲密的家将。绍兴六年（1136年），赵构又将殿前司、步军司、马军司的三衙兵力全部交给杨沂中掌管。有宋一朝，将三司军马交给同一名武将掌管，非同小可。杨沂中受宠若惊，连称死罪，说："太祖、太宗皇帝设置三衙，鼎列相制，现在安排给我一手掌管，有违祖制。"赵构还是坚持初衷，对他高度信任。赵构曾对大臣说："杨沂中唯我马首是瞻，忠心无二，实在是我的郭子仪也。"

　　因为杨沂中本人生有一副威风凛凛的络腮胡，朝廷群臣暗地里都叫他"髯阉"，骂他是个长着大胡子的宦官。

　　十月初八，"髯阉"杨沂中在越家坊发威，一下子就将进犯宣化的刘猊部数万军队打败。刘猊孤军深入，遭此惨败，胆寒心落，不敢停留，急忙往庐州方向奔突，准备和刘麟会师。不料，隔一日刚到定远县东南方的藕塘镇，又与杨沂中狭路相逢，一场更大规模的恶战势不可免。

　　刘猊也不傻，这次战斗，他根据地形率先占领了制高点，凭借山险，列阵外向，万弩齐发，矢下如雨，把杨沂中的阵形射散。宋军的斗志开始涣散。杨沂中暗叫不好，回顾诸将，厉声喝道："咱们兵少，只能快攻，否则就被动了。"于是发动五千劲骑冲往敌阵，正面突击。

　　刘猊已是战败之军，不足言勇，看见宋军来势凶猛，阵脚很快散乱。杨沂中一看，机不可失，一面催促大军继续掩杀，一面亲率精骑绕到刘猊军左胁猛攻，口中大呼："破贼矣！"刘猊军顿时胆落，纷纷溃散。刘猊对手下谋士说："刚才看见一个长髯将军，锐不可当，必是杨沂中无疑。"于是领着数骑匆匆遁去。

主帅一走，群龙无首，剩下的上万伪齐军皆僵立恐惧地往四周看，不知所为。杨沂中跃马而前，大声叱道："你们原本都是大宋子民，被迫从贼，今日战败，何不速降！"一语惊醒现场所有人，都害怕地跪在地上请求饶命。

此时伪齐刘麟的中路军已经到了顺昌府，收到刘猊的败讯，大吃一惊，不敢再进，也拔寨遁去。刘光世手下大将王德从后面趁势追击，杀伤无数。这一战，刘光世和杨沂中两路大军所得伪齐舟数百艘，车数千辆，器甲、金帛、钱米、伪交钞、诰敕等军需之物不可胜计。

伪齐西路军主将孔彦舟见势不好，也匆匆从光州撤军。淮西战事宣告平息。

# 罢免刘光世

伪齐入寇、淮西大战，宋军能取得胜利，全仗着张浚全局上的把握和调度。所以说这次战斗胜利，张浚厥功至伟。赵构忍不住赞道："退敌大功，全仗右相啊！"对其宠爱有加。十二月，左相赵鼎因为和张浚政见不同，提出辞呈，被外放任绍兴府知府，张浚由此独揽大权。当时皇帝赐给诸将的诏书往往让张浚来写，皇帝一个字也不改直接就发出去了。张浚的个人权力达到了顶峰。

张浚为人耿直，平生以忠义自许，做事雷厉风行，对国家忠心耿耿，性情刚猛，眼中不容沙子。刘光世和张俊的推诿、避战和逃跑行为让他很是不爽，感觉就像误咽了一只苍蝇，恶心得想吐。又回想起几个月前在镇江府召开军事会议时，各大军区商讨收复大计，这两个家伙推三阻四，怎么也不肯发兵。当时张浚就恨得不行，不过考虑到大战前不宜斩杀己方大将，才没有发作。经过这次淮西大战，张浚彻底对这两个废物忍无可忍。现在，是时候动手了！

张浚的计划是，先解除刘光世的兵权，回头再收拾张俊。刘光世在伪齐入寇时，舍弃庐州，选择撤退到了当涂自保，后来被张浚勒令才回去。他抓住这件事，逢人就说刘光世在淮西之战中舍弃庐州退保当涂，几乎贻误了国家大事；虽然后来将功补过，但根据这个人长期以来的表现看，实在不适合再掌兵柄。

刘光世的部队平日烂得出名，经过张浚不遗余力的宣传，朝廷上下大大小小的官员都对刘光世产生了同样的看法：这个废物必须尽快离职，继续掌军，只会祸国殃民。

看时机差不多了，张浚正式向赵构提出："刘光世沉酣酒色，尸位素餐，骄惰不战，不恤国事，每次和他说起收复故土的大业，他都拍桌甩凳，意气怫然。请予以罢斥，以儆将帅。"

由于已经有了吴玠、岳飞、韩世忠等一批可以依靠的力量，赵构赞同说："刘光世的军队本来极其骁锐，但主将不勤，疏于训练，每日白白耗费了那么多的钱米！实在是可惜。做将帅的绝不可骄惰，更不能沉迷于酒色之中，否则怎么率三军之士建功立业？"

但罢免了刘光世，由谁来接管刘光世这支军队呢？考虑再三，赵构决定把刘光世的军队交给岳飞。原因很简单，五大行营统帅中，韩世忠一军与刘光世一军有很深的积怨，排除。吴玠在川陕，现在川陕已归于沉寂，用不着这么多军队，而且川陕也离不开他。而张俊和刘光世是同一类人，将刘光世的军队交给他，不但多此一举，还伤害了刘光世的感情，何苦？所以只能是岳飞。岳飞这些年来的表现有目共睹，正是统领这支军队的不二人选。

绍兴七年（1137年）二月，赵构将岳飞的官位从检校少保，湖北、京西路宣抚副使兼营田使升至太尉，湖北、京西路宣抚使兼营田大使，并在三月初九对岳飞说了一句非常明确的话："中兴国家的大事，我全部交给你负责了，除了张俊、韩世忠不受你节制外，其余所有军队都受你节制。"这就意味着岳飞兼领的将不仅仅是刘光世的行营左护军，而是除张俊、韩世忠两部以外的所有宋军部队，其中还包括了吴玠的行营右护军和杨沂中、刘锜的三衙军。这样一来，可供岳飞调动的总兵力已超过了二十万人。

由一名将领领国内大部分兵力，这在宋朝近二百年历史里尚属首次。岳飞受宠若惊，兴奋不已。

刘光世对打仗的事兴趣本来就不大，见赵构这么一通安排，干脆提出了辞职，要求回家享福。正中下怀，赵构异常干脆，三月，他拜刘光世为少保，充万寿观使，奉朝请，封荣国公，赐甲第一区，以兵归都督府。

在赵构的授意下，诸路军事都督府又给岳飞发了一道《令收掌刘少保下官兵札》，明确指示：淮西宣抚刘少保下官兵等，共五万二千三百一十二人，马三千一十九匹，全部由湖北、京西路宣抚使岳太尉统一接收，并叮嘱岳飞密切收掌，不得下司。

同时，赵构也给刘光世的部将王德等人下了一道御札，要他们从此以后听从岳飞节制，大意为："我听说，兵家势合则雄。你们都劳苦功高，是我深为眷倚的藩屏大将，现在特别委任岳飞带领你们一起雪国家之耻，拯救海内之穷。这既是上天的意思，也是形势的需要。你等务须同心协力，勉赴功名。朝廷的行赏答勋，一切从优厚待。你们听从岳飞的号令，如同我亲行。若违背此言，天诛地灭。"[①]

岳飞兴奋得睡不着觉，彻底失眠了。是啊，实现胸中抱负、建立不世功业的时机就要到了，换谁谁都会睡不着。岳飞专门写了个奏疏，即著名的《乞出师札子》，对北伐的前景进行了全方位的描画和设计。

但是只是空欢喜一场——张浚不同意赵构的决定。他反对赵构的"合兵则势雄"之论，另外提出"合兵为疑"的观点，告诫赵构不要忘记列祖列宗的家训，要谨记五代武将乱政教训，力劝赵构不要把那么多军队的指挥权集中在一个人身上。

到底是读书人有见识！赵构顿时省悟，吓出了一身冷汗。他心里一个劲儿地埋怨自己做事不够冷静。不过现在反悔还来得及。他问张浚："那么，将军队交给谁合适呢？"张浚给出了他心目中的人选——王德。

八月初二，张浚宣布由相州观察使、行营左护军前军统制王德为淮西军都统制，另将兵部尚书兼都督府参谋军事吕祉升为淮西宣抚判官，前往淮西庐州抚慰诸军。

吕祉，字安老，建阳（今福建南平市建阳）人，是张浚的幕僚。在张浚看来吕祉是他的人，王德又是自己一手提拔起来的，如此一安排，从此以后淮西军就掌控在自己手上了。

---

① ［南宋］岳珂：《鄂国金佗稡编·卷一》。

# 淮西兵变

然而张浚不会想到淮西兵权交给王德却引起了另一个人的不满,最终带来了一场兵变。

刘光世虽然是一个十足的草包,对交出淮西兵权没有任何留恋,但他手下却不乏剽兵悍将。向来被刘光世倚为臂膀的,除了王德,还有猛将郦琼。

郦琼,字国宝,相州临漳人,原为州学生。宣和年间,盗贼纷起,郦琼弃文从武,苦练弯弓骑马、格斗击刺之术,投军在宗泽部。赵构在应天府登位后,郦琼移师南向,任淮南东路兵马钤辖,隶属于刘光世部。如此一来,郦琼和王德一样,成了刘光世的得力干将。严格比较起来,郦琼的资格要比王德老,对刘光世的忠诚度和服从度也比王德高许多。而且王德是个大老粗,平日讲话做事大大咧咧,其实并不对刘光世的胃口。倒是郦琼,读书人出身,感情细腻,心思缜密,会揣摩人心,无论什么事,都能为领导打点得妥妥帖帖,因此很得刘光世欢心。刘光世不止一次在郦琼面前表示:"小琼啊,哪一天我致仕了,这个位置就由你来坐。"郦琼被误导了,以为淮西军的人事安排全都是刘光世说了算,因此对刘光世更加体贴入微、百般逢迎。

但现在刘光世被解除了兵权,接任的却不是自己,而是王德!

凭什么?在淮西军,王德是我看着长大的。论资格,论业务能力,论工作实效,他哪一点比得上我?郦琼窝了一肚子火。

粗心的王德竟然丝毫没有觉察到郦琼的情绪变化。朝廷的任命书传到部队,王德正式升任行营左护军都统制。他多年的夙愿成真,不由志得意满，忘乎所以起来。有一天，教场阅兵，众将拜谒完毕，郦琼故意试探王德，说："过去服侍王太尉不够周到，今天特地做了一床锦被作为孝敬。"王德最看不惯郦琼这种溜须拍马的作风，现在看他把对付刘光世那一套用在自己身上，不由大为厌恶，一挥手，去去去，谁稀罕你的被子！郦琼笑了，他要的就是王德的这个反应，只要王德触犯了众怒，他就可以出手了。不日，他串联起一帮人，联名上告王德。

赵构为了调解矛盾，追加郦琼为行营左护军副都统制。可郦琼仍不满足，副都统制还不是位居王德之下，还不是得仰王德的鼻息？但一看上告有效果，他就更加来劲，努力搜集王德的各种黑料，准备把王德一举搞臭搞倒。

另一边，新任的淮西宣抚判官吕祉到了庐州，却深居简出，不察军情。一些正直的将士想把郦琼的种种异动向他报告，他一会儿说自己正在睡觉，一会儿说自己在吃饭，一会儿又说自己正在听音乐！千方百计回避将士。打小报告的人失望了，事态开始恶化。郦琼一口气罗列了王德的几十条罪状，指使手下向都督府告发。这些人络绎不绝地跑来找吕祉，说王德不谙军旅，作战贪生怕死，毫无指挥艺术，而且为人粗暴、虐待士兵，还克扣军饷，贪污腐败，等等。

吕祉虽是文人，但性格却和王德有几分神似，他一挥手，呵斥道："这些芝麻绿豆的小问题，值得你们这样嚷嚷吗？张浚丞相赏识的是王德的作战能力，其他一切都可以忽略。你们再这么胡言乱语，休怪我告你们诽谤他人罪！"说着就命人将郦琼这些手下赶走了。

既然吕祉不肯受理，那兄弟们，咱们换个地方告！郦琼指使手下将士向御史台诬告王德和吕祉互相勾结，贪污受贿，鱼肉士兵。

御史台的官员吓了一跳，觉得案件牵涉到地方军区的高管军官，不敢受理，把事情直接上报给了赵构。赵构对上呈的罪状并不相信，在他看来吕祉刚刚离开朝廷，怎么可能这么快就和王德搞在一起。但想想淮西军区领导班子刚刚做了调整，群众的情绪有些不稳定也属正常，要不还是先把王德调开吧。于是，赵构下令让王德带着他的本部八千人马调驻建康府，淮西军区由都督府张浚直接掌管。

但赵构万没料到，他这么一弄，却弄出了乱子！王德被调走了，吕祉却怒了。吕祉觉得朝廷把王德弄走，就等于相信了郦琼的诬告。这样一直诬告下去，王德的今天就是我吕祉的明天啊！王德好歹还能到建康府宿卫军工作，我吕祉被诬告了该怎么办啊？看我不整死你们！吕祉一狠心，来了个绝的。他向朝廷上表，反诬告郦琼等人在淮西拥兵自重，阴蓄异志，要求赵构尽快将他们除掉，免生横祸。

宋朝一直以来都对武将严加防范，武将一旦被扣上了谋反的帽子，往往都会死得很难看。果然赵构看了吕祉的奏表，大惊失色，马上任命张俊为淮西宣抚使，把宣抚使司设在盱眙，并委派杨沂中做淮西制置使，刘锜做淮西制置副使，置司于庐州。

吕祉还嫌动作太慢，又派人前往建康，要求杨沂中先派遣他的部将吴锡率领摧峰军连夜赶来庐州，以备缓急，监视郦琼等人的动静。

这就等于是把郦琼往绝路上逼了。此时不反，更待何时？郦琼拔刀而起，高呼道："朝廷素轻武臣，我等多受屈辱，闻齐皇帝折节下士，士皆为之用，我们何不去投他？"绍兴七年（1137年）八月初八，郦琼率领淮西诸将，劫持了吕祉，率全军四万人长驱渡淮，投奔了刘豫。被裹胁随军的老幼和当地居民共达十万人以上。

吕祉一看玩砸了，吓得魂飞魄散，他歇斯底里地叫道："吕祉错了，吕祉错了！你们尽管杀好了，千万不要卖国投敌，辜负朝廷！"郦琼哼了一声，铁青着脸，挥军疾行。

到了三塔，离淮水只有三十里路了，吕祉挣扎着滚下马，立在枣林下，厉声叫道："刘豫是大宋逆臣，我岂可见他！"士兵逼他上路，他宁死不从，骂道："让我死在这里吧，你们赶我过去，我也是一死，杀了我，杀了我！"他的哭叫极有杀伤力，众颇感动，几千余人环立不行。

但开弓没有回头箭，事情已经到了这个地步，回头必是一死，现在只有前行了！郦琼又恼又怒，担心军心有变，急忙策马率先渡淮，招呼众人火速跟上。

到了霍邱县，郦琼生怕夜长梦多，令人处死吕祉。吕祉死前大骂郦琼不已，碎首折齿而死，时年四十六岁。

淮西兵变的消息犹如晴天霹雳，震得南宋君臣头晕目眩，久久回不过神来。

原先赵构打算把淮西军权转交给岳飞，但耳根子软，经不起张浚的鼓动，改变了初衷。这严重打击了岳飞的抗敌热情，气得岳飞吃不下饭，连夜乘船，溯江西去，往江州庐山东林寺为母亲守孝去了。走之前，张浚找岳飞谈话，岳飞还曾告诫过他："淮西一军多数是叛亡盗贼出身，变乱就在反掌之间。王德和郦琼的名位素不相上下，一旦由王德任都统制，郦琼必定不服，恐怕会引起内讧。而吕祉虽是文学通才，终究不习军旅，难以服众，淮西军调整领导班子，须得由大将级别的人来接管，不然后果不堪设想。"现在张浚才开始后悔没听岳飞的话，痛心疾首。

赵构也将兵变的责任全推到张浚头上，赌咒发誓说："宁可亡国，也不再用此人。"于是罢免了张浚宰相和都督等所有职位。然后还亲自写信给郦琼，解释说之前的一切都是误会，只要郦琼能回来，以前所犯之罪，不论大小，一切不问。

但郦琼决心已下，他席卷了无数钱粮、军马、辎重，投降了伪齐刘豫。

郦琼这一走，不但给南宋造成了极大的经济损失，而且使南宋君臣苦心构筑起来的淮西战略防线轰然崩塌，连绵数百里的区域完全暴露在了伪齐和金人的锋芒之下，金和伪齐随时可以再次联兵南下。南宋的半壁江山，因此摇摇欲坠。从此赵构彻底否定了张浚的进攻性军事战略，采取了防御性战略。

此时远在鄂州的岳飞写信向赵构建议：近忽传淮西军马溃叛，郦琼等人胁迫军民而去。事出仓促，其实不是士众本心，听说半道逃回来的军马不在少数，对国计造成的损失并没有想象中那样大，皇上不必太过忧虑。臣度今日事势，刘豫贼子还不敢轻举妄动，襄阳上游目前没有贼军侵犯。唯有淮甸迫近行在，臣愿提全军进屯。万一金国、伪齐窥伺，臣当竭力奋击，期于破灭。仍乞另外派遣军马，措置襄阳一带。伏乞睿断，详酌施行。[①]

很明显，这个建议的核心内容就是以攻代守。赵构哪里敢从？只是降诏口头褒奖了岳飞一番。然后将略懂军事的兵部侍郎王庶提升为兵部尚书、枢密副使，让他到江淮视师，遣调诸路兵马重新构建江淮防线。王庶一向主张抗金，他在绍兴四年（1134年）饶风关之战后同张浚等人一起受诏回朝，之后不久又被起复知兴元府、利夔路制置使，回到陕西。但后因遭弹劾，落职。到了绍兴六年（1136年）被任命为湖北安抚使、知鄂州。最近，刚以兵部侍郎被征召回朝。

经过一番研究，王庶开始大费脑筋地调兵遣将。他先将知庐州的刘锜调往镇江，以之为江左根本；然后任张宗颜为知庐州兼主管淮南西路安抚司公事，领所部七千人去驻守庐州；然后又派巨师古领三千人屯太平州；还从韩世忠部中分出两支人马去屯戍天长和泗州。这样一番调遣总算把防线断点陆续地建设了起来。

---

① ［南宋］岳珂：《鄂国金佗稡编·卷十二》。

# 第九章 南北对峙

1100
1141

# 宋金和议

金兵从闭塞落后的苦寒关外进入河南、河北后，生活作风开始腐化，大大小小的兵将贪图享受，军事上逐渐进入疲软期。金主吴乞买统治后期，金国内部形成了两派势力：一派是以左副元帅完颜昌、太师完颜宗磐为首，他们是追求安逸生活的和平派；另一派则以右副元帅完颜宗弼、领三省事完颜宗翰为核心，他们是主张以武力征服世界的好战派。所以此时的金国内部已经不似之前那样铁板一块、团结一心了。完颜宗磐是金太宗吴乞买的长子，他本是金国皇位的有力竞争者，后虽竞争失败，但势力依旧很大，所以吴乞买死后，和平派在金国占据了上风。另外，金国北部的渤海、蒙古高原地区也并不稳定，给金国造成威胁。这些原因导致金国开始寻求与南宋的和平。

绍兴七年（1137年）十一月，金国废掉了伪齐，他们不再需要这样一个南方的打手。完颜昌和完颜宗弼像捉小鸡一样将刘豫捉了起来，在汴京宣德门外宣布废掉伪齐国号，将刘豫贬为蜀王。

大奸臣秦桧是和平派完颜昌安插在南宋朝廷的内奸，帮助执行金国的策略。自魏良臣、王绘返回宋廷，将金国的暗示告诉了赵构后，秦桧在宋朝廷中的地位便节节攀升。绍兴七年正月，升为枢密使。绍兴八年（1138年）三月，再次成为右相。

有了这样内外因素的作用，所以金国与南宋签订停战协议是很容易做到的。

绍兴八年十二月二十六日，完颜昌向南宋释放了和议的信号。赵构求之不得，他不顾国内上下一片反对的呼声，也不管父亲被害、母亲被辱的往事，以勾龙如渊为御史中丞，施廷臣为侍御史，莫将为右史，钳制舆论，让他们配合秦桧，果断和议。

在秦桧和完颜昌的牵手下，绍兴九年（金天眷二年，1139年）正月，和议终于达成，史称"绍兴第一次和议"，或"天眷和议"。议和的主要内容如下：

金国方面，交还赵构的生母韦氏、兄长赵桓，并且将赵佶及皇后郑氏的尸骨一次性送回，并交还原来北宋沦陷的河南、陕西等地。南宋方面，向金国称臣，并且每年须向金国支付银二十五万两、绢二十五万匹。

显而易见，这是一个不对等的和议。这个和议书一旦签订，就意味着南宋同意永久性地放弃黄河以北的土地以及生活在那里的全部大宋子民。但赵构顾不了这么多，他毅然在和议书上签了字。

对于"绍兴第一次和议"的签订，很多大宋臣民并不看好。岳飞说："金人所以慷慨归还河南、陕西之地，不过'寄地'而已。"

很多大臣也认为金国这么大方，背后一定包含着不可告人的秘密。究其用意，不过是慑于长江天堑，金军无法适应南方的作战条件，又始终不能在军事上有所突破，所以企图通过归还国土的手段，把以步兵为主的宋军诱到河南的广阔平原，然后予以一举歼灭。

这种说法并非毫无道理，因为金军虽已撤去，却不允许南宋罢废金国所任命的官吏，似乎还想对河南保留自己的控制权。如此一来，赵构也就不敢贸然派兵过去接管，只是不断派使者到以上各地宣谕和议内容，仅此而已。

到了七月份，负责和南宋签订停战协议的完颜昌、完颜宗磐等和平派突然被金主完颜亶以谋反罪名下狱。

完颜宗磐曾经是完颜亶继位前皇位的有力竞争者之一，而现在完颜亶既已为帝，完颜宗磐在朝中仍是广植势力，有尾大不掉之势。完颜亶十分不爽，必除之而后快。完颜宗弼眼见第一次和议已成，就向完颜亶密奏，说完颜昌、完颜宗磐将河南之地还给南宋，是和南宋暗中有所勾结，估计是要图谋不轨。于是完颜亶蓦然发难，将完颜昌、完颜宗磐等人全部抓获，并处以极刑。

第一次绍兴和议并没有给南宋带来和平。金国主战派抬头，绍兴十年（1140年）五月，金国又单方面撕毁了和约，并集结全国之兵，分四道并进，兴师问罪，收复河南、陕西。

然而此时宋金的实力对比已经发生了天翻地覆的变化，完颜宗弼错误地高估了自己的军事实力。他的军队接连在陕西、河南受挫，根本无法实现战争的预期目标。

# 淮西大战：柘皋之战

完颜宗弼也是个一根筋的粗人，虽然在略宋上失利，但他就是不信邪，不仅没有撤军，还大批征调兵马，集积粮草，继续大举发兵。到了绍兴十一年（1141年）正月，完颜宗弼带着五太子阿鲁补、龙虎大王完颜突合速、镇国大将军韩常等将，率领十三万大军，再次略宋。这次他倒是学乖了，避开由岳飞、韩世忠驻守的湖北、京西、淮东等战场，选择进击淮西，打算从寿春渡淮。

赵构命正在临安述职的淮西主将张俊还建康出兵拒虏，同时命淮北宣抚判官刘锜自太平州渡江，以援淮西。

张俊的淮西军有八万人，刘锜有兵两万，会合起来堪堪十万之众。为了能与金人十三万大军相抗，赵构又命淮北宣抚副使杨沂中率三万殿前军前去增援。

正月十九日，金兵攻陷寿春，在淮水架设木桥，引渡后军。

二十五日，刘锜抵达庐州，驻兵城外。这时，城中只有宣抚司统制官关师古兵两千余人，守城的礌石、滚木之类的器材奇缺，官吏军民四散逃遁。刘锜在城内巡视一周，良久，叹道："城不足守也。"当日冒雨整军与关师古率众南撤。

二十六日，金虏大军入庐州，探知宋军刚撤离不久，遂发轻骑追击。刘锜部只有三百马匹，以步兵为主，行动缓慢，在西山口被金骑兵追上。刘锜亲自率骑兵殿后，刀戈西指，列阵以待。金军追骑远远望见是刘锜的旗号，吓了一大跳，逡巡不敢逼近。两军对阵多时，金兵终究不敢轻举妄动。

二十七日，刘锜结阵徐行，沿途号令诸军占择地利，共赴东关（在今安徽巢湖市东南），依水据山，控扼金军通往长江之路，等待张俊、杨沂中两军前来会师。

金人渡淮后，淮南百姓全部移居江南，江南百姓则准备往更南迁徙，淮南的安危全系于刘锜一军。而金兵虽然占据了庐州，但也只是遣兵入无为军、和州境内剽掠，不敢举兵逼江，担心刘锜从背后掩击，江南暂时还没有危险。

张俊手下的各支部队已经整装待发，但迟迟未得令出发。江东制置大使叶梦得闯入张俊帐内，请求他抓紧出兵。张俊仍旧犹豫不决，说："等等吧，看看前哨的侦察情况再说。"

叶梦得厉声道："金虏已过含山县，万一和州为其所得，长江不可保矣。"

张俊有一个心爱的小妾，名叫张稼，原本是杭州名妓，颇知书，在家替张俊管理文书账目，听说前线战情紧急，也忍不住写信来催促张俊尽快出兵。张俊以放心不下家里为由，不肯动身。张稼又回了一封信，引用了西汉霍去病、三国赵云出征不问家事的典故勉励丈夫尽心报国。张俊这才将心一横，传令诸军分头出发。大军开拔，张俊没忘记差人把小妾的书信送入宫中，以示自己家有贤妻，深明大义，自己赤胆忠心，一心为国。赵构得到了这封信，大加赞赏，下诏褒奖张俊公而忘私，并封张稼为雍国夫人，赐钱千万。

而张俊到达长江南岸便停下来了，打死不肯再进半步——原来他的底线只是沿江死守。不知赵构是否觉得这笔买卖做赔了呢？

王德看不过眼了，劝道："淮水是长江之蔽，弃淮不守，是亡唇寒齿之举。敌人远道而来，饷粮供给肯定跟不上，我们如果对他们实施猛击，则可以夺气；若稍有迟疑，等敌人安定下来后，不但淮水我们不可得，长江也难守了。"

张俊下令道："先得和州者胜。"

王德嚯地站了起来，道："让我父子先渡过长江，等拿下了和州，宣抚马上北渡。"

二月初四，王德与儿子率军从采石渡江。出发前，他站上船头，大声激励将士道："明旦，当会食历阳。"当日傍晚，一举拔下和州，次日再下昭关，一路望江淮名邑柘皋（今安徽省巢湖市柘皋镇）追杀而来。

二月七日，杨沂中也率军进入了淮西。

赵构觉得不保险，传诏岳飞，命他取道江州火速入援淮西。当然，作为一个军事家，岳飞有自己的想法，他建议："乘金军主力南侵淮西之机，由我率军再度长驱中原，袭取汴京和洛阳，金军势必回军救援，淮西的战局就会得到缓解。"

这种险棋，赵构是万万不能采纳的，一口回绝，责令岳飞火速出兵，不得延误。他肉麻地讨好岳飞："闻卿见苦寒嗽，乃能勉为朕行，国尔忘身，谁如卿者！"[1]

岳飞于是从蕲、黄两州间切入淮西，绕到金军背后，与淮西宋军配合，准备对金军进行腹背夹击。

赵构又有点儿担心岳飞杀敌过多，告诫道："罪魁祸首只是完颜宗弼而已，切记要告诫诸将万不可滥杀。因为真正的金兵可能已经骑马逃脱了，留下来的可能是被迫拉来当炮灰的我大宋的子民。遥想当年澶渊之役，萧挞凛既死，真宗诏诸将按兵纵契丹，勿邀其归路，此朕家法也。朕兼爱南北之民，岂忍以多杀为意乎！"

面临宋军二支主力的压迫，金军开始后撤。二月十七日，金军撤到巢县（今安徽巢湖）以北，突然天下大雨，军队日行甚缓，过了柘皋镇的石梁河后，实在无力再行，又看见河流湍暴，于是将河上的尉子桥拆毁，然后在河对岸扎下营寨休息。

不久，刘锜部也到了柘皋，与金人夹石梁河相望。

柘皋地平，适合骑兵作战；刘锜兵少，而且全是步兵，金人就没怎么放在心上。然而让金人万没料到的是，到了晚上淮北宣抚使都统制王德、

---

① ［南宋］岳珂：《鄂国金佗稡编·卷三》。

257

殿帅杨沂中、田师中、张子盖等军陆续赶来，宋军兵势大盛。刘锜、杨沂中和王德建议趁敌不备，连夜出击。但田师中却以总指挥张俊还没到为由，建议一切等统帅来了再说。

田师中原先只是张俊军的一个普通文员，负责张俊的秘书工作，但他很会来事，阿谀奉承、溜须拍马的一套运用得出神入化，把张俊服侍得妥妥帖帖，终于成了张俊的半个儿子——张俊儿子早死，张俊一不做，二不休，把寡媳嫁给了田师中，从此以后，田师中就一口一句地管张俊喊"爹"，喊得又响亮又清脆。他的官职因此升得特别快。

王德怒视田师中道："战机难得，岂可坐失！"径自上马，招呼本部兵马渡河杀贼。刘锜和杨沂中部也跟着纷纷行动。

石梁河与巢湖相通，河床阔仅二丈余，诸军一齐行动，很快就架设了十几座简易木桥，神不知鬼不觉地渡过了河去。到了对岸，因为夜色太黑，敌情不明，刘锜等人并未贸然动手，而是命军士就地休息，"卧枪而坐"。

第二天，随着第一道阳光投下大地，金军阿鲁补、韩常在睁开眼的那一刹那，惊呆了。就在离自己不远处，黑压压的来了不知多少宋军，每一个人都箭上弦，刀出鞘，大战一触即发。

"左右军快往两边散开，散开，赶快散开！"韩常反应迅速，声嘶力竭地向手下下命令。

金军铁骑果然训练有素，十余万众马上分为两队，夹道而阵。

"出击！"杨沂中一看情形有变，率先冲锋。

一时间刀枪相交，杀声四起。

宋军来势凶猛，金军阵脚浮动，阵前小有溃乱，但阵后又有从中间涌出接应的骑兵。杨沂中手下的统制官辅逵为了不让金军有喘息之机，狂舞大刀，率军冲杀在前，但不料被射中左眼，应声落马。跟在辅逵后面的骑兵士气稍沮，冲锋开始出现了停顿。

王德知道士气一夺，很快就会竭而衰，情形危急之下，振臂大呼道："贼右皆劲骑，吾将先破之。"一马当先，首犯其锋，亲率数千骑兵猛冲对方大营。在他统率下，骑兵们个个英勇无比，以一当十。

要知道，主帅现在都拿起刀和普通士兵一起冲锋，还身先士卒冲在前面，哪里还有人不拼命呢？顿时，宋兵气势如虹。

金军刚有溃散的迹象，有一名身披金甲的金将为了挽回颓势，跃马出阵，指挥部队。王德看得真切，取下腰中弓箭，引弓一发，金将应弦坠马。王德乘势大呼驰击，诸军大受激励，鼓噪而前。

阿鲁补见势不好，使出了自己的撒手锏——以拐子马两翼而进。

王德毫无惧色，率众鏖战。这时的杨沂中已重整阵型，高呼道："敌人所恃不过弓矢，今天让他们尝尝大斧头的厉害！"命万余士兵手操长斧，如墙而进，奋锐击之。

又战了不到半炷香工夫，金军彻底崩溃，阿鲁补带头逃跑，王德等人尾随追击，又捕数百人和马数百匹，各部所获颇丰。只有刘锜所部是清一色的重甲步兵，不能奔驰，基本没有什么战利品。刘锜心悦诚服地对王德说："昔日闻公威略如神，今果见之，请以兄礼事公。"

这一战，自将官拱卫大夫武胜军承宣使姚端之下，战死者九百零三人，而金军死者甚众。

第四日，张俊才到达现场，会合众将，将军队开入庐州。

而这时岳飞因为路途遥远，还没赶来。张俊不愿岳飞分享胜利果实，便派人传信让岳飞打道回府。

柘皋捷报送呈到赵构面前，赵构给各位指战员都下了一道相同的诏书，称"捷书累至，军声大张。盖自军兴以来，未有今日之盛"，并告诫他们要"尚思困兽之斗，务保全功"[①]。以防金军"困兽之斗"为由，阻止诸军不得追击。岳飞因此引军退入了舒州。

让张俊没有料到的是，岳飞刚转背，完颜宗弼就重新集了兵马，再次杀来，仅用半天时间就攻陷了濠州。

我的老天爷！张俊吓得赶紧找来杨沂中、刘锜等人商议对策。大家的

---

① ［元］佚名撰，李之亮点校：《宋史全文·卷二十一上·高宗本纪十三》。

意见是一方面向濠州进军，一方面分头向韩世忠、岳飞求援。

然而王德和杨沂中刚到濠州就中了完颜宗弼的埋伏，被金军杀得溃不成军。完颜宗弼乘胜追击，一口气杀到庐州，不但将张俊部打得落花流水，而且也将韩世忠发来的援军打散。幸好岳飞还在舒州没有走远，接到求救信亲率轻骑来援，仅用了三天就到达了濠州南部的定远县。

金军听说岳家军入援，慌忙渡淮北上，偌大一个濠州城，撤得干干净净。

张俊为了开脱败军之罪，竟然把责任一股脑儿推卸到岳飞身上，沿路抱怨说岳飞不肯合作。消息传入岳家军中，诸将均劝岳飞与张俊廷辩。岳飞手指胸口说："吾所无愧者，此心耳，何必辩。"

岳飞没想到，他认为的这一个不辩自明的诽谤，竟然成了他日后死罪的一大罪状。

柘皋之战，宋军先胜后败，其实是赵构乞和免战心理在作祟，而前线宋军指挥不力、各自为战也是此战失利的重要原因。

柘皋大战先赢后输，各路兵马郁闷地整军而还。

这次参战的将领大多早期在张俊手下混过，特别是杨沂中，堪称张俊的心腹，张俊宣布回去后向皇上申报战功，人人皆有封赏。此言一出，众人精神大振，齐声欢呼，很快就从失败的沮丧中走出来了。只有刘锜、张俊心中极其排斥。很多人因为眼热刘锜在去年金军进攻时在顺昌独得大功，在张俊的带领下有意疏远刘锜。

刘锜猜到了张俊的心思，放慢脚步，独领自己一军，踽踽而行。途中，张俊、王德、杨沂中等诸部合兵一起，热闹非凡。相较之下，刘锜一军显得分外孤单、冷落。

单单这样是不够的。张俊是一个小人兼暴发户，他的所有行为模式都是依据这一身份而定位的，而像他这一类的暴发户有一个共同的特点——嫉妒心强，一听说别人过得比他好，就如同晴天响霹雳。身为一方统帅，他竟然玩起了一个相当下流的恶作剧来——指使军士纵火抢劫刘锜的军中物资。这下算是撩拨到虎须了。刘锜忍无可忍，亲自出马，"擒十六人，枭首枭上"①。

张俊仗着自己的官大，以为任由自己怎么放肆对方也只有忍气吞声的份，没想到该死的刘锜敢动起了真格，不由气得哇哇直叫。他怒不可遏地找到刘锜，破口骂道："我为宣抚，尔乃判官，何得斩吾军？"

但是刘锜神色自若道："不知是宣抚的军士，我斩的是抢劫财物的盗贼。"

张俊眼珠翻白，怒气冲冲道："被你逐杀的士卒逃回来说，他们从来没有抢劫过财物。"说完，还煞有介事地叫出一个兵卒要与刘锜对质。

刘锜不屑置辩地说："刘锜为国家将帅，有罪，宣抚当言于朝，岂得与卒伍对事？"长揖上马而去。

看着刘锜远去的背影，张俊气得手足冰冷，浑身发抖，说不出话来。从此，张俊除妒恨岳飞之外，又增加了一个刘锜。回到朝廷，他和杨沂中组成一个说唱团，逢人就说岳飞不赴援，而刘锜战不力。

赵构听了张俊等人告的黑状，立马拿刘锜开刀，罢黜了其宣抚判官之职，贬为荆南知府。岳飞惋惜刘锜的将才，全然不顾自己身临险境，给赵构上书，极力"奏留锜掌兵"②。赵构不但不批复，反又把刘锜从荆南知府发往了江州太平观，一脚踩到底，颇有些杀鸡给猴看的味道。

赵构这样做，似乎是得到了某种承诺和保证。南渡以来，赵构东躲西藏，过着流离颠沛的生活，能够残喘苟活到今天，全依仗一帮舍生忘死的武将在替他苦苦支撑。他对武将虽然心存忌惮，但表面上却一直是客客气气，恭敬有加。这次对刘锜痛下杀手，有违他一贯的作风，让人吃惊。

---

① ［元］脱脱等：《宋史·卷三百六十六·列传第一百二十五》。
② ［元］脱脱等：《宋史·卷三百六十六·列传第一百二十五》。

# 宋金第二次和议

绍兴十一年（1141年）四月十二日，赵构发出诏令，命张俊、韩世忠、岳飞三路宣抚使速来行朝奏事。

虽然宋金双方在淮西战场上的大战暂趋平息，但局部战争还在乒乒乓乓打个不停，西部陕西战场上由吴璘为主帅抵抗金兵的大战正进入高潮。自去年五月，金国背盟，撒离喝渡过黄河进入长安（今陕西西安），直奔凤翔，右护军近一半军队被金军隔绝在陕北，远近震恐。赵构命吴璘节制陕西诸路军马，抵抗金军，陕西战事一直持续不断。

宋金双方正你来我往打得难解难分，双方战事远未结束，下一轮大规模的战争随时可能爆发。赵构怎么不管不顾，在这种危险关头将这三位军区总司令召回行朝呢？

原来经过淮西大战，完颜宗弼感觉到要灭亡南宋的确有难度，放出了要与南宋方面重新议和的风声。如果议和成功，削兵权就是势在必行的事了。为此，赵构效仿了宋太祖杯酒释兵权的做法，在临安行在设宴隆重接见了三大将。在酒酣耳热之际，他给三人每人下了一道制词，当众宣布韩世忠、张俊改官枢密使，岳飞则改官枢密副使。

枢密院同中书省分立并称二府，分别主军和主政。枢密院似乎集总参和国防部的职能于一身，但是他最大的缺陷是有军令权，无统兵权。简单说，有边备兵防、调军出征之事，由枢密院选派将领给兵符发兵，然而统领军队之事归军事将领，军事将领属三衙，三衙掌握全国禁军。这样就形成了统兵权和调兵权的分离。主持枢密院工作的是枢密使，副手为枢密副使。

第二天清早，赵构又给三人分别下了一道诏令，宣布三大将的宣抚司同时废罢；每个宣抚司中原来的统制官各统所部，自为一军，每军统一冠以"御前驻扎"的名号，归中央政府直接统辖，将来调发，一律由三省枢密院取旨施行。

收兵权行动传出朝野，很多有识之士表示反对。明州知州梁汝嘉就直接上书，指责赵构无复进取之计；曾任荆湖北路安抚使的刘洪道听说三大将兵权被解，特别是听说岳飞被罢宣抚使，气得顿足抵掌，仰天流涕。

岳飞和韩世忠都胸怀磊落，从没想过要拥兵自重，对中央这次收缴兵权行动并无异议，主动配合。其实这时候的岳飞，"金戈北伐心何壮，铁马南还志已灰"，对兵权已没有过多留恋了。

而张俊在对金战与和的态度上也早已和秦桧走到了一起。为了照顾张俊的情绪，秦桧故意哄他，说假如把兵将的兵权都解除了，全国的军队就都拨归他掌管。张俊当场就乐翻了，"力助其谋"①。诏令一宣布，张俊表现得最积极、最乖，争先给赵构上了一道奏章："臣已到院治事，现管军马，伏望归属御前使唤。"②第一个解除自己的兵权。

对于张俊，赵构还是情有独钟的。张俊虽然为人贪婪、自私，甚至嫉妒成性，但他乖巧、会来事，从不跟赵构顶着干。赵构曾在公开的场合表扬张俊说："张俊事上御下，虑事临敌，皆不易得。"在赵构眼中，张俊虽然有"好广邸第、营土木，朕数镌谕，莫能改"等缺点，但"大节不亏"。③

为了驯顺张俊，赵构别有用心地问："你读过郭子仪传吗？"张俊大字不识几个，一生基本和书本绝缘，这会儿只好红着老脸、老老实实地答："没有。"赵构语重心长地谕示他说："郭子仪手握重兵，心尊朝廷，每接到诏书，即日就到。你现在所管的军队是朝廷的军队。你若能和郭子仪一样心尊朝廷，则不但你享福不尽，子孙也世代昌盛；你如果私拥寸兵轻视

① ［清］毕沅：《续资治通鉴·卷一百二十五》。
② ［清］毕沅：《续资治通鉴·卷一百二十四》。
③ ［元］佚名撰，李之亮点校：《宋史全文·卷二十上·高宗本纪十》。

朝廷，则非但子孙无福享受，你能不能生存还是个问题。请你深思，戒之勉之。"一番话把张俊唬得一愣一愣的。

接着，赵构又实施了他惯用的那一套软硬兼施的言辞，收买和笼络张俊说："李光弼、郭子仪同为中唐名将，有大功于王室；但李光弼到死都不肯放下兵权，以至陷于嫌隙，死于忧惧；而人家郭子仪闻命就到，得以位极人臣、享尽富贵，这就是同人不同命。所以说，功臣在去留取舍之间，一定要懂得辨明是非利害啊。"张俊汗流浃背，伏倒在地叩头如鸡啄米，连连称是。

这之后，张俊充当了一个极其丑恶的角色。他不仅非常配合地上缴自己的兵权，还主动配合秦桧，和秦桧一起肢解韩世忠、岳飞的两支军队。

五月，已经出任枢密使的张俊和出任枢密副使的岳飞奉朝廷诏令，前往淮南东路检阅韩世忠的旧部。在检阅过程中，张俊以海州在淮北，恐为金人所得为由，命人拆毁城池，强令当地居民迁往镇江府，搞得天怒人怨，人不乐迁，莫不垂涕。随后他又将韩世忠的淮东军全军撤还镇江，并将其中最为精锐的背嵬亲军拆散，抽调至临安府屯驻。在楚州城内，张俊主张修筑城池，他发现有几处城墙墙体毁坏，就大讲韩世忠的不是，说韩世忠治军不力。岳飞看不过眼，认为专意修筑楚州城池的话，不过是积极做出防守退保之计，不能激励将士北伐收复山河。张俊于是趁机弹劾岳飞，说他鼓吹楚州无法可守，不用修筑城墙，蛊惑军心，涣散将士的斗志。

赵构于是借此大做文章，大谈"山阳（即楚州）要地，屏蔽淮东，无山阳则通、泰不能固，贼来径趣苏、常，岂不摇动"[1]，痛斥岳飞糊涂，包藏祸心。

右谏议大夫万俟卨也在秦桧的授意下给岳飞列出了三大罪状：一、爵高禄厚，志满意得，平昔功名之念，日以颓惰；二、在柘皋之战前，稽违诏旨，不以时发，久之一至舒、蕲，匆促复还；三、谓楚州不可守，沮丧

---

[1] ［南宋］李心传：《建炎以来系年要录·卷一百四十一》。

士气，动摇民心。要求免去他的副枢职事，出之于外。万俟卨之后又有御使中丞何铸和殿中侍御使罗汝楫相继上疏，他们在张俊和万俟卨说法的基础上，又说岳飞"被旨起兵，则略至龙舒而不进；衔命出使，则欲弃山阳而不守"，"妄自尊大，略无忌惮"，劝赵构对岳飞速处分，"俾就闲祠，以为不忠之戒"。①

于是八月初九，赵构正式宣布免除了岳飞的枢密副使之职。

岳飞离职之后，秦桧擢升自己的心腹林大声为鄂州大军总领，让他到岳家军的大本营鄂州去罗织岳飞的罪名。之后，林大声与岳家军中的败类王俊相勾结，诬告岳飞的部将张宪要迎接岳飞回来发动叛乱，并把状书呈交镇江枢密行府。

在镇江枢密行府的张俊接到状纸后，命人将张宪拿下，私设公堂，严刑拷打，要张宪招认谋反事实。他们将张宪打昏后，取下他的手印，声称他本人已招供。赵构因此命人将岳飞收入大理寺狱。

兵权既已收，赵宋的和议态度表现出来了，于是宋金和议水到渠成。

十一月，宋金签订了第二份合约书，史称"绍兴第二次和议"。这次的和议内容比绍兴九年（1139年）那次更难看，其主要内容如下：

南宋方面：一、南宋向金国称臣；二、南宋每年向金国进贡银二十五万两、绢二十五万匹；三、南宋与金国东自淮水中流，西以大散关为界，南宋割唐、邓二州，以及商、秦二州的一半给金国。

金国方面：放回宋高宗生母韦太后，归还赵佶和郑皇后的梓棺。

面对这样一份不堪入目的和议书，赵构再次毫不犹豫地签了字。究其原因：一方面，赵构担心和金国的战争稍有差池就会殃及自己生命；另一方面，他还担心随着抗金战争的不断深化，本朝武将的权力会不断膨胀，如果不想法停战，武将权力一旦尾大不掉，就会威胁到自己的皇位，赵构甚至认为来自国内武将的威胁比金人的威胁更严重。

十二月，赵构下诏赐死岳飞。岳飞死时年仅三十九岁。同日，张宪和

---

① ［清］毕沅：《续资治通鉴·卷一百二十四》。

岳云也被绑赴闹市斩首。

再弱小的国家，也有责任捍卫自己的领土和尊严。纵使国灭身死，也在所不惜！而南宋君臣面对蹂躏和欺凌，竟然选择了卑躬屈膝。

自靖康元年到绍兴十一年，整整十六年的血战，一寸山河一寸灰，无数忠烈舍生取义，慷慨赴死，到头来却全被赵构政府出卖。

为了换取一段短暂的偷安生活，堂堂大宋国竟然称臣纳贡！

东起淮水中流、西至大散关以北的大好河山，沦为金国领土，万千子民惨遭遗弃。直到南宋结束，也没能回来。叹息！叹息！

真是：

> 州桥南北是天街，父老年年等驾回。
> 忍泪失声询使者，几时真有六军来？
>
> ——南宋·范成大《州桥》